JN124435

学校が求める スクール カウンセラー

改訂版

アセスメントとコンサルテーションを中心に

村瀬嘉代子 監修
東京学校臨床心理研究会 編

THE INDISPENSABLE SCHOOL COUNSELOR BOOK:
ASSESSMENT AND CONSULTATION IN SCHOOL, REVISION

遠見書房

監修者の言葉

　本書を出版してから，早10年近く経過しました。その間，社会情勢は大きく変化し，法律も多く制定され，スクールカウンセラーを取り巻く状況も大きく変化しました。本書はお陰様で多くの皆様にお読みいただけたことを感謝しつつ，社会情勢の変化を踏まえて，初版時の内容を踏襲しつつも，新しい情勢に合うものにしようとここに改訂に至りました。

　思い起こせば，1995（平成7）年に文部省（当時）「スクールカウンセラー活用調査研究委託事業」として全国154名で始まったスクールカウンセラー活用事業は，今日まで配置拡大が続いて来ました。こういう経過を辿ってきているのは，変容激しい社会がスクールカウンセラーの活動を必要としたという背景の存在とスクールカウンセラーが新しい領域で要請に応えようと努力してきた結果が評価されたものと申せましょう。

　ところで，わが国の臨床心理学実践の初期には，現場に赴き，そこの組織や制度，精神風土を理解しながら，チームワークのメンバーとして，必要に即して他職種の人々や関係機関と連携して仕事をする，という営みは広くは行われていませんでした。「学校」というコミュニティにいかに適切に入り，活動するかということは未踏の領域に分け入ることであり，模索実践をしながら同時に，経過の推移を緻密に検討考察し，その結果を即，実践に反映させるという営みが必要でした。東京臨床心理士会（当時）では，1996（平成8）年にいち早く学校臨床心理士専門委員会を立ち上げ，スクールカウンセラーのバックアップを目指し，『東京学校臨床心理研究会』を組織して，相互支援・相互研鑽に務めてこられました。スクールカウンセラー自らが主体的に自らの活動の質的向上に取り組んでこられた成果は大きいと思われます。

　本書は東京学校臨床心理研究会の方々がスクールカウンセラー活動の実践を元に，初版「学校で役立つスクールカウンセラーに求められること」について，実践の跡をふりかえりつつ濃密な討論を繰り返されて執筆されたものです。そして，今回，改訂にあたって考慮した主な点は，執筆者は初版時の方針を堅持しつつも，全編にわたって，アセスメントの概念を基本にもちながら新しく制定された法律等や変化の激しい社会情勢を見据えて，変化したスクールカウンセラー活動について解説をされています。また，執筆内容の

変化の大きさに改題したもの（特別支援教育），大幅に書き改めたもの（守秘義務と記録），全く新しく書き起こしたもの（デジタルメディア関連問題）などがあります。それらを踏まえて本書の特徴をあげると，

1）コンパクトだがスクールカウンセラーにとって，必要な知識と具体的な対応技法が遺漏なく分かりやすく述べられている。

2）アセスメントの必要性，重要性とその実際が明確に述べられ，アセスメントの結果をいかにして学校場面の必要性に応じて伝え，活かしていくかについてポイントが分かりやすく説かれている。

3）はじめに理論や技法ありきではなく，スクールカウンセラーのおかれた現実について確かなアセスメントを行い，自分の負える責任を考慮しながら，その結果をどう現実行動に活かしていくかについて詳述されている。

4）スクールカウンセラー活動の基盤をなす法律，行政，制度等についてなされた解説は，スクールカウンセラーが「立ち位置」と役割を確かに認識するために役立つ。

5）スクールカウンセラーの営為を相対化して検討しようとする姿勢が堅持されている。

6）コンサルテーションについて，現実に即した極めて行き届いた説明がなされている。

7）「全員面接」の調査結果はスクールカウンセラーの活動の範囲を広げる先駆けとなるものではなかろうか。

　つまり，コンパクトだが現実に非常に役立つ学校臨床心理の知と技とこころについて，分かりやすく書かれており，スクールカウンセラーの方々にとっては必携の書と言えましょう。あわせて，子どもの心身の健康な成長を願うすべての方々に本書を手にとって戴きたいと願います。多忙なお仕事の合間に真摯に討論を積み重ねられて，この書を編み出された東京学校臨床心理研究会の皆様にこころから謝意を捧げます。

令和5年2月吉日
日本心理研修センター理事長・大正大学名誉ならびに客員教授・北翔大学客員教授

村瀬嘉代子

改訂版を読むにあたってのご案内

　本書に掲載されている事例は，本質を損なわないことに留意しつつ，すべて改変されています。

　また，本文中の診断名は初版当時のものが使用されている場合があります。

　その際は，現在使われている診断名を併記しています。

目　　次

目　　次

第1部　なぜスクールカウンセラーは必要とされたのか

第1章

学校における心理職の役割

スクールカウンセラーの現在とこれから

村瀬嘉代子

Ⅰ　はじめに

　我が国の臨床心理の世界は大きな転換期に差し掛かっており，ここではとりわけスクールカウンセラーの今後の課題について，私たちがどう応えていくか述べたいと思います。

　心理臨床の営みが持つ本質的な特性は，形として見えにくいけれども，水にたとえられるような，細胞液のような，それぞれのものをそれぞれたらしめることをする，目立たないが対象者の主体性を重んじつつ，そっと支えることだと思います。水の質の自浄を怠りますと，それぞれたらしめることにも陰りとして影響するでしょう。

　上質の心理的支援とは，「この人に自分を委ねても良さそうだ」という信頼感が被支援者のうちに生じることを基に成り立つ営みです。つまり，対人支援に携わる私たちはたゆまぬ努力をすることが必要で，話すこと，書くこと，自分の行動が一致しているか常に問われています。自分の生を基本的に享受し，独自性とかたや他者との共通感覚を併せ持ち，人が生きていかれるのを支援することが臨床心理職者の営みと申せましょう。

　ことを処するに際し，自分の「時・所・位」を考えることは大切ですが，スクールカウンセラーについて考えてみますと，学校の最終責任者は校長先生であり，学校現場においては，先生方は教育を担う主役です。スクールカウンセラーはそれぞれの先生方や児童生徒達が自分の立ち位置にふさわしく力量を発揮し，役割を全うできる，生徒達はそれぞれ応分に学校生活を享受して充実した日々を送れるように，自らの専門性を活かして支援する，目立たないけれど意義のある触媒のような存在です。

II　スクールカウンセラーの基本活動

スクールカウンセラーの基本活動には，主に下記の5つの内容が考えられます。

1）個人療法

個人心理療法の基本を習得していることの意義は，スクールカウンセラーとして生徒，先生方と個人的に話す，相談にのる，精神的に支えるということにとどまらず，地域援助，組織に関わる際の方法の基本としても，役立つはずです。

2）コンサルテーション

学校に関わる他の専門家に対しての相談・助言。最近，「学校のせいだ」等と問題の原因を外在化させる風潮が強まり，生じてくる問題も複雑化してきたことに伴って，教育場面に法律家，スクールロイヤーが配置されることが次第に広まりつつあります。したがって，スクールカウンセラーにとっては，異なる領域の専門家とコミュニケーションを持つことを的確にできることも非常に大切な課題です。

3）心理教育

何か事が起きてから考えるよりも，どうしたら精神的に活き活きと持てる力を発揮して，学校生活を享受していけるかという児童生徒達に対する心理教育。あるいは精神保健について先生や保護者，地域社会の方々が，「あの人はいろいろの経験や勉強をされているから，話を聞いてみたい」という気持ちを自然に持たれるようになる心理教育。さらに，近年，子ども達個々の発達・生育状況を考慮しつつ，子ども達に性の知識を適切に伝えることも大事な課題ではないかと考えられます。そういう多方面の予防活動をさりげなくできるということも必要であると考えられ，これには防災教育も含まれましょう。

4）危機介入

災害，事故の起きた後に，不安を和らげ，またバランスを取り戻すことができるように支援すること。

5）人間関係を作る

上記1）から4）が自然に必要に応じて円滑に運ぶように，学校という場の中でさりげなく人間関係を作っていくこともスクールカウンセラーの基本活動でありましょう。オーソドックスの心理療法の技法を身に付けて，学校という状況の中で自然に応用できることが望まれます。

III　表面に見えないシステム，法，規則，慣習が現実の活動の基盤を成している

　学校という場は，表面に見えないシステム，法，規則，慣習が，実は毎日の生活の基盤を成しています。教育基本法や東京都の条例に目を通して頂けたらと思います。少年法では，例えば14歳を過ぎた時とその前とでは，同じ犯罪でも扱いが違ってきます。児童虐待防止法には，通告の義務が明示されています。スクールソーシャルワーカーの導入も進んでおりまして，文部科学省でもスクールカウンセラーに対し，良いコラボレーション，協力体制を基に仕事をと，強調されています。福祉六法はじめ福祉領域の支援活動のあり方などについても理解を深め，少しでも生活をしやすくするための関連する規則に関心を持つことは，サイコダイナミクスに対する理解と同じくらい，昨今では必要不可欠だと思います。

　それから，所番地を聞いただけで，その地域社会の特性，生活環境を想像することができるか。こうした社会経済的，精神風土の実体等について正確な理解を持つことも，専門的な知識に比肩して必要なことと思います。

IV　スクールカウンセラーは，人間関係を基盤とする仕事

　1）まず，生まれてくる時，生物学的な条件，誰を親とし，どういう家族の一員となるか，知的な素質等々，何一つ選べないにも関わらず，自分にまつわる条件を事実として受け止めていかなければならないのが人間です。このような不条理や不満の中で，話すこと・書くこと・振る舞いが一致している，人を人として遇する人に出会い，ちょっとした何気ない自然な，でも本当に偽りのない言葉・表情に触れ，ふと初めて何かが変わるような気がすることがあります。ですから，スクールカウンセラーは，継続面接の関わりでなくとも，凝縮した短い点のような時間の中で，その時間をどう生きるか，どのように使うかというところにその特質があると思います。

　2）2番目に大切なことは，自分に対し，正直になることです。今の自分の器，目的，置かれた場所や自分の裁量で使える時間の特質，位置付けをクリアに自覚しておりますと，判断に迷うようなことがあっても，現実的な基準が見えてくる。いつも正直に自分の器を把握していることが事に際しての大きくぶれず，適切な判断をするための基本であると思います。

　3）今の時代は説明責任を果たし，費用対効果を明示することが求めら

ていますが，実際には細胞を細胞たらしめる細胞液のようなことをひきうけているスクールカウンセラーには，容易ではありません。ですから，時代の流れとはいささか違うことを引き受ける覚悟，これは大切だと思うことを諦めないでやっていく覚悟が必要かと思います。

　4）理論や技法を知悉しながらも，スクールカウンセラーの立場で，まず出会った目の前の人を通しながら，その背景にある実態の全体をどこまで的確に想像できるかということ，これが二重三重のアセスメントのノウハウになります。目の前の人は「誰それがこうで」という話をし，それをスクールカウンセラーは「こんな話をしているこの人は，こういう特徴を持っていて，こんなフィルターとしての役を果たしているかもしれない」「違ったフィルターだったらこう聞こえるかもしれない」というふうに幅を広げて思考を巡らせてみることも必要でしょう。

　5）そのためには，ジェネラルアーツと想像力が元になります。私達に必要なことは，僅かな手掛かりから，自分の中の知識，経験を総動員して，類型にはまりきらないようにものを観察し，考えていく。すると次第に気付くことが増していき，それを自分の知識や経験，カンファレンス，文献などに照合して，想像力を働かせていくことで，気づくこと，理解が深まることがあります。

　6）教壇に立つわけではありませんが，教育現場の実態に関心を持つことも大事です。教科書を全教科揃えておきますと，例えば子どもが勉強嫌いでわからない，注意散漫になっている等の困りごとの生じる要因やそれらの対処法を考えるのに役立ちましょう。その生徒には何がどう見え，どんなふうに困っているのかが，より鮮明にわかるのではないかと思います。

V　2010年度からのスクールカウンセラー事業の変化と学校現場の変化

　2010（平成22）年度からスクールカウンセラー事業の予算は増額されましたが，専門家を採用するという指定の枠が外され，各都道府県の判断に委ねられることになりました。単身職場において，お一人おひとりが心理専門職者の代表であり，皆さんの総力の上に評価がなされるというのが現実です。そういうことをお考えいただきお仕事をしていただくと，これまでの実績が崩れることはなくスクールカウンセラーが効果を維持し，発展させられます。

　そのために，新しく導入されたスクールソーシャルワーカーの人達と上手

に協力関係を作っていくことが大切だと思います。また，折に触れ，皆さんの実践の結果を適切なわかり易い形で表現することも必要であると思います。それから，お互いサポートするグループに加わり，相互サポートをこれから一層活用していくのも良いと思います。また，社会の動向に注目し，共有し合うことも必要です。例えば，グループで互いに専門雑誌を分担し，要旨をレジュメにしてお渡しになる。情報を共有化し，皆で支えあい，仕事の質の向上につとめ，効率が上がっていくことを考えていただきたいと思います。スクールカウンセラーの事業がきちんとした制度として定着するためにも，活動をある程度明示していくことも基礎資料として意味を持つと思います。それから，緊急支援，ことに東京臨床心理士会（当時）は，三宅島支援のボランティアで並々ならぬ課題について活躍され実績をあげてこられました。東日本大震災の折も震災地のスクールカウンセラーと共に派遣スクールカウンセラーとして活動されましたが，相互サポートをしながら，社会貢献する準備体制はさらに今後に備えて一層整えていくことが望まれましょう。

　さて，東京都の幼稚園・保育園では心理職者が入っている所も少しずつ増えているように伺っています。実は子どもの問題は発達の問題を含めて，学齢期以前からずっと積み重ねになっている所でもあります。

Ⅵ　類型化になじまない事態で働くスクールカウンセラー

　学校の精神風土，地域の特性等によって，スクールカウンセラーに求められることは多少違いがあるのが現実ですが，大きなブレが生じないように，留意点について言及してみましょう。

　１）特別支援教育が実施され，目前の一人の子どもを発達障害であると類型化する，ここまではだいたいスムーズに一致して事は進められます。しかし，大事なことは診断名がつけられるＡ君は自分のことをどのように捉えていて，世の中をどう受け取っているのか，という一人ひとりに個別化した対応がなされて，初めて発達障害をもつ子どもへの関わりが実を結ぶ営みになるのではないでしょうか。したがって，私はそういう子どもの体験世界，そのご家族が感じていらっしゃる育てにくさ，難しさを，心理職者ならではの感性と考え方で汲み取り，子どもにかかわる人々と共に道を拓くように進めていきたいものと考えています。

　２）スクールカウンセラーとしての実践を現実状況に応じて行うために，その学校ではスクールカウンセラーをどう活用しようと考えておられるのか，

場の中における自分の立ち位置に対する確かめが必要でしょう。周りの状況を見据えてアセスメントし，その結果どんな風に働きかけることが適切かと自分の側の要因と照合・整理することによって，自分の行動の仕方もおおよそ見えてくるということです。もう一つは，問題そのものに対するアセスメント，状況判断の仮説と自分の力量とを考え合わせ判断していく。これもスクールカウンセラーに求められる専門的力量でしょう。

　3）お家を出られる時，鏡をご覧になって「あの人が来たら何か新鮮な空気が入ってきた」という雰囲気の自分がいるかどうかふりかえってみてはいかがでしょう。ふと何か思わず声を掛けて思いを伝えてしまいたくなるというような，無駄な緊張を緩めさせ，相手を思わずホッとさせるような，新鮮な空気のようなものをまとっているか。平凡なことのようですが，この空気感をまとうことは「人を人として遇する」姿勢にも通じることでしょう。ちょっと立ち止まって，自分を相対化して振り返ってみたいと思います。

　4）そういうことがプライマリーカウンセリングとしてもスクールカウンセリングとしても繋がっていき「思っていることを受け入れてもらえないと思ってきたけど，あの先生だったら」と相手が思われるようになることが大事ではないでしょうか。これが体現できることが専門性の大事な要素ではないかと思います。

　5）学校の先生方はお忙しいので，さりげなく職員室でお茶を入れて差し上げたり，バス停や駅で何気なく声を交わす，そういうことで自然に人と繋がっていくと考えられます。

　6）実態を指し示すための的確な言葉を増やす努力。平素，言葉を大切にしたいと思います。平易で公共性があり，それでいて対象を的確に捉えるような言葉，具象に裏打ちされた言葉，自分の中をくぐらせた言葉を増やす。こういう努力をさりげなく積み重ねることが自分とは違う職業や立場の人たち，あるいは子ども達と話すとき，なめらかに繋がりが生じる契機になるように思われます。

VII　今後のスクールカウンセラー制度の課題

　1995（平成7）年度に，文部科学省が調査研究委託事業として設置したスクールカウンセラー事業（全国154校の公立学校に設置）は次第に，スクールカウンセラー設置校が小学校，中学校，高校まで現在は拡大しており，この制度設置の効果はおおむね評価されています。ただ時代の流れのなかで，

社会や市民生活の変化に伴い，スクールカウンセラー制度の運用について，新たな課題も生まれ，それらへの対応についても検討がなされているという現状があります。スクールカウンセラー制度についての課題については該当する章で叙述されていますので，ここではトピックスだけを挙げるにとどめます。ただ，スクールカウンセラー制度の発展充実のためには，これらの近年生じてきた課題に，適切に対応していくかが問われており，これまでおおむね成果を評価されてきたスクールカウンセラーの業務も一層の質の向上が火急の課題となっています。

Ⅷ　現在，今後のスクールカウンセラー制度の課題（詳細については本書の該当する各章をご参照下さいますよう）

1．スクールカウンセラーの配置が小学校から高校まで広がったこと（ただし，都道府県によりかなり配置の格差があります）

　6歳から20歳（定時制高校も含まれる）までの成長の差が大きい対象者を相手とすること，問題行動の背景に発達障害，虐待などが潜む状況があるなど，スクールカウンセラー業務の内容に高度の習熟が求められるようになってきました。スクールカウンセラーの資質のさらなる向上が必須の課題となっています。

2．関係法規がかなり多く制定されたこと

　スクールカウンセラー，スクールソーシャルワーカーが学校教育法施行規則に明記され，身分が安定しました。加えて公認心理師法が成立し，国家資格となるなど，心理師に対する社会の期待が増えつつあります。

　学校関連の法律の改正や新設に加え，児童福祉法，少年法などの大幅な改正がありました。それに伴い，規則，通達等が数多く発出されました（3章参照）。

3．社会情勢の変化

　社会情勢の多様化，複雑化が益々進行し，学校もこれに影響され，スクールカウンセラーが対応するケースも複雑化しており，チームとして対応する場合も増えてきました。公的な協力体制だけでなく，関係機関との対応も必要になり，かつこれが増えています。

　スクールカウンセラーの機能として，未然防止，予防機能が求められるよ

うになりました（東京都では「全員面接」を施行することで，早期相談の必要性を児童生徒に行き渡らせるようになっています）。

　自然災害を始め，危機状況（自殺，犯罪など）が起こった場合に，要請を受けて，資格を持つスクールカウンセラーの派遣が多く行われました（東京都では私学支援も行っています）。

4．インターネットの普及

　GIGA スクール構想が発表されるなど ICT 教育が進み，学校でも生徒にタブレットが配布されたり，自由にパソコンが使用できる環境が整備されるなど，整備が進んでいる一方，SNS なども大きな問題であります。コロナ禍でリモート教育が必然となるなど，現実問題として差し迫った状況にあります。

文　　　献
村瀬嘉代子（2008）心理療法と生活事象―クライエントを支えるということ．金剛出版．

第 2 章

公立学校スクールカウンセラー等活用事業の歴史と変遷

石川悦子

I　スクールカウンセラー等活用事業導入までの背景

　本章では，日本の公立学校スクールカウンセラー等活用事業の導入過程とその後の状況について概観します。2018（平成 30）年に心理職初の国家資格である公認心理師が誕生し，今後ますます心理職の職域が広がることが期待されます。

　戦後の流れを辿りますと，1950 年代は第二次大戦後の混乱した日本社会において，子どもたちの多発する非行問題等に対して，学校教育相談の担い手は教師に期待されていました。教師が相談技法や心理検査などを自主的に学び，各学校において対応していました（藤田，2001）。1954（昭和 29）年設立の東京都立教育研究所が実施していた教員研修の内容は，就学時の知能検査の方法や内田・クレペリン検査およびロールシャッハ・テストの実施法や判別法であり，医療モデルに基づいたものでした（和井田，2009）。このように，専門機関で作られた理論と実際がそのまま学校現場に取り入れられたこともあり，学校における教育相談は分化と統合の理論に分かれた時期があります。分化の理論は，学校におけるカウンセリングは教師ではなく専門家が当たるのが良いというものであり，統合の理論としては，学校の生徒指導のなかにカウンセリングを位置づけ教師が当たるのが良いという考え方でした（奈良県立教育研究所，2007）。1965（昭和 40）年の文部省「生徒指導の手引き」には，生徒指導の一方法として「教育相談」が位置づけられ，「無条件的尊重」「共感的理解」などが記されています。

　1970 年代に入ると日本社会は高度経済成長期を迎え，高学歴志向や受験

戦争が激化しました。その一方で「学校の荒れ」が社会問題となるなど，学校が従来行ってきた規則維持の強化や叱責といった指導では解決できない面が出てきて，子ども達の内面に寄り添った指導が注目されるようになりました。1980年代には，対教師暴力などがメディアで大きく報道されるとともに，登校拒否（不登校）の増加も見られました。このような流れのなかで，教師が児童生徒の声に耳を傾け寄り添う態度を身に付けることの重要性が注目されるようになりました（今井，1986；近藤，1997）。その頃，1988（昭和63）年に日本臨床心理士資格認定協会が発足し，臨床心理士の資格審査と認定が始まりました。

Ⅱ　スクールカウンセラー等活用事業の歴史

1．スクールカウンセラー配置の流れ

　1980年代に3万人台であった不登校児童生徒数が，1990年代には13万人を超え，また，いじめによる生徒の死亡事件などが発生しました。これらの状況を受けて文部省（当時）は「スクールカウンセラー活用調査研究委託事業」を，1995（平成7）年に全額国庫補助で開始しました。当時の文部省の概算請求の資料には，次のように記されていました。「学校を取り巻く諸環境の変化などを背景とするいじめ，校内暴力，不登校，高校中退など児童生徒の問題行動，学校不適応の実態は，ますます複雑化，深刻化しつつあり，大きな社会問題となっています。最近はいじめや暴力に起因する死亡事件が発生するなど憂慮すべき状態となっており，不登校，高校中退は大きな教育課題になっています」，「これらの問題解決のため，学校のカウンセリングなどの機能の充実をはかるため，高度の専門的知識・経験を有する専門家を活用し，効果などの実践的な調査研究を行ないます」。このように，スクールカウンセラー（以下，SC）の導入事業は，学校からの要請というよりも文部省がリードするところが大きく，不登校やいじめ問題の深刻化を背景に，学校と教師の援助力の向上を目標にした事業が，国によって積極的に進められ，心理支援活動が本格稼働したといえます。SC事業は同年9月から実施され，各都道府県へ小中高各1名ずつ計3名のSCが配置されました（一部加配あり計154校）。

　SCの配置の方式には次の3つがあります。

　1）配置校方式：（1つの学校へ配置され，その学校の生徒，教職員，保

護者を対象とする）

　2）拠点校方式：（配置された学校を拠点として，その周辺のいくつかの
　　学校も対象とする）

　3）巡回方式：（いくつかの学校を定期的に巡回する）

　当初，各都道府県に配置された SC はすべて配置校方式で，SC の勤務時間
については，非常勤週2回，半日4時間，年間70回を原則とすると規定さ
れていました。事業初期には，学校内に外部から専門家が入るということで
不安と緊張の中で始まった SC 導入でしたが，その成果が次第に明らかにな
るにつれて配置を希望する学校が増え，SC の数が不足するようになり，よ
り多くの学校に関われるよう拠点校方式や巡回方式も採用されるようになり
ました。SC に対する期待と不安の混在については，伊藤・中村（1998）は
「SC 導入当初，教師側には教師援助という役割を SC に期待せず，生徒の問
題は教師が解決すべきこととしてとらえていた」と報告しています。その後，
学校現場からの臨床心理士の派遣要請が相次ぎ，SC 事業は開始から5年後
には 2,250 校へと拡大し，勤務形態も週1日8時間（年間35回）勤務が認
められるなど弾力的に運用されるようになりました。

　2001（平成13）年度からは国庫補助事業［補助率 1/2，2008（平成20）
年からは補助率 1/3］へと移行し，全国中学校1万校への配置計画が進めら
れました。さらに SC 等活用事業は，不登校やいじめ問題に対応するととも
に，児童虐待や暴力問題，発達課題，性被害，また，事件・事故後の心のケ
アに資するよう進み配置は拡大してきました。令和時代に入り，小中全校
27,500 校への配置が進められています。このように，社会の急速な変化や
子どもたちが抱える問題の複雑化・困難化を背景に，学校教育相談の担い手
が教師のみに期待されていた時代から，多職種が協働・連携する教育相談の
あり方「チーム学校」が求められる時代へ変遷してきたといえます。

2．スクールカウンセラーの位置づけと職務の広がり

　SC の職務については，初期より以下の4点が中心となっています（村山,
1998）。

　1）児童生徒へのカウンセリング
　2）カウンセリング等に関する教職員および保護者に対する助言・援助

3）児童生徒のカウンセリング等に関する情報収集・提供
4）その他の児童生徒のカウンセリング等に関し，各学校において適当と
　　認められるもの

　また，2011（平成 23）年に起きたいじめを背景とする中学生自死事件を
契機に，いじめ問題が再び社会問題化し，2013（平成 25）年に「いじめ防止
対策推進法」が施行され，その第 22 条に，学校におけるいじめ防止等のため
の組織には「心理，福祉等に関する専門的な知識を有する者」を入れて構成
するよう記されています。時代の変化とともに 2006（平成 18）年には教育
基本法が改定されるなど大きな動きがあり，その後児童等の尊厳を保持する
ための法律が複数成立しています。詳しくは本編 3 章を参照してください。
　さらに，「チームとしての学校の在り方と今後の改善方針について［答申］」
（平成 27 年 12 月 21 日，中央教育審議会）においては，学校や教職員が心理
や福祉等の専門スタッフと連携・分担する「チーム学校」体制を整備し，学校
の機能を強化していくことが重要であると示されており，加えて，2017（平
成 29）年 1 月に策定された文部科学省「次世代の学校・地域創生」プランに
よれば，専門性に基づくチーム体制の構築について「教員が，多様な専門性
や経験を持った人材と協力して子どもに指導できるようにするとともに，ス
クールカウンセラー（SC）やスクールソーシャルワーカー（SSW）の職務等
を省令上明確化し，配置を充実する」とされています。その結果，学校教育
法施行規則（第 65 条の 3）に「スクールカウンセラーは，小学校における
児童の心理に関する支援に従事する」と明記され，SC の法律上の位置づけ
が明らかになりました（2017（平成 29 年 4 月 1 日）。これは中学校等にも
準用されます。
　文部科学省は，教育相談の方針について「個別事案への対応に加え，未然
防止，早期発見・対応，さらには，事案が発生した時点から事案の改善・回
復，再発防止まで一貫した支援に重点をおいた体制作りが重要である」とし
ており，同報告には「SC ガイドライン（試案）」が掲載され，以下の幅広い
心理支援活動が示されています（「児童生徒の教育相談の充実について（報
告）」2017（平成 29）年 1 月）。

1）児童生徒へのカウンセリング
2）保護者に対するカウンセリング

3）児童生徒に関するアセスメント

4）児童生徒の困難・ストレスへの対処方法，児童生徒への心の教育に
　資する全ての児童生徒を対象とした教育プログラムの実施

5）いじめ防止などの問題行動等への対応について

6）教職員に対するコンサルテーション

7）教職員のカウンセリング能力等の向上のための校内研修の実施

以上です。

3．スクールカウンセラー配置状況と今後の課題

　SC 等活用事業については，「SC の配置の拡大に伴って SC の資質や経験に
違いがみられ，学校における活用の仕方に大きな差が見られる」，「SC の勤
務日数が限られており柔軟な対応がしにくい」，「財政事情により配置等の拡
充が難しい」等の課題も指摘されてきました（文部科学省 2015, 2017）。SC
の配置数が急速に拡大したことは既述の通りですが，各地域の配置状況につ
いては，全国的にみれば常駐型の SC が採用された地域や，東京都のように
公立学校全校に週 1 日 7 時間 45 分（38 週）勤務が実現している地域がある
一方で，1 回の勤務時間が 4 時間未満や不定期な配置もあり（表 1），また，
配置方法も配置校方式，拠点校方式，巡回方式などさまざまです。既述の
通り，SC の担う役割は拡大しており，SC 全体の配置拡充が求められていま
す。

III　SC 配置に関する文部科学省の実施要領

　「スクールカウンセラー等活用事業実施要領」は，2013（平成 25）年 4 月
制定以来少しずつ改正され，現在は表 2 の通りです。本事業の位置づけは，
「教育支援体制整備事業費補助金（いじめ対策・不登校支援等総合推進事業）
交付要綱第 20 条の規定に基づき，スクールカウンセラー等活用事業の実施
について必要な事項を，本実施要領で定めるものとする」となっています。

IV　東京都における SC の活用状況── SC 配置状況と
　　バックアップシステム

　東京都では，初年度に 4 名の SC 配置から始まり，2013（平成 25）年度
には小学校・中学校・高等学校・中等教育学校等全校配置となり，2020 年

表1　全国の公立学校におけるスクールカウンセラー配置状況・推移（2011-2020年）（%）

配置状況/年度	小学校（%）				中学校（%）				高等学校（%）			
	定期 週4時間以上	定期 週4時間未満	不定期	無	定期 週4時間以上	定期 週4時間未満	不定期	無	定期 週4時間以上	定期 週4時間未満	不定期	無
2020	22.5	34.4	32.3	10.8	66.9	17.3	12.2	3.6	42.1	30.9	20.7	6.3
2019	22.7	31.5	30.5	15.3	66.7	21.4	9.6	2.4	43.6	28.6	19.1	8.7
2018	23.1	28.2	27.3	21.4	70.3	21.2	6.7	1.8	38.5	29.9	20.2	11.4
2017	20.1	29	24.5	26.4	68.3	19.5	7.2	4.9	37.8	29.1	18.9	14.2
2016	18.8	23.4	28.5	29.3	69.3	16.9	8.3	5.5	34.5	30.3	20.9	14.3
2015	17.1	21.8	28.5	32.5	65.1	19.6	8.3	7.1	34.4	27.8	20.2	17.5
2014	14.2	20.9	23.6	41.4	62.8	19.5	9.5	8.2	32.3	28.5	18.0	21.3
2013	13.4	17.9	21.7	47.0	62.7	19.3	8.0	10.0	30.3	25.1	17.4	27.3
2012	11.5	14.0	22.4	52.1	60.2	19.2	8.7	11.9	31.0	22.9	18.8	27.4
2011	10.7	12.0	19.7	57.5	60.2	17.2	8.5	14.0	29.7	16.9	20.6	32.8

※本調査は標本調査であり、2011（平成23）年度の調査対象校数は、全国の幼稚園1,761校、小学校2,641校、中学校1,541校、相談員、スクールカウンセラーの配置状況」（2021）より石川作成
文部科学省「学校保健統計調査　計7,265校である。2012（平成24）年度～2020（令和2）年度の調査対象校数は、幼稚園1,645校、小学校2,820校、中学校1,880校、高等学校1,322校、高等学校1,410校、計7,755校である。

表2　文部科学省スクールカウンセラー等活用事業実施要領(平成 30 年 4 月 1 日一部改正)

1　事業の趣旨

　公立の小学校，中学校，義務教育学校，高等学校，中等教育学校，特別支援学校及び地方公共団体が設置する児童生徒の教育相談を受ける機関（以下「学校等」という。）に児童生徒の心理に関して高度に専門的な知識・経験を有するスクールカウンセラー又はスクールカウンセラーに準ずる者（以下「スクールカウンセラー等」という。）を配置するとともに，24 時間体制の電話相談を実施し，教育相談体制を整備する。

　　また，被災した児童生徒等の心のケア，教職員・保護者等への助言・援助等を行うため，学校等（公立幼稚園を含む。）にスクールカウンセラー等を緊急配置する。

2　実施主体

　本事業の実施主体は，都道府県・指定都市とする。

3　スクールカウンセラー等の選考

　（1）　スクールカウンセラーの選考

　次の各号のいずれかに該当する者から，実績も踏まえ，都道府県又は指定都市が選考し，スクールカウンセラーとして認めた者とする。

1．公認心理師

2．公益財団法人日本臨床心理士資格認定協会の認定に係る臨床心理士

3．精神科医

4．児童生徒の心理に関して高度に専門的な知識及び経験を有し，学校教育法第 1 条に規定する大学の学長，副学長，学部長，教授，准教授，講師（常時勤務をする者に限る）又は助教の職にある者又はあった者

5．都道府県又は指定都市が上記の各者と同等以上の知識及び経験を有すると認めた者

　（2）　スクールカウンセラーに準ずる者の選考

　次の各号のいずれかに該当する者から，実績も踏まえ，都道府県又は指定都市が選考し，スクールカウンセラーに準ずる者として認めた者とする。

1．大学院修士課程を修了した者で，心理業務又は児童生徒を対象とした相談業務について，1 年以上の経験を有する者

2．大学若しくは短期大学を卒業した者で，心理業務又は児童生徒を対象とした相談業務について，5 年以上の経験を有する者

3．医師で，心理業務又は児童生徒を対象とした相談業務について，1 年以上の経験を有する者

4．都道府県又は指定都市が上記の各者と同等以上の知識及び経験を有すると認めた者

　（3）　電話相談員の選考

　電話相談や教育相談に関する知識及び経験を有し，本事業の趣旨を理解する者を，都道府県又は指定都市が選考し，電話相談員として認めた者とする。ただし，第三者への委託を行う場合は，この限りでない。

4　事業の内容

本事業は，次の内容を実施することができる。

（1）　スクールカウンセラー活用事業

　スクールカウンセラー等やスクールカウンセラー等に対して適切な指導・援助ができるスーパーバイザーを学校・教育委員会等に配置し，児童生徒の心のケアに加え，教員のカウンセリング能力等の向上のための校内研修や児童生徒の困難・ストレスへの対処方法等に資する教育プログラムを実施するとともに，スクールカウンセラー等の専門性を向上させるための研修や，事業を効果的かつ円滑に実施するための情報交換や関係機関との連絡調整等を行う連絡協議会を開催する。

　なお，公立高等学校へのスクールカウンセラー等の配置については，事業の実施に係る配置校の総数の 10％以内を目安とする。

（2）　電話相談事業

　文部科学省が設定する全国統一の教育相談ダイヤルにより 24 時間体制での電話相談を実施し，電話相談員の資質を向上させるための研修，事業を効果的かつ円滑に実施するための情報交換や関係機関との連絡調整等を行う連絡協議会を開催する。

　なお，24 時間体制での教育相談窓口の周知にあたり，原則，国・公・私立の小学校・中学校・義務教育学校・高等学校・中等教育学校・特別支援学校の全ての児童生徒に周知するための教育相談窓口紹介カードを作成し，配布する。

（3）　災害時緊急スクールカウンセラー活用事業

　被災した児童生徒等の心のケア，教職員・保護者等への助言・援助等を行うため，スクールカウンセラー等を学校等に緊急配置する。

度からは小中の 1 割程度に週 2 日配置が実現しています。2022 年度の配置校数は延べ 2,326 校（課程）であり，勤務形態は配置校方式で週 1 日 7 時間 45 分勤務（年間 38 回），会計年度任用職員として採用されています。SC のバックアップシステムについては，東京公認心理師協会（旧東京臨床心理士会）では，SC の相互支援・相互研鑽の場を設定するために，1996（平成 8）年に「東京学校臨床心理研究会」を立ち上げ SC の資質向上を目指した活動を継続しています。

　研究会の活動を概観すると，会員数が少なかった頃は勤務校を拠点とした地域会活動が中心でしたが，会員の増加に伴い構成は徐々に変化し，近年は全体で集まる会，初任者向けの研修，テーマ研修，地域毎の分科会，個別事例に関する相談会など，目的に応じた形になっています。

　なお，学校で緊急事態が発生した場合には，SC コーディネーターがメールや電話等で相談を受け助言する体制を採っています。また，研究会の実績を「活動報告書」としてまとめ毎年発行する他，「学校への危機対応」「東京都公立学校スクールカウンセラーによる全員面接─ SC の視点から─」「感染症流行下における SC 活動について」等の資料作成および配布などの研究活

動も続けています。

文　　献

藤田英典（2001）戦後日本における青少年問題・教育問題─その展開と現在の課題．教育学年報，8; 73-114.

今井五郎編（1986）学校教育相談の実際．学事出版．

伊藤美奈子・中村健（1998）学校現場へのスクールカウンセラー導入についての意識調査　中学校教師とカウンセラーを対象に．教育心理学研究，46(2); 121-130.

近藤邦夫（1997）クライエント中心療法と教育臨床．こころの科学，74; 64-68.

文部科学省（2015）チームとしての学校の在り方と今後の改善方策について（答申）．中央教育審議会．

文部科学省（2017）児童生徒の教育相談の充実について〜学校の教育力を高める組織的な教育相談体制づくり〜（報告）．平成29年1月，教育相談等に関する調査研究協力者会議．https://www.pref.shimane.lg.jp/izumo_kyoiku/index.data/jidouseitonokyouikusoudannjyuujitu.pdf（2023年2月閲覧）

文部科学省（2018）スクールカウンセラー等活用事業実施要領．https://www.mext.go.jp/a_menu/shotou/seitoshidou/1341500.htm（2023年2月閲覧）

文部科学省学校保健統計調査（2021）相談員・スクールカウンセラーの配置状況．https://warp.ndl.go.jp/info:ndljp/pid/11293659/www.mext.go.jp/b_menu/toukei/chousa05/hoken/kekka/1268813.htm（2023年2月閲覧）.

村山正治（1998）新しいスクールカウンセラー──臨床心理士による活動と展開．ナカニシヤ出版．

奈良県立教育研究所（2007）学校カウンセリングの進め方─児童生徒の発達段階に応じた効果的なカウンセリングの実践的研究．平成19年度研究プロジェクトチーム報告書．http://www.e-net.nara.jp/kenkyo/index.cfm/21,2469,c,html/2469/20_syuroku_h19.pdf（2023年2月閲覧）

和井田節子（2009）学校教育相談に関する教員研修の変遷─小泉英二の業績を中心に．名古屋女子大学紀要　人文・社会編，55; 183-195.

スクールカウンセラーをめぐる法的枠組み

教育基本法・学校教育法・学校保健安全法・公認心理師法・
少年法・いじめ防止対策法ほか関連法令

杉原紗千子・柴田恵津子

　スクールカウンセラー（以下, SC）が働く学校がどのような法律の下に設置
され, どのような運営がなされるかの基本に「教育基本法」や「学校教育法」
等という法的な枠組みがあります。また, SC の法的根拠も SC に関する条文
が学校教育法施行規則の改正に伴い新設されたことから明確になりました。

　日本国で生活する以上, 憲法が根底にあることはいうまでもありません。
憲法では, 「第 26 条　教育を受ける権利, 教育を受けさせる義務, 義務教育
の無償」が決められています。これに基づいて, 教育基本法が定められてい
ます。

　廣瀬健二（2005）は, 法制のアウトラインとして, 「社会には行動の基準
となるべきルールがあり, そのうち, 国家が権力によって, その実現を保障
する規範が法規範である」としています。ただし, 人間の行動すべてにわた
って決めることはできないため, 重要な社会規範だけが法律とされていると
も言っています。最近, 決まっていないことは守らなくてもいいというよう
なことをいう人もいますが, 一般的に常識として皆が当然守っていることを
守らなければ社会生活はスムースに行かないということは心得ておかなけれ
ばならないことと思います。なお, これらの法律に関連する SC の実際の動
きについては, それぞれの章で詳述していますので, そちらをご覧ください。

　我が国では制定法（成文法）を基本としており, 憲法, 法律, 命令, 条例,
条約等がさまざまな分野で決められ, 運用されています。これらの仕組みに
ついて, 簡単に紹介しておきます。

　廣瀬（2005）によれば「憲法」は国の組織（統治機構）や基本的人権など
を定める最高法規であり, 改正にも厳重な要件が定められています。「法律」

は国会の両院の議決を経て制定されます。最も基本的な法であり，憲法に次ぐ効力があります。「命令」は行政機関が通常法律に基づきその施行のための細則や基準等を定めるもので，内閣が定める政令，各省が定める省令，独立行政機関が定める規則などがあり，法律には劣るが，条例よりも効力があります。「条例」は各地方公共団体（都道府県区市町村）がその自治権に基づいて地方議会の議決で制定するものです。「条約」は国家間あるいは国家と国際機関との間の合意を文書化したもので，中には直ちに国内法として機能するものもありますが，通常はその実施のための法律を制定することになっています。

　SC として働く以上，関係法規を知っておくことは基本的な事項です。なお，関係法規は本書初版発行時以降，大きな変化がありましたので，それらについてみてみます。なお，本章では主として法律を扱っており，必要に応じて，各省通達，通知，条例などにも触れていますが，詳細は当該章を参照してください。

Ｉ　教育基本法（平成 18 年 12 月 22 日法律第 120 号）

　教育基本法は終戦後間もなくの 1947（昭和 22）年，占領下において制定されました。それから半世紀以上が経過し，日本も科学技術の進歩，国際化，少子化などにより教育環境もめまぐるしく変化したことから，これに対応すべく 2006（平成 18）年 12 月 15 日，新しい教育基本法が第 165 回臨時国会において成立し，12 月 22 日に公布・施行されました。文部科学省（以下，文科省）はこの改正について「新しい教育基本法では，国民一人一人が豊かな人生を実現し，我が国が一層の発展を遂げ，国際社会の平和と発展に貢献できるよう，これまでの教育基本法の普遍的な理念は大切にしながら，今日求められる教育の目的や理念，教育の実施に関する基本を定めるとともに，国及び地方公共団体の責務を明らかにし，教育振興基本計画を定めることなどについて規定しました」と説明しています。

　全文は前文と 18 条から成り立っています。主な改正点についてみてみますと，

　前文は「我々日本国民は，たゆまぬ努力によって築いてきた民主的で文化的な国家を更に発展させるとともに，世界の平和と人類の福祉の向上に貢献することを願うものである。／我々は，この理想を実現するため，個人の尊厳を重んじ，真理と正義を希求し，公共の精神を尊び，豊かな人間性と創造

性を備えた人間の育成を期するとともに，伝統を継承し，新しい文化の創造を目指す教育を推進する。／ここに，我々は，日本国憲法の精神にのっとり，我が国の未来を切り拓く教育の基本を確立し，その振興を図るため，この法律を制定する」とし，新たに「公共の精神」の尊重，「豊かな人間性と創造性」や「伝統の継承」が規定されています。

第１章　教育の目的及び理念

①教育の目的：「第１条　教育は，人格の完成を目指し，平和で民主的な国家及び社会の形成者として必要な資質を備えた心身ともに健康な国民の育成を期して行われなければならない」とし，教育の目的を引き続き規定しています。

②教育の目標：本条を新設して，第１条の目的を実現するために５つの項目を立て，「教育の目標」として規定しています。

③生涯学習の理念：本条を新設し，「生涯学習の理念」を教育に関する基本的理念としています。

④教育の機会均等：教育の機会均等を引き続き規定するとともに，障害のある者が十分な教育を受けられるよう，教育上必要な支援を講ずべきことを新たに規定しています。

第２章　教育の実施に関する基本

教育を実施する際に基本となる事項について，①義務教育，学校教育，教員，社会教育，政治教育，宗教教育に関する規定を見直したほか，②新たに，大学，私立学校，家庭教育，幼児期の教育，学校・家庭・地域住民等の相互の連携協力などについて規定しています。

その中で特にあげれば，義務教育では「九年」という年限を削除し，「各個人の有する能力を伸ばしつつ社会において自立的に生きる基礎を培い，また，国家及び社会の形成者として必要とされる基本的な資質を養うことを目的として行われるものとする」としています。ここでは「自立的に生きる」ことが強調されています。

学校教育では，「教育を受ける者が，学校生活を営む上で必要な規律を重んずるとともに，自ら進んで学習に取り組む意欲を高めることを重視して行われなければならない」として，自ら学習することが前提であることを明記しています。

また，「家庭教育」を新設し，「保護者は，子の教育について第一義的責任を有するものであって，生活のために必要な習慣を身に付けさせるとともに，

自立心を育成し，心身の調和のとれた発達を図るよう努めるものとする」と家庭の責任を第一に掲げています。

さらに，「学校，家庭及び地域住民その他の関係者は，教育におけるそれぞれの役割と責任を自覚するとともに，相互の連携及び協力に努めるものとする」とし，学校，家庭及び地域住民等の相互の連携協力を規定しています。

第3章　教育行政

教育は，不当な支配に服することなく，法律の定めるところにより行われるべきことを規定するとともに，国，地方公共団体の役割分担や必要な財政措置について新たに規定しています。また，「教育振興基本計画」の条文を新設し，国・地方公共団体が総合的かつ計画的に教育施策を推進するための基本計画を定めることについて規定しています。

II　学校教育法（昭和22年3月31日法律第26号）（最終改正：令和4年6月22日法律第77号）

学校教育法は教育基本法に基づき，学校における教育について規定しています。1947（昭和22）年に制定され同年4月1日から施行されて現在に至っています。本法は教育基本法と異なり，制定時以前の学校からの経過措置から始まり，社会情勢の変化に伴い，順次改正が行われています。

第1章　総則

総則は第1条から第15条までで，学校の種類，設置について，教員についてなど全般的な事項が規定されています。

「第1条　この法律で，学校とは，幼稚園，小学校，中学校，義務教育学校，高等学校，中等教育学校，特別支援学校，大学及び高等専門学校とする」と学校の定義をしています。また，11条では校長および教員は児童生徒および学生に対し，必要に応じて懲戒を加えることができる（ただし，体罰を加えることはできない）ことも規定されています。

第2章　義務教育

16条から21条まであり，「第16条　保護者（子に対して親権を行う者（親権を行う者のないときは未成年後見人）をいう。以下同じ。）は，次条に定めるところにより，子に九年の普通教育を受けさせる義務を負う」として保護者の義務を明記しています。

以下，第3章　幼稚園（22条から28条），第4章　小学校（29条から44条），第5章　中学校（45条から49条），第5章の2　義務教育学校（49条

2から49条8），第6章　高等学校（50条から62条），第7章　中等教育学校（63条から71条），第8章　特別支援教育（72条から82条），第9章大学（83条から114条），第10章　高等専門学校（115条から123条），第11章　専修学校（124条から133条），第12章　雑則，第13章　罰則となっています。

　規定されている事項の中から主なものを拾ってみますと，34条では，文部科学大臣の検定を経た教科用図書を使用しなければならないこと（ただし，2019（平成31）年4月から「電磁的記録（デジタル教科書）」の使用が可能となった）とし，35条では「性行不良であって他の児童の教育に妨げがあると認める児童があるときは，その保護者に対して，児童の出席停止を命ずることができる」とし，不良行為の例を挙げています。これは中学校にも準用されています。

　修業年限については，小学校は6年（32条），中学校は3年（47条），高等学校は全日制は3年（56条），定時制および通信制は3年以上（56条），中等教育学校は6年（65条）等とされています。

　また，第13章の罰則では「第144条　第17条第1項又は第2項の義務の履行の督促を受け，なお履行しない者は，十万円以下の罰金に処する」とされています。その他詳細に規定されていますので，法律を確認してください。

　学校を運営するにあたっては，「学校教育法施行令」（1953（昭和28）年10月31日），「学校教育法施行規則」1947（昭和22）年5月23日）が置かれているほか，多くの通達，通知等が文科省から発せられ，それらに基づいて学校の運営がなされています。

　なお，教育基本法が全面的に改正されたことから，2007（平成19）年に教育3法の改正が成立しました。その内，学校教育法の改正では，①教育基本法の新しい教育理念を踏まえ，新たに義務教育の目標を定めるとともに，幼稚園から大学までの各学校種の目的・目標の見直し，②学校に副校長などの新しい職を置くことができることとし，組織としての学校の力の強化が図られました。

　また，2015（平成27）年12月，中央教育審議会は「チーム学校としての学校の在り方と今後の改善方策について」（答申）を出しました。その中で「近年，グローバル化や情報化が急速に進展し，社会が大きく変化し続ける中で，複雑化・困難化した課題に対応するため，多くの組織では，組織外の人

材や資源を活用しつつ，組織の力を高める取り組みが進んでいるとし，教員以外の専門スタッフとして，スクールカウンセラー，スクールソーシャルワーカーを法令に位置づけること」を提言しました。

　2017（平成 29）年の学校教育法施行規則の改正において，第 65 条の 3「スクールカウンセラーは，小学校における児童の心理に関する支援に従事する」，第 65 条の 4「スクールソーシャルワーカーは，小学校における児童の福祉に関する支援に従事する」（いずれも中学校，義務教育学校，高校，中等義務学校，特別支援学校に援用）の条文が新設され，SC，SSW はここに職員として法的に位置づけられました。なお，2021（令和 3）年には幼稚園においてもこれらの条文が準用されることになりました。

III　学校保健安全法（昭和 33 年 4 月 10 日法律第 56 号）（最終改正：平成 27 年 6 月 24 日法律第 46 号）

　学校保健安全法は学校における安全管理に関する法律です。全部で 4 章，32 条からなり，その目的は「第 1 条　この法律は，学校における児童生徒等及び職員の健康の保持増進を図るため，学校における保健管理に関し必要な事項を定めるとともに，学校における教育活動が安全な環境において実施され，児童生徒等の安全の確保が図られるよう，学校における安全管理に関し必要な事項を定め，もつて学校教育の円滑な実施とその成果の確保に資することを目的とする」とされています。

　以下，第 2 章　学校保健，第 1 節　学校の管理運営等，第 2 節　健康相談等，第 3 節　健康診断，第 4 節　感染症の予防，第 5 節　学校保健技師並びに学校医，学校歯科医及び学校薬剤師，第 6 節　地方公共団体の援助及び国の補助，第 3 章　学校安全，第 4 章　雑則からなっています。

　この法律は 1958（昭和 33）年に「学校保健法」として成立し施行されていましたが，近年の都市化，少子高齢化，情報化，国際化などによる社会環境や度重なる災害等の生活環境の急激な変化が子どもたちの心身の健康に大きな影響を与えていることから，2008（平成 20）年 1 月中央教育審議会が「子どもの心身の健康を守り，安全・安心を確保するために学校全体としての取組を進めるための方策について」と題する答申を行ない，この答申を踏まえて，学校保健法の一部改正が行なわれ，法律の題名も「学校保健安全法」に改められ，新たに健康観察，教職員による健康相談・保健指導，医療機関等との連係などについて所要の規定が設けられました。そして，その活用に

あたり，2011（平成 23）年 8 月，文科省から「教職員のための子どもの健康相談及び保健指導の手引」が出されました。その中では，学校における事故，加害行為，災害等による児童生徒に生ずる危険発生時における危険を防止し，適切に対応できるよう，必要な措置を執る責務があることが明記されました。また，「保健室登校・不登校」の項が設けられ，その対応についての記載が見られます。

2019（令和元）年から起こった COVID-19 のパンデミックに際しては，この感染症が「指定感染症」の指定を受けたことから，「学校安全法上の対応」についてなど，文科省からは多くの通知，連絡等が発せられ，休校，学級閉鎖など学校におけるさまざまな対応が迫られました。

IV　児童生徒の問題行動・不登校等生徒指導等に関する法令

児童生徒の問題行動等については，毎年，文科省から実態調査の結果が報告されています。それらは数量的にも内容的にも高止まりの傾向にあり，学校のみでは解決が困難になっており，それらに対応するための法律が成立し，通達等が発せられています。

1．いじめ問題

まず，いじめ問題に対しては，「いじめ防止対策推進法」（平成 25 年法律第 71 号）が 2013（平成 25）年 9 月 28 日に施行されました。その概要を見ると

1）総則で「いじめ」を「児童生徒に対して，当該児童生徒が在籍する学校に在籍している等当該児童生徒と一定の人間関係にある他の児童生徒が行なう心理的または物理的な影響を与える行為（インターネットを通じて行なわれるものを含む）であって，当該行為の対象となった児童生徒が心身の苦痛を感じているもの」と定義しました。

2）いじめの防止基本方針等では国，地方公共団体及び学校の各主体による「いじめ防止等のための対策に関する基本的な方針」の策定について定めることとされました。

3）基本的施策では，いじめ防止等に関する措置が定められ，

4）重大事態への対処も明記されました。

これに基づき，文部科学大臣は「いじめの防止等のための基本的な方針」（平成 25 年 10 月 11 日決定，最終改定平成 29 年 3 月 14 日）を決定し発出し

ています。また，「いじめの重大事態の調査に関するガイドライン」が2017（平成29）年3月，文科省から発出されています。いじめ問題についてのSCの動きなど具体的な状況については5章②を参照ください。

2．不登校

　不登校問題に対しては「義務教育の段階における普通教育に相当する教育の機会の確保等に関する法律（平成28年法律105号）」（いわゆる「確保法」）が成立し，2016（平成28）年12月14日に公布されました。この法律では，教育機会の確保に関する施策を総合的に推進するための基本指針を文部科学大臣が定めることとし，国および地方公共団体が講じる施策としては「不登校児童生徒等に対する教育機会の確保等に関する施策，夜間その他特別な時間において授業を行う学校における就学の機会の提供等に関する施策および教育機会の確保等に関するその他の施策」等について規定しています。

　さらに，2019（令和元）年10月25日付で文科省初等中等教育局長から「不登校児童生徒への支援の在り方について（通知）」が発出されました。ここでは児童生徒への支援の基本的考え方として，「学校に登校するという結果のみを目標にするのではなく，児童生徒が自らの進路を主体的に捉えて，社会的に自立することを目指す必要があること」を支援の視点としてあげています。そして，本人の希望を尊重した上で，場合によっては教育支援センターや不登校特例校，ICTを活用した学習支援，フリースクール，中学校夜間学級での受け入れなど，さまざまな関係機関等を活用し社会的自立への支援を行なうことをあげています。また，学校等の取り組みの充実として，支援に当たって，学級担任，養護教諭とともにSC，SSWが中心になることもあげています。不登校に関するSCの活動については5章①を参照ください。

3．自殺問題

　児童生徒の自殺はとても心を痛める問題です。自殺者の数の推移を見ますと，2003（平成15）年をピークとして，近年自殺数そのものは減少傾向にはあるものの，2020（令和2）年の統計に寄れば，20代の自殺が最も大きく増加しているなど若年層の自殺について報告されています（厚生労働省自殺対策推進室）。

　自殺対策としては，自殺対策基本法（平成18年法律第85号）が制定され

ました。そして，2016（平成28）年に改正が行なわれ，抜本的な見直しがされました。主な改正点として，

1）自殺対策として「生きることの阻害要因」を減らし「生きることの促進要因」を増やすことを通じて，社会全体の自殺リスクを低下させる。

2）自殺対策における基本認識としては「非常事態は未だ続いている」。

3）基本方針としては，「生きることの包括的支援」「関連施策との有機的な連携の強化」「対応の段階に応じて，レベルごとの対策を効果的に連動させる」。

4）重点施策としては，「地域レベルの実践的な取り組みへの支援の強化」「子ども・若者の自殺対策をさらに推進する」。

5）推進体制としては，計画的な自殺対策の推進。

等となっています。

　この法律に従い，国は「自殺総合対策大綱」（平成29年7月閣議決定）を定め発表しました。その前に文科省からは2014（平成26）年7月「子どもに伝えたい自殺予防」（学校における自殺予防教育導入の手引）等を始め，多くの自殺予防対策資料が出されています。

　また，東京都では「SOSの出し方に関する教育を推進するための指導資料」を2018（平成30）年2月に出しています。学校における指導の仕方を具体的に記しており，参考資料なども多く上げていますので，参考になると思われます。

4．非行関係

　刑法では刑事責任年齢を14歳と定められていますが，少年法の改正により，12歳頃から少年院送致が可能になりました。14歳未満については児童福祉法が関係してきます。以下に，少年法，少年院法，少年鑑別所法等についてみてみます。

①少年法（昭和23年法律168号）

　少年法は戦後まもなくの1948（昭和23）年に成立しました。親が欠けたり，その適切な保護を受けられない少年を国が親に代わって保護・教育するという国親思想（パレンス・パトリエ）全盛期のアメリカの少年裁判所の影響を強く受けました（廣瀬，2005）。家庭裁判所が設けられ，20歳未満を少年とし，審判手続きは保護主義に基づく処遇決定手続きが定められており優

れていましたが，非行事実認定手続きについては十分と言えない状況にありました。その後，再三にわたる改正の提言がなされましたが，改正に至ったのは 2000（平成 12）年でした。以下に，それ以降の各改正の主な点について見てみます。

（1）2000（平成 12）年改正（平成 12 年法律 142 号）

1）少年事件の処分等の在り方の見直し：刑事処分可能年齢の引き下げ（16 歳以上から 14 歳以上），・少年院における懲役または禁固の執行を可能とすること（16 歳未満），・いわゆる原則逆送制度の導入，等。

2）少年審判の事実認定手続きの適正化：検察官および弁護士である付添人が関与した審理の導入等。

3）被害者への配慮の充実：被害者等による記録の閲覧・謄写制度の導入・被害者等の申し出による意見の聴取制度の導入等。

（2）2007（平成 19）年改正（平成 19 年法律第 68 号）

1）いわゆる触法少年（14 歳未満で刑罰法令に触れる行為をした少年）に係る事件の調査手続きの整備（警察が質問，証拠物の押収，捜索，現場検証を行なう「調査」をする権限があることが明記されました）。

2）14 歳未満の少年の少年院送致を可能とすること（少年院送致年齢の下限を「14 歳以上」から「おおむね 12 歳以上」（「おおむね」の幅は 1 年程度，11 歳の小学 5 年生も少年院に入る可能性があります）となりました。

3）保護観察に付された者に対する指導を一層効果的にするための措置等の整備（保護観察中の少年が守るべき事項を繰り返し違反したら，少年院などに送る処分が可能となりました）。

4）国選付添人制度の導入

（3）2008（平成 20）年改正（平成 20 年法律 71 号）

1）被害者等の申出による意見の聴取の対象者の拡大。

2）被害者等による閲覧・謄写の範囲の拡大。

3）一定の重大事件の被害者等が少年審判を傍聴することができる制度の導入。

4）家庭裁判所が被害者に対し審判の状況を説明する制度の導入。

5）成人の刑事事件の管轄の移管等。

（4）2014（平成 26）年改正（平成 26 年法律 23 号）

1）家庭裁判所の裁量による国選付添人制度および検察官関与制度の対

象事件の範囲拡大。

2）少年刑事事件に関する処分規定の見直し，・不定期刑に関する処分規定の見直し，・いわゆる無期刑の緩和刑に関する規定の見直し。

（5）2021（令和3）年改正（令和3年法律47号），2022（令和4）年4月1日施行

　廣瀬（2022）はこの改正作業について，概略次のように述べています。「2007（平成17）年の日本国憲法の改正手続きに関する法律の国民投票年齢が18歳とされ，2015（平成29）年の公職選挙法改正により選挙権年齢を18歳に引き下げられ，2009（平成21）年の法制審議会答申を受け2018年に成立した改正民法により民事成年も18歳に引き下げられた。これを受けての改正作業は，法制審議会少年法・刑事法部会においては，約3年半の審議を要し，賛否両論がかなり激しく対立した」と。

　主な改正点は以下の通りです。

1）少年法適用の18・19歳を「特定少年」として，引き続き少年法が適用されますが，原則逆送対象事件の拡大や逆送決定後は20歳以上の者と原則，同様に扱われるなど，17歳以下の者とは異なる取り扱いがなされます。

2）原則逆送対象事件の拡大：原則逆送対象事件に「18歳以上の少年の時に犯した死刑，無期または短期（法定刑の下限）1年以上の懲役・禁固に当たる罪の事件」が追加されました。

3）実名報道の解禁：少年の時に犯した事件については，犯人の実名・写真等の報道が禁止されていますが，18歳以上の少年の時に犯した事件について起訴された場合には，禁止が解除されます。

②少年院法（平成26年法律第58号），少年鑑別所法（平成26年法律第59号）

　少年院法は1949（昭和24）年から施行されていましたが，施行後すでに60年経ったことと少年矯正を考える有識者会議の提言を受け，少年院法を全面的に改正し，同時にそれまで少年院法の中に含まれていた少年鑑別所に関する項目が新たに法として整備されました。主な内容は，以下の通りです。

（1）再非行防止に向けた取り組みの充実

1）矯正教育の基本的制度の法定化（少年院法）：年齢区分の撤廃等の少年院の種類の見直し，・矯正教育の目的，内容，方法等の明確化，・在院者の特性に応じた計画的，体系的，組織的な矯正教育を実施。

２）社会復帰支援の実施（少年院法）：保護観察所との連携の下，帰住先の確保，就労等の支援の実施，・出院者や保護者等からの相談に応じることができる制度の導入。

３）少年鑑別所の機能の強化（少年鑑別所法）：少年鑑別所に関する独立した法律の制定，・専門的知識，技術に基づいた鑑別の実施，・在所者の健全な育成のための支援の実施，・地域社会における非行および犯罪の防止に関する援助の実施。

（２）適切な処遇の実施

１）少年の権利義務・職員の権限の明確化（少年院法，少年鑑別所法）：外部交通（面会，信書，電話），・規律秩序維持の措置（制止等の措置，手錠の使用，保護室への収容等）・懲戒の内容，手続き（少年院のみ）。

２）保健衛生・医療の充実（少年院法，少年鑑別所法）：社会一般の医療水準確保を明確化，・運動の機会の確保。

３）不服申立制度の整備（少年院法，少年鑑別所法）：法務大臣に対する救済の申し出等の制度の創設。

（３）社会に開かれた施設運営の推進

１）施設運営の透明性の確保（少年院法，少年鑑別所法）：視察委員会の設置，・意見聴取，参観。

③「再犯防止推進計画」を受けた児童生徒に係る取組の充実について（通知）

2019（令和元）年7月，上記の通知が文科省初等中等教育局初等中等教育企画課教育制度改革室から出されました。これは2016（平成28）年12月「再犯防止等の推進に関する法律」（平成28年法律第104号）が公布，施行されたことに伴い，非行をした児童生徒が少年院等から再び学校に戻って来たときに居場所を得ること，また，進学等の形で学びを継続していくことがその改善更生や生活の安定において極めて重要であるとの認識のもと，その扱いについて定めました。

5. 子ども・若者に対する支援

　子ども・若者に対し，どれだけの支援を行なうかについては，基本的には成人するまでは保護者に保護の義務があり，義務教育に始まり学校制度も充実しています。保護者の保護能力が充分でない者に対しては，それぞれ対応の制度，手段がとられていますが，これらの制度が終わってしまった後については，必ずしもきめ細かい施策が有るとは限らず，例えば「ひきこもり」

や「ニート」などになった者に対して，有効な手が差し伸べられていないことも現実でした。

それらに対し，子ども・若者育成支援推進法（平成 21 年 7 月法律第 71 号）が制定されました。

この法律は「教育，福祉，雇用等の関連分野における子ども・若者育成支援施策の総合的推進」と「ニートやひきこもり等困難を抱える若者への支援を行なうための地域ネットワーク作りの推進を図ること」の２つを主な目的としています。

ニートやひきこもりの状態が長期化するにつれ，そして，彼らの年齢が高まるにつれて，より解決が難しくなっていくことも事実です。これらに対し，「子供・若者育成支援推進大綱」（2021（令和 3）年 4 月子ども・若者育成推進本部）を定め，社会生活に困難を有する者への支援等が明記されました。

また，地方公共団体は「子ども・若者総合相談センター」を設置し，相談に応じるように定められていますが，現実には必ずしも十分機能していないきらいもあるようです。今後これらの援助の手がさらに充実していくことが望まれます。

６．インターネット関連の対策

近年，インターネット環境の進展はめざましく，SNS などをはじめとして子ども達に必ずしも良い影響を与える場合だけではない状況が出現しています。青少年を有害情報から守るために「青少年が安全に安心してインターネットを利用できる環境の整備等に関する法律」（平成 20 年法律第 79 号）が制定されました。

この法律の目的は「インターネットにおいて青少年有害情報が多く流通している状況に鑑み，青少年のインターネットを適切に活用する能力の習得に必要な措置を講ずるとともに，青少年有害情報フィルタリングソフトウェアの性能の向上及び利用の普及により，青少年が安全に安心してインターネットを利用できるようにし，青少年の権利の擁護に資すること」とされています。

その後，フィルタリングの利用率が低迷していることから，さらに，「青少年が安全に安心してインターネットを利用できる環境の整備等に関する法律の一部改正する法律」（平成 29 年法律 75 号）が成立し，2018（平成 30）年 3 月に施行されています。これはフィルタリングの利用の促進を図るために行なわれたものです。

なお，この法律に基づく基本計画の作成は，従来，インターネット青少年有害情報対策・環境整備推進会議（会長・内閣総理大臣）が担っていましたが，「子ども，若者育成支援推進本部」がその事務を引き継ぐことになっています。これらの詳細については5章⑦を参照してください。

また，侮辱罪をめぐっては，ネットで中傷を受けたプロレスラーが命を絶った問題をきっかけに，厳罰化の機運が高まり，2022（令和4）年6月に刑法一部改正の際に，厳罰化が成立しました。

V　その他関係法令について

SCとして勤務する上で知っておかなければならない法律としては，上記のほかに児童福祉法，児童虐待の防止等に関する法律（児童虐待防止法），発達障害者支援法，障害者の日常生活及び社会生活を総合的に支援するための法律（障害者支援法）など沢山の法律や命令等があります。これらについても，最近大幅な改正や変更がありましたので，見てみましょう。

1．児童福祉法等の一部を改正する法律（平成28年法律第63号）

児童福祉法（昭和22年法律第164号）は1947（昭和22）年という戦後まもなくに制定され運用されてきましたが，時代の変化に伴い，2016（平成28）年に抜本的に改定されました（2016（平成28）年5月27日成立，6月3日公布）。

改定の趣旨は「全ての児童が健全に育成されるよう，児童虐待について発生予防から自立支援まで一連の対策の更なる強化等を図るため，児童福祉法の理念を明確化するとともに母子健康包括支援センターの全国展開，市町村及び児童相談所の態勢の強化，里親委託の推進等の所要の措置を講ずる」とされています。主な改正点としては，

・児童福祉法の理念の明確化等
・児童虐待の発生予防
・児童虐待発生時の迅速・的確な対応
・被虐待児童の自立支援

です。児童虐待事件が頻発することに対する危機感から対応が求められていたことからと思われます。また，児童相談所設置自治体の拡大は大きな改正点と思われます。

これに先立ち,「児童虐待の防止等に関する法律」(平成 12 年法律第 82 号)が制定されていましたが, 児童福祉法の改定に伴い,「児童福祉法及び児童虐待防止等に関する法律の一部を改正する法律」(平成 29 年法律第 69 号) が 2017 (平成 29) 年 6 月 14 日に成立, 6 月 21 日に公布されました。改正の趣旨は「虐待を受けている児童等の保護を図るため, 里親委託・施設入所の措置の承認の申立てがあった場合に, 家庭裁判所が都道府県に対して保護者指導を勧告することができることとする等, 児童等の保護者についての司法関与を強化する等の措置を講ずる」とされています。これに関し 2010 (平成 22) 年 3 月, 文科大臣政務官より「児童虐待の防止等のための学校, 教育委員会等の的確な対応について」とする文書が発出され,「学校, 教育委員会等における児童虐待の早期発見・早期対応, 通告後の関係機関との連携を図ること」を促しています。

２．障害者関係
①障害者総合支援法

わが国における障害のある方への福祉サービスは, 戦後,「生活保護法」に位置づけられた救護施設等における取り組みをはじめとして開始され, その後, 紆余曲折を経て, 2005 (平成 17) 年,「障害者の日常生活及び社会生活を総合的に支援するための法律」(平成 17 年法律第 123 号)が成立しました。その後,「地域社会における共生の実現に向けて新たな障害保健福祉施策を講ずるための関係法律の整備に関する法律」(平成 24 年 6 月 20 日成立, 同年 6 月 27 日公布) において, 支援を総合的に行なうための関係法令の整備がなされました。この法律の改正の趣旨は「障がい者制度改革推進本部等における検討を踏まえて, 地域社会における共生の実現に向けて, 障害福祉サービスの充実等障害者の日常生活及び社会生活を総合的に支援するため, 新たな障害保健福祉施策を講ずるものとする」とされています。そこで,「障害者の日常生活及び社会生活を総合的に支援するための法律」(平成 17 年法律第 123 号) の題名を 2013 (平成 25) 年 4 月 1 日から「障害者総合支援法」とすることが明記されました。ここでは障害者に難病等が加えられ, また「障害者支援区分」が創設されました。

②発達障害者支援法（平成 16 年 12 月法律第 167 号）

発達障害については, 1980 (昭和 55) 年, 知的障害施設の種類として新たに医療型自閉症児施設および福祉型自閉症児施設を位置づけたことを始ま

りとし，2004（平成16）年に発達障害者支援法が成立したことで大きく前進しました。その後，障害者総合支援法をはじめ各種の法律に発達障害が位置づけられました。さらに，2016（平成28）年に改正発達障害者支援法が成立し，「社会的障壁による社会生活に制限を受けないように」との条項が加わり，現在に至っています。

③障害を理由とする差別の解消の推進に関する法律（平成25年法律第65号）

この法律が成立したことにより，障害を理由とする差別の解消の推進に関する基本方針が示され，行政機関は障害者の権利利益を侵害することにならないよう，合理的配慮をしなければならないとされました。さらに2021（令和3）年，本法律の一部改正により，事業者による合理的配慮を努力義務から義務へと改められました。

以上見てきましたように，教育関係をはじめ，子どもに関する法律は数多く制定され，運用されていますが，これらが現実にどれだけ有効に実現されているかはいろいろ論議があるところではあります。しかし，少なくとも法律に書かれていることは国民として実現に向けて努力をしていく必要のあることですので，どんなことが法的に保障されているかについての知識を持っていることはSCとして仕事をする上での最低条件といえるでしょう。

これらについては沢山の解説書も出ていますので，一度調べてみてください。また，倫理の問題については，出口（2009）が事例を通して解説しています。上述の法令等はインターネットなどで簡単に調べられますので，ぜひ一読してみてください。

また，子ども達が大人になってからもこれらをどれだけ活用できるかは大きな問題です。法律があり，さまざまな手が差し伸べられていても，困ったときにそれにどれだけアプローチでき，活用できるかは本人の力によります。それができるような大人に成長できるように，それに関わるそれぞれの時期のSCが，目の前の短期的な成果だけでなく，将来を見据えた関わり方ができるよう常に心がけていくことが必要なのではないでしょうか。

VI 関係する法律「公認心理師法」（平成27年法律68号）の成立

心理関係者にとって長年の念願であった「公認心理師法」が2015（平成27）年9月9日に成立し同月15日に交付され，2017（平成29）年9月に施行されました。我が国初の国家資格として「公認心理師」制度が推進され

ることとなりました。概略について説明します。

第1条に「この法律は公認心理師の資格を定めて，その業務の適正を図り，もって国民の心の健康の保持増進に寄与することを目的とする」と定めています。

第2条定義では「この法律において「公認心理師」とは，第28条の登録を受け，公認心理師の名称を用いて，保健医療，福祉，教育その他の分野において，心理学に関する専門的知識及び技術をもって，次に掲げる行為を行うことを業とする者をいう」とし，以下の4項目を挙げています。すなわち，

1）心理に関する支援を要する者の心理状態を観察し，その結果を分析すること。

2）心理に関する支援を要する者に対し，その相談に応じ，助言，指導その他の援助を行うこと。

3）心理に関する支援を要する者の関係者に対し，その心理に関する相談に応じ，助言，指導その他の援助を行うこと。

4）心の健康に関する知識の普及を図るための教育及び情報の提供を行うこと。

です。公認心理師の資格は「名称独占」です。公認心理師になるには，試験に合格し，定められた事項について登録を受けることが必要です。第44条において，「公認心理師でない者は，公認心理師という名称を使用してはならない」としており，同条2項において，「公認心理師でない者は，その名称中に心理師という文字を用いてはならない」と名称使用制限を明記しており，この規定に反した場合には30万円以下の罰金に処すると罰則規定を設けています。

公認心理師の法的義務は第4章　義務等において，信用失墜行為の禁止（第40条），秘密保持義務（第41条），連携等（第42条），資質向上の責務（第43条）を定めており，秘密保持義務違反に対しては1年以下の懲役または30万円以下の罰金という罰則（ただし，第46条2「告訴がなければ公訴を提起することはできない」）を定めており，厳しい対応が定められています。また，第42条2項では，「その業務を行うに当たって心理に関する支援を要する者に当該支援に係る主治の医師があるときは，その指示を受けなければならない」と定められており，心理師にとっては注意を要する事項です。な

お，罰則ではないものの，登録取り消し，一定期間の名称使用禁止などの行政処分も定められています。

　公認心理師はすでに57,645人（2022年9月末日現在）の方が登録を済ませて活動しています。SCの採用に当たっても，「公認心理師」は採用条件の第一にあげられており，社会からの期待が大きいと思われる現状にどう応えていくかが，今後の課題と思われます。

文　　献

出口治男監修，「心理臨床と法」研究会編（2009）カウンセラーのための法律相談―心理援助を支える実践的Q＆A．新曜社．

廣瀬健二（2005）子どもの法律入門―臨床実務家のための少年法手引き．金剛出版．

廣瀬健二（2011）少年法制の現状と展望．立教法務研究，4; 85-132.

廣瀬健二（2022）令和3年少年法改正について．罪と罰，59(2); 6-18.

水本徳明編（2013）総合教育技術増刊 実践教育法規2013．小学館．

坂田仰（2020）学校と法―「権利」と「公共性」の衝突 三訂版．NHK出版．

コラム

青い鳥

（東京都公立学校スクールカウンセラー）石附牧子

　臨床場面では想定外のケースに出会います。それは，必ずしも特殊なものではなくて，例えば，小学生に「手をつないで」と求められて，拒否するわけにもいかず，内心，身体接触をしてよいのだろうか……とか，生徒とも保護者とも面接することになってバウンダリーをどうしたらいいか，といった葛藤の経験は少なくないのではないでしょうか。近年はコロナ禍に見舞われ，場面設定もそれまでと違ったものへの変更を余儀なくされました。

　心理職としての学びや役割を他にないかたちで生かすことができるやりがいを感じる一方で，戸惑ったり困難を感じたりすることも尽きません。

　いかにして乗り切って続けてこられたかを考えると，やはりSC仲間とのつながりがあったからこそだと，当たり前のことに気が付きました。リアルタイムでアップデートを続けている仲間との交流に常に支えられています。経験や学びについてあれこれ思いを巡らせたところ「青い鳥」のような答えに辿り着きました。

エッセイ

東京都公立学校スクールカウンセラーに期待すること

東京都教育庁指導部主任指導主事（生徒指導担当）千葉かおり

「833」一体，何の数字だと思いますか。

これは，いじめられた児童生徒の相談状況として，「誰にも相談していない」とした子どもの数です。令和2（2020）年度「児童生徒の問題行動・不登校等生徒指導上の諸課題に関する調査」（文部科学省）では，都内公立小・中・高・特別支援学校におけるいじめの認知件数は，42,538件でした。そのうちの833件，つまり833人の子どもが「誰にも相談していない」というのです。この中には，「自分で解決してみよう」と一人で行動した子どももいることでしょう。しかし，「誰かに伝えたら，もっといじめられる」と一人で苦しむ子どももいます。心理の専門家として，この状況をどう捉えるでしょうか。

東京都においては，子どもの健全育成や，学校・家庭・地域の連携による「子供が安心して相談できる環境」の構築に向けた取り組みの一環として，平成7（1995）年度からスクールカウンセラー活用事業を推進してきました。現在では，都内に2,000校余りある全ての小・中・高等学校等で，1,500人を超える東京都公立学校スクールカウンセラーが活躍しています。

こうしたスクールカウンセラーの皆様に期待したいことは，大きく2点あります。

第1は「組織的対応」です。学校教育法施行規則において，スクールカウンセラーは心理に関する支援に従事する職員として位置付けられています。学校の教職員の一員として，子どもや保護者に対するカウンセリングだけでなく，積極的な授業観察等を通した子どもの心理・社会面，学習面，進路面，家庭面の状況や環境に係るアセスメント，他の教職員との協働，関係機関等と連携した支援を意図的に強化していただきたいと考えています。

第2は「信頼」です。教職員と子ども，保護者，地域，関係機関等との信頼関係がなければ，教育という営みはなし得ません。東京都公立学校スクールカウンセラーは会計年度任用職員であることから，地方公務員法等の適用を受けます。例えば，法令及び上司の職務上の命令に従う義務，信用失墜行為の禁止，児童生徒性暴力等の禁止等が求められており，その言動一つひとつが，学校の信用に関わります。

今後とも，誰一人取り残すことなく，子どもたちの心を支え育むことができるよう，関係者が一丸となって，教育相談の充実に取り組んでいきたいと考えています。

コラム　つながりを作る言葉

（東京都シニア・スクールカウンセラー）大倉智徳

　人に関わることが苦手な私にとって「どうやって周りの人とつながりを作るか？」は，仕事の上で大切なことの一つです。

　臨床家として初めての現場が学校であったのですが，SVで初めて受けた助言は「学校はね，『教えてください』って言うといろいろ教えてくれるよ」でした。先生方と関わるきっかけをどう作ったらよいか迷っていた私は，藁にも縋る思いで「教えてください」を口にしていました。すると少しずつではありますが，先生方との会話が増え，相談も受けるようになっていくのです。いま考えてみると，現場に出たてで「専門家として何かせねば」と常に緊張していたことで，関わりづらい雰囲気を放っていたのだと思います。私がその言葉を口にすることで，先生方に接する雰囲気も少し変わったのではないでしょうか。

　これからも「教えてください」の姿勢を忘れず，新しい環境に臨んでいきたいと思っています。

コラム　大事な一年

（東京都公立学校スクールカウンセラー）金　蘭姫

　〈4つの大事なことは〉，「家族，友達，一人でいられる時間，不登校だった一年」，〈自分に影響を与える人は〉，「一年前の自分」，〈やり直したい一年は？〉，「ない」，とコミュニケーションゲームの質問にしっかりとAさんは答えました。それはAさんが中3になる直前の時でした。

　Aさんは1年の夏休み明けに不登校になりましたが，今は登校できています。人の目が気になる，人の思いに応えようとしていたAさんは，「学校，休みましょう」，「学校来なくてもいいんじゃない」と話してくれた母親や友達に支えられ，「私のままでいよう」，「人の考えはそれぞれ異なってもいい」，「どうにかなるでしょう」と考えるようになりました。1カ月前は今の考え方をもったまま，やり直したかったはずの「不登校だった一年」が，大事な一年となり，その時間を充実して過ごしてきた自分が今の自分にしてくれた，ありのままの自分を，Aさん自身が認めた瞬間でした。

第2部　学校アセスメントのあり方──
学校コミュニティのなかでスクールカウンセラーは
どう動けば良いのか

学校コミュニティのなかで

アセスメントとコンサルテーション

①学校におけるアセスメントとコンサルテーションとは

柴田恵津子

Ⅰ　はじめに

　学校臨床においてスクールカウンセラー（以下, SC）が「教職員への助言」を求められることは多く、また必要であると誰もが感じているでしょう。実際の学校場面では児童生徒の問題行動全般に対し、教職員や保護者から「どうしたらよいでしょう」「どういうことでしょう」と尋ねられることがしばしばです。SCの職務として、こういった疑問・質問に答え、指導の一助として活用されることはコンサルテーションのあり方として大切だと思われます。

　このコンサルテーションの基となるのがアセスメントです。

　国立国語研究所（2006）の『「外来語」言い換え提案』によると、アセスメントには「影響評価」「事前評価」「再評価」「評価」「査定」が挙げられています。日常生活では「環境アセスメント」などが一般的な使用方法であり、意味は「周囲にどのような影響を与えるか評価し査定すること」が中心のようです。そして、学校現場でSCが求められるアセスメントとは、広い意味での心理的問題の解決と援助を目的とするものであり、病理を確定してその治療を目的とする精神医学的査定（診断）とは異なる機能をもつものとして位置づけることができます。

　下山（2008）は心理学的アセスメントを次のように定義しています。「臨床心理学的援助を必要とする事例（個人または事態）について、その人格や状況および規定因に関する情報を系統的に収集、分析し、その結果を総合して事例への介入方針を決定するための作業仮説を生成する過程」

　この定義の中に「人格」「状況」という文言が入っています。「人格」の定

48

義としては，ここではオールポートの「精神・身体的なシステムとしての個人内力動機構であり，環境に対する独自の適応を規定するもの」というものを挙げておきます（斎藤, 2002）。また「状況」の定義は，『大辞泉』によれば「移り変わる物事の，その時々のありさま」です。ここで大切なのは「人格」も「状況」も変化するということです。アセスメントの際に加味される「人格」「状況」が変化するものならば，アセスメントもまた固定されるべきものではなく，移り変わるものであるはずです。

めまぐるしく変化していく学校現場で，常にアセスメントし，コンサルテーションにつなげていく作業はとても難しく繊細なものになっていきます。しかし，その作業を疎かにしてしまっては，SCの仕事は成り立たないでしょう。本項では，本書の目的であり，次項以降を読み進めていただくための大前提となる"アセスメントとコンサルテーションとは何か"について，その考え方を整理しておきます。そこでまずは，SC活動の現場である学校の文化について考えていきます。

II 学校文化への参入を巡って

学校という文化圏ではその時々でまるで生き物のように状況の変化が起こり，SCに求められる仕事もそれに連れて変わっていくのが特徴です。自らがかつて児童生徒として体験し何となく知っている学校と，SCとして勤務する学校とは全く別のものであることを意識しておくべきでしょう。在学中，学校での挨拶，朝礼，給食，掃除等にどういった意味が付与されているのか。また学校制度というものには，関心を払ったことのない人がほとんどではないでしょうか。そこで学校文化に入って行く前に，教育現場についての理解と知識をあらかじめ準備しておくことが以後大いに役立ちます（1章参照）。

SCが学校組織内の一員であるということは，自分自身が完全な外部の観察者としてはいられないことを意味します。また矛盾した言い方ですが，外部（者）的でありながら自分自身の耳目によって学校内の人々から重要な情報を集めることができます。これは当事者の立場だからこそわかる情報です。この二面的な特性は，しばしばSCの内部性と外部性という概念で語られることが多いのですが，実際にはどういった事柄を示しているのでしょうか。実はこの二面性こそがSCの重要な特性の一つだと考えられます。「けがをして初めて手足の自由に動くことを意識した」と言った人がいましたが，普段我々はその自由に動くことの自然さに気付かないものです。このような当事

者にとって日常的で当たり前とされていることは普段意識されにくく，知らず知らずのうちにそれを共通の了解事項としている可能性が高いのです。例えば朝の打ち合わせの時，職員の発言にある用語や職名の呼称，発言の順番，発言を了解した時の返答の仕方等々が挙げられます。些細だけれども知らないと話の文脈が理解できず，まるで異国の地でのコミュニケーションのようになることを承知しておく必要があるでしょう。そして承知した上で児童生徒，保護者と学校との橋渡しとなるよう自らが機能していく，実はこれこそが SC の重要な役割の一つだと考えられます。このように内部者（当事者）でありながら少しは外部者（観察者）でもあることで，例えば指導が膠着状態に陥った場合でも，集めた情報を基にそれまでの学校文化の文脈とは異なった新しい視点を提示したり，疑問を呈したりすることが可能となります。

III　アセスメントのあり方

　SC 経験者の中には，「『コンサルテーション』は行っていると思っていても『アセスメント』に対しては意識が向きにくい」というデータがあります（鈴木, 2013）。このことは SC 自身がコンサルテーションに先立つアセスメントの重要性について気づいていないか，意識していない可能性が考えられます。その理由をいくつか挙げてみます。例えば，

・アセスメントとは心理検査を用いた査定と考えている
・クライエントを中心にした事柄（成育歴など）のみの見立てと考えている
・学校全体を視野に入れるのが困難である
・自らが一要素として学校に存在していることの自覚がない（少ない）
・一度立てた仮説を修正する試みができにくい
・特定の理論・技法にのみ依拠し，学校状況にそぐわない助言をしてしまう

などが考えられます。

　狭義の心理アセスメントは各種心理検査と行動観察によって「査定」と言われることが多いのですが，SC の場合はアセスメントの対象がクライエント本人を含む学校全体や地域社会，関係機関まで幅広く考えられてきています。それは実践の中で日々得られてくる断片的な情報を繋ぎ合わせ，再構成し，機能的に結び付けていくことで問題の解決にあたっている現場の意識によるものでしょう。

　この循環するサイクルを繰り返す中でのアセスメントとコンサルテーションは分かちがたくあります。実際に SC の助言によって当初の予想と違った

事象が生じた場合には，自らのアセスメント仮説を検証し直し，不具合があるようなら潔く修正する心構えが大切です。持論に拘泥し全体状況とのバランスを欠いたアセスメントはクライエントに不利益をもたらすのだ，と客観的な視点をもって自ら受け止める謙虚さが必要でしょう。

　例えば私たちが咳や発熱があって病院に行くと，医師がその症状をアセスメントした結果，薬が処方されるでしょう。大抵はアセスメント通りに回復しますが，体力が落ちていると症状が悪化し肺炎になるかもしれません。すると医師は再度の問診と必要に応じて検査等を行い，当初のアセスメントから肺炎に対するアセスメントに移行し，現在の状態に対する治療を開始します。「少し休んだ方がいいですよ」などと言われ，（治癒を妨げるような）生活全般を見直すことになるかもしれません。

　SC のアセスメントも同様に，ある状況から導き出されたアセスメントが適切でないようなら，状況が変化したか，アセスメントが間違っているかと考えます。最初に述べたように，アセスメントとは変化していくものであり，それを修正することは SC の失敗でも決定的な力量の不足でもありません。本当の失敗や力量の不足というのは，クライエントに不利益となる間違いに気づかず，修正できないことでしょう。

Ⅳ　コンサルテーションのあり方

　すでに医療領域では「コンサルテーション・リエゾン」，「リエゾン精神医学」との名称が存在し，定義付けがなされています。例えば一般外来の患者について判断を迷う時に専門医に「コンサルされる」というように使われています。川畑（2005）によれば，医療場面でのコンサルテーション・リエゾンを日本語で「対診」ということもあるそうです。ここには専門医の一方的な助言のみでなく，コンサルタントとコンサルティが相談しながら治療を進めていくニュアンスが訳出されています。

　また成田（1996）によると「リエゾン精神医学」ではチーム医療で各担当者が連携を取り合い，精神的な問題には未然に対処することができるとしています。ちなみにこの「リエゾン」とは連結，連絡，接触等を意味するフランス語源の用語であり，前の語尾の子音と次の語の頭母音とを続ける発音のことです（『新英和中辞典』研究社；例：petit プチと enfant アンフォン⇒プチタンフォン）。昔，音楽の授業で二つの音を繋ぐ時にリエゾンという単語を聞いた経験を持つ人もいるでしょう。ここにきてようやく，スラーとは「滑

らかに」演奏すると習ったのではなかったか，言葉はより発音しやすい「滑らかな」形に変わっているのではないかと思い当たります。

　上記の意から，異なる領域の専門家が連絡，協力することでクライアントや患者に対してのより滑らかな，換言すれば，より自然で負荷の少ない支援や治療がもたらされるように，と期待する用語だと考えられます。

　ここではコンサルテーションとリエゾンを厳密には区別せず広く助言活動を「コンサルテーション」と称します。リエゾンを狭義の連絡・連携の意味と考えた場合,「連携」については5章⑧に詳述がありますのでそちらを参照ください。

　現在の議論では,「では，学校ではどうするのか」ということをスクールカウンセリングの話題の中であまり詳しく取り上げられることがなかったように思われます。「コンサルテーション（リエゾン）」はとても重要な面接技法の一つであるにも関わらず，教職員に対し見立てや助言を伝えること，と漠然と捉えられているようです。

　私たち SC が対話しているのは今そこで生活する人々であり，日々変化する学校社会です。その中でアセスメントやコンサルテーションという技法を駆使するのは，実はとても難度の高い仕事であり，習得には相当の努力と経験を要するといえます。そこで改めて学校におけるコンサルテーションについて述べたいと思います。

V　学校におけるコンサルテーションの特徴

　まず現在の SC が意識しておかなければならないのは，学校には独自の制度と文化があるということです。そこで（公立学校の）SC の属性には以下のような特徴が考えられます。

- ・学校職員であり校務分掌に位置づけられること
- ・週に一日（または数日）の勤務であること
- ・外部性と内部性を併せ持つこと
- ・非常勤職で責任の範囲が限定されていること
- ・秘密保持義務と情報共有の両者が求められること
- ・児童生徒との関わりが3〜6年であること
- ・公立学校の教職員は一定年限で異動があること
- ・学校では治療を目的としないこと

　これらは私たちのコンサルテーションのあり方を規定します。例えば医師が専門医の助言を受けて治療をする場合，責任は主治医にあります。また，

弁護士や会計士が企業コンサルタントとして契約する場合は依頼される仕事内容が明確でしょう。

　ところがSCの場合は，依頼・相談される際の対象・内容・期限などの組み合わせが複雑多岐にわたります。クライエントは児童生徒自身か，保護者か，教員（の指導目標）か。仕事の内容は面接相談か，研修講師か，外部機関との連携か。さらに「明日にでも会ってほしい」，「今学期中に」，「今年度中に」，「卒業までに」などと言われていても，担任や管理職の異動で翌年には忘れられていたりもします。このように，はっきりとした終着点が見えないことも多く，判断のための材料すら僅かなことが珍しくないのも特徴です。

　また当然のことながら学校では治療という視点はなく，子ども集団のより良い教育，健全育成を掲げています。この点においても学校文化全体，子ども集団全体を視野に入れた動きが求められます。それゆえ，対象となっている児童生徒，学校，保護者，地域などを多面的，多元的に判断し支援する力が必要とされるのです。

　そのような中で週に1日（〜数日）の勤務でできる工夫を凝らし，責任の範囲を明確にしつつクライエントにとって効果的・適応的に機能しうるようなコンサルテーションとはどのようなものでしょうか。おそらくここでは当事者のみでは得られない外部的な視点や新鮮な発想を提示することで，コンサルティ（教職員）自らが問題解決の糸口をつかんでいかれるようなコンサルテーションが必要になってくると考えられます。加えて，SCとしての専門的知識・技能を相手に平易な言葉で伝えられる能力も要求されます。相手の立場を理解し同じテーブルで話し合える程度の技量と努力が伴っていないとアセスメントとそれに続くコンサルテーションは有効に機能し得ないでしょう。

VI　関与しながらの観察——コンサルテーションのために

　私たちがSCとしてある人の言動の意味を理解することができるのは，相手の（学校）生活上の文脈を知っているからです。例えば，突然教員によって相談室に連れてこられた子どもに「何でも良いから思うことを話してごらんなさい」と言ったとして，その子が「もう，死にたいです」と答えたらどうでしょう？　重症の病気なのか，試験で失敗したのか，夏の体育の授業の後なのか，自殺したいと思っているのか……。教員に連れられていることから校内で何か事があったと推測し，普段のその子どもの状況から「ああ，体育の授業が嫌で抜け出そうとしたのかな？」「それとも集会かしら？　音に敏

感で大きな声を出すのが苦手と言っていたわね」などと予想することになります。

　こうして我々はある程度の仮説を立てつつ臨床の現場にいることで，大きな間違いや偏った自己流の解釈から逃れることができています。村瀬（1981）は「理解とは，その時点での仮説であり，この仮説は過程の進行につれて柔軟に修正補足されていくものである」と述べています。学校における児童生徒理解のためには，ロッキングチェア探偵ではなく，文化人類学でいわれる「参与観察法」が大いに役立ちます。現場にいて関与しながら（相手に働きかけながら），時に観察（仮説の検証）できるのが SC の強みといえるでしょう。しかしある程度の仮説が立ったら，次にどうするのかというのは大変に悩ましい問題です。コンサルテーションには，①学校文化をよく理解し，②自分の思い込みを相対化して考えることが必要であり，さらにそのことによって，③当事者の利益が図られるような問題解決志向が必要です。

　前述のとおり SC は自らを学校組織の一員として位置付けることで，学校という場の文脈に添った情報が得られます。この時，学校コミュニティ内での「目利き」「事情通」といわれる人（教科書的なキーパーソンとはまた異なります）を探し当てられるかどうか，が少なからず影響します。そのためにも SC は視野を広く持ち，中立的で質の良い岡目八目であることが必要です。

　事務，給食，図書，警備，購買等々と立場は違っても彼（彼女）らは学校状況によく通じています。地域住民の採用であることも多いためか，視点が異なるためか，彼（彼女）らからもたらされる情報は通り一遍の解釈を許すものではなく，複雑に重なった背景を内包したものであることをしばしば経験します。このように学校の文脈に添いながら知り得た情報について報告したり説明したりすることで SC は学校職員の有機的な活動を補助することができます。その際，知り得た情報を機械的に報告するのではなく，「いつ，どこで，誰に，どういった方法で問いかけたり伝えたりするのか」が臨床的な判断となります。SC には目的のための情報収集能力や他職種と協働する能力などが特に必要であり，また各人のこの個性が黒子に徹したコンサルテーションの際のあじわいといえるかもしれません。

VII　事例：家庭内暴力の影から立ち直るまで

　ここでは事例を用いて，コンサルテーションの実際を考えてみます。中学１年生男子生徒の場合。

第1段階

　5月の連休明け，1学年の担任教師から「様子のおかしい生徒がいるので面接して欲しい」との申し出を受ける。別れた父親の家庭内暴力から母子で逃げ出し，姓も戸籍とは違うものを使用しているとの情報があるとのこと。本人が昼休みに相談室に来ると伝えられた。来室した本人にSCが〈困ったことがあるのかな？〉と問うと「うーん」と言いよどむ。〈眠れないことは？〉に「眠れない，というか寝ない」と答える。趣味の話題で殺伐とした独特の世界観が示され，生徒の葛藤の強さが暗示された。

　定期的に面接を続けるうち，「クラスメートから黴菌扱いを受けた」「自分の使った椅子に紙を敷いて座っていた」などの行為を受け「持っていたカッターで相手を刺したくなったのを我慢して自分の手を切った」と語り始める。落ち着かない学年ではあったが，それにしても生徒の攻撃的過ぎる言動を取り上げ，SCから母親に連絡を取りたいと伝えると了解する。養護教諭に同席してもらい「まずは身体管理と感情の不安定さを改善するため専門の医師に相談してほしい」旨を伝える。

第2段階

　母親とも電話で連絡が取れ，仕事に忙しくて十分に本人の世話ができないつらさを語られる。夏休みに母子で受診し投薬を受ける。少し安定するまで学校も不定期な相談室登校になるかもしれないが，と担任や養護教諭に連絡し母子を支えることとする。

　学年進行に従い，時折不安定になるもののリストカットは消失する。母親が父親から刃物で刺され，その場面を目撃したと本人が訴えるのを聞き，相当に苦しい思いを抱えてきたのだと思われた。「死ねばいいのに」と簡単に他者に向かって言ってしまう背景を，SCから中核となる関係者に伝えることで生徒の体験世界を共有してもらった。また，「厳しすぎる」「放任している」と誤解されていた保護者の心情を学年の教員に伝えることに心を砕いた。

第3段階

　3学年から教育支援センター（適応支援教室）に通い始める。教育支援センターの教員からも支援を受け，徐々に現実的な考え方を身につけていった。管理職の理解と応援も奏功し次第に本人の表情が明るくなるにつれ，教職員が共に喜べるような雰囲気ができていった。

　その後，教室には入れないが部活（文化系）なら行ってみたいと言い始めたので，生徒本人に申し出るよう勧めた。

第4段階

本件を管理職，担任，部活の顧問に説明すると，曜日と時間を決めて受け入れることになった。

第5段階

絵が得意で相談室の看板を描いてくれると言うので用務主事の協力を得て，板にニスを塗りきれいに仕上げてもらう。「ありがとうございました」と丁寧にお礼を述べたのが印象的であった。また登校した際に給食室で「よかったら飲んで」と牛乳を「プレゼント」されたのをきっかけに「あの人，ええ人や」と冗談交じりに話しにいくようになる。最初は誰も信じられない様子だった生徒が周囲の好意や支援を受け入れるようになっていった。将来を考えた進路を選択できる高校を受験し無事合格した。

　事例の概略は上記のとおりです。文中の番号と下線部は図1に示したコンサルテーションの段階に対応しています。この図1では新しく関係ができた場合を破線で，その関係が継続していることを実線で示してあります。

　コンサルテーションの際に配慮したのは情報を伝えるタイミングと関係者の困惑の程度でした。本事例のように，細やかな援助が必要な場合は，週に1日勤務のSCとしてできることを見極める必要があると思われます。本人の状態の見立て（衝動的な行動，生活習慣の乱れ，虐待による大人への不信感）では医療機関につなぎ，同時に教職員に本人の攻撃的で奇妙な言動の背後にある事情を理解してもらいやすいように，と考えて説明をしました。ともすれば「変な生徒」「ふてぶてしい」「学校では手に負えない」と言われそうな状況でしたが，幸い力量のある養護教諭の協力を得て学内の理解と連携が進みました。第2段階までのコンサルテーションでは，生徒・保護者・教員間で互いの理解に齟齬が無いよう，取りこぼしがないようにと常に細心の注意を払い情報の収集・伝達・確認を心がけました。

　学習の困難さでは通級での小集団と個別で役割を分けた対応をお願いし，トラブル時は校長や学年団が何くれとなく親子を気遣い，担任も折々に本人に声をかけていました。この校長にまず事態を了解してもらえたことで環境の調整がスムースに行われました。

　第3段階以降は，生徒理解と支援の体制ができたことで周囲の歯車がかみ合い始め，SCのコンサルテーションを求められる場面は点在する程度になりました。本人と担任とSCとで始まった面接相談が次第に広がりをみせ，生活の中での自然でさりげない援助となったのは幸いなことでありました。

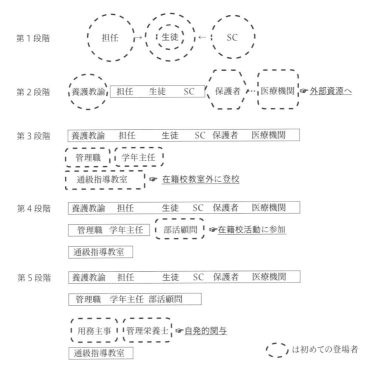

| 第1段階 | 担任 → 生徒 ← SC |

| 第2段階 | 養護教諭　担任　生徒　SC　保護者 … 医療機関 ☞外部資源へ |

第3段階	養護教諭　担任　　生徒　SC　保護者　医療機関
	管理職　学年主任
	通級指導教室 ☞ 在籍校教室外に登校

第4段階	養護教諭　担任　　生徒　SC　保護者　医療機関
	管理職　学年主任　部活顧問 ☞在籍校活動に参加
	通級指導教室

第5段階	養護教諭　担任　　生徒　SC　保護者　医療機関
	管理職　学年主任　部活顧問
	用務主事　管理栄養士 ☞自発的関与
	通級指導教室

は初めての登場者

図1　コンサルテーションの進行例（新しい関係が加わるごとに破線で追記しています）

文　　献

川畑雅照（2005）医師のコンサルテーション技法．medicina，42(1)．

川喜田二郎（1984）発想法―創造性開発のために．中公文庫．

国立国語研究所「外来語」委員会編（2006）「外来語」言い換え提案―分かりにくい外国語を分かりやすくするための言葉遣いの工夫．ぎょうせい．

村瀬嘉代子（1981）子どもの精神療法における治療的展開―目標と終結．In：白橋宏一郎・小倉清編：治療関係の成立と展開―児童精神科臨床２．星和書店，pp.19-56.

成田善弘（1996）心と身体の精神療法．金剛出版．

斎藤久美子（2002）人格〔パーソナリティ〕．In：小此木啓吾編：精神分析事典．岩崎学術出版社．

下山晴彦（2008）臨床心理アセスメント入門―臨床心理学は，どのように問題を把握するのか．金剛出版．

鈴木義弘（2013）スクールカウンセリング活動実態調査から見えること．In：村瀬嘉代子監修：学校が求めるスクールカウンセラー―アセスメントとコンサルテーションを中心に．遠見書房，pp.187-196.

第4章　アセスメントとコンサルテーション

②学校コミュニティの理解とスクールカウンセラーの動き方

柴田恵津子・奥村八重子

I　はじめに

　スクールカウンセリングと医療機関や教育相談所等におけるカウンセリング業務との違いは，なんといってもカウンセラーが学校現場に自らの身を置くということです。スクールカウンセラー（以下，SC）が児童生徒や教員の日常生活場面に入ることは，時間や空間など堅固な枠組みのもとでクライエントと向き合う医療や教育，福祉機関での心理臨床活動とは大いに異なる特徴です。また，学校現場では SC の認知度，SC 活動への理解度が一様ではないことから，個々の学校状況に即して支援のあり方を柔軟に工夫することが求められています。

　SC は，枠組みや構造が複雑な学校コミュニティに位置付けも曖昧な状態で入り，多種多様な学校支援活動を行わなければならない難しさに直面しています。こうした不確定要素の多い条件の中で，SC がその力を十分に発揮して役目を果たすためには，まずは観察と情報収集により学校コミュニティ（児童生徒，教職員，保護者，施設整備の状況，地域性や地域住民の協力体制も含む）をアセスメントする作業が基本となります。

　この章では，学校コミュニティをアセスメントする方法として，学校を作り上げている構成要素を整理してその項目ごとに SC の動き方のポイントを紹介します。経験知を積み上げ視野が広がると，自分の立ち位置がわかり，活動の仕方もより洗練されるでしょう。つまりそれは SC としてのアイデンティティを確立する過程でもあるわけです。次節から例示していきます。

Ⅱ　児童生徒を理解するための項目

1．学校規模

・児童生徒の総数
・学級数
・学級の構成人数　等

　学校規模の違いによって学校が持つ色合いは随分違います。学級の構成人数などは，児童生徒の人間関係にも影響を及ぼします。

2．児童生徒に多く見られる課題

・不登校
・いじめ
・学級崩壊
・特別支援教育
・暴力行為，窃盗等の非行傾向
・ゲーム障害
・精神疾患
・性同一性障害や性的指向・性自認
・経済的困難
・ヤングケアラー
・虐待
・自傷・自殺行動　等

　その学校がどのような課題を抱えているか，学校が何に困っているかをアセスメントすると，SCへのニーズを推し量ることができます。またその課題や問題に対して，どのような対策が取られ，どのような結果が得られたかなど，過去の経緯を知っておくと，学校が持つ問題解決のパターンを理解することもできるでしょう。

3．児童生徒の学習面の特徴

・授業態度
・欠席・遅刻の状況
・学業成績
・宿題・提出物の状況

・進路状況　等

　児童生徒の学習面の特徴は，個別事例についてアセスメントする時に欠かせない項目であり，問題の早期発見や未然防止のために役立つ情報でもあります。いじめ，不登校傾向や非行傾向，発達の偏りなど子ども達が何らかの課題を抱えている時には学習面にも必然的に変化が起こりますので，子ども達を巡る教員同士の会話にアンテナを張りながら学級の出席簿なども見せていただくと時系列の変化がわかります。

　授業態度には子ども達と教員との関係性も現れますから，授業を観察すると多くの知見が得られ有益です。ただし，授業の場に SC が入ることが刺激となり先生や子ども達にマイナスの反応を生じさせる場合もありますので，事前の打ち合わせが必要です。先生と打ち合わせができていない間は授業公開週間や研究授業など，自由に見学できる機会を待つのが安全と考えられます。また授業観察が許される状況でも，先生に無用なプレッシャーを与えない心配りが大切です。授業の仕方を見るのではなく子ども達の様子を知るため，という趣旨を伝えると安心されるでしょう。教室内外に掲示されている児童生徒の作品なども参考になります。

　　【エピソード】公開授業を見せてもらったことをきっかけに，生徒同士の関係に頭を悩ませていた担任から「ホームルームを見に来て欲しい」と依頼されました。「相談室便り」を持って訪問することから始め，２年目は養護教諭と SC による特別授業を行いました。その結果を職員会議で報告したところ学年全体の企画に広がり，３年目には分掌や教科の先生方と協力して学校の公開研究授業となりました。この取り組みは一朝一夕に実現したわけではなく，また SC １人でできるものでもありませんでした。SC として，小さなチャンスを生かし，綿密に企画し発信する。そして意気を盛り上げながら先生方を巻き込む力が必要，と考えさせられたことでした。

４．児童生徒の特別活動面の特徴
（特別活動とは教育課程における教科外活動を指す）

・部活動
・学校行事
・生徒会（委員会）活動
・係活動　等

授業以外の活動では児童生徒の生の姿を観察することができて興味深いものです。相談室で見せるのとは違う表情で活動に臨む子ども達の姿から，潜在的なパワーや健康的な側面を知ることもありますし，その反対の様相が観察されることもあるでしょう。

5．児童生徒の心理社会的側面・生活面の特徴

- ・心身の発達段階
- ・情緒の安定性
- ・自己コントロールの能力
- ・自己肯定感
- ・コミュニケーション能力
- ・身体発達・身体計測等の結果
- ・生活態度　等

　これらは学習面と同様に，個別事例のアセスメントに必要な情報であることは言うまでもありません。さらに進めて，集団の凝集性が高い，非行傾向の児童生徒が多い，いじめの発生が多い，といった子ども達の集団的傾向も把握すると，学校が抱えている課題・問題の発生要因を予測する助けになり，問題解決の糸口や有効な資源を見つけ出す手がかりにもなります。忘れ物や衣服の乱れ，日頃の表情や言葉遣い，保健室利用の頻度など，児童生徒の学校における生活態度をよく観察することもとても大切な観点です。身体計測等の結果からは家庭の養育状況を推察することができます。

　児童生徒とのカウンセリングでは，自発来談ではなく先生に勧められて来る主訴不明なケースも多く，沈黙を続ける子どもの態度に戸惑うことがあります。相談したくても言語化できないのか，そもそも相談する意思がないのか，その違いによって面接の見通しも変わりますので，来談までの経路・経過を押さえる手順は必須事項と考えます。事前に先生との打ち合わせができない場合には，本人に学校生活の感想などを聴くことから始めて関係作りを図ると良いでしょう。

III　教職員を理解するための項目

1．管理職（学校長・副校長）

- ・教育目標

・SC 活動への期待感や理解度
・一般教職員とのコミュニケーションや人間関係　等

　管理職は，学校で生じる現象のあらゆる場面で法的な権限があり責任を負う立場にあります。それは SC 活動にもおよびますから管理職への報告・連絡・相談は大変重要です。

　学校はそれぞれに教育目標を設定し学校要覧に明記しています。これを基に実践される教育活動の基本方針を知ると，SC 活動の目指すべき方向性が見えてきます。SC への期待や要望，SC 活用の考え方などを年度当初にお聞きすることをお勧めします。

　学校状況の違いや SC 活動への理解度や受け入れの状況よって SC へのニーズはさまざまです。不登校生を減らしたい，教育相談体制を構築したい，など SC への希望が明確に示されているかどうかを見立てます。「居てくれるだけで良い」などと言われる場合には，SC 活動への具体的なイメージが明瞭でない，SC 活用の体制が整っていない，などが推測されますので，当面は学校の全体状況を掴みながら教育目標に沿って SC に何ができるかを発信し理解を深めてもらえるよう心がけます。

　また，管理職と一般教職員とのコミュニケーションの様子や人間関係に注目し，SC へのニーズを観察します。葛藤構造が認められる場合には，ケースをマネジメントする過程で管理職にも役割を分担していただくなどの方法があります。事例を通して両者の仲立ちをし，児童生徒のための協力体制を作り上げていくことが，SC の専門性を生かした望ましい後方支援と言えるでしょう。

　管理職は多方面にわたる業務を負い大変忙しい立場です。相談に出向く時は，時間を明示してお尋ねしましょう。相手の事情や立場に配慮して丁寧に事を進める心理臨床活動の本質的姿勢について理解を得る好機になります。

【エピソード】ある中学校の入学式で，今年度入学の生徒が 1 人ずつ呼名を受け全員が起立したところで，校長がおもむろに「令和 X 年……〇〇〇名の入学を許可する」と皆に呼びかけました。声を聞いた瞬間，その厳粛な響きに「入学式の目的はここにあるのだ」というハッキリした印象を受けたものでした。校長が入学を許可し，学習を保障し，安全で発達促進的な環境を守り，最後に卒業を証する。普段私たちの目に触れないところまでを含め，守られた中で子どもたちの学校生活は営まれている，と実感しました。

2．教員

・年齢層
・経験年数
・教育観・教育理念
・教員集団の人間関係
・学級運営・児童生徒へのかかわり方
・校務分掌　等

　職名としては，主幹教諭，指導教諭（主幹と同格），主任教諭，教諭，非常勤教員，講師というように分かれます。そこに役割分担として，教務，生徒指導，学習進路指導，教育情報，保健養護などが割り振られます。誰が何を役割分担しているかよく承知しておくと，いざという時に連携を取りやすくチームの機動力が上がります。

　教員は教育の専門職として，一人ひとりが教育観を持って児童生徒の指導にあたっています。個別のパーソナリティを知ると同時に教員集団の関係性にも注意を向けてアセスメントします。年齢や経験年数，教育観・教育理念，価値観の違いなどから意図せず人間関係が構築され職員室の雰囲気を醸し出しているはずです。特に教員同士の協力体制がうまく機能していない学校では，SCもまたその渦の中に巻き込まれ居心地の悪さやいろいろと複雑な感情を体験します。そのような時には，自分の心身に受ける感覚を冷静に見つめ理性的に考える作業をすると，教員集団に何が起きているかを見立てることが可能になるでしょう。

　教員が行う教育活動は学習面の向上を目的とする授業だけでなく，成長発達を促進するための特別授業，集団適応能力や社会常識を身につけるための学校行事，職業意識を持つためのキャリア教育など多岐にわたります。教員の専門性に敬意を払いつつ，違う立場でどこにどのようにお手伝いできるか，関心を寄せながら職員室にいると活動のヒントが得られるものです。

　学校内で子ども達が一番意識するのは，やはり学級担任で，学齢が低いほどその傾向は強くなります。発達段階的にも他者に依存する度合いが高いため，配慮を要するケースにおいて担任は重要な存在です。担任から児童生徒のことで相談を受けるなどSCの専門性を発揮できる場面では，先生が持っている指導力や工夫，問題解決能力を引き出しながら解決までのプロセスを一緒にたどることが肝要です。

【エピソード】担任との面談を拒否する不登校生のケース。SC は 2 人の関係修復が第一と考え，生徒面接の後半に担任に入っていただき連絡事項の伝達をお願いすることにしました。担任との事前打ち合わせで生徒の心理状態や経過（アセスメント）を共有すると，先生は「他の生徒にかかわる時と同じように，大事に思っているというメッセージを伝えたい。嫌われたように思い感情的になっていたかもしれない」と気づき本来の持ち味を取り戻されました。

3．職員

- ・事務主事，用務主事
- ・図書室の学校司書
- ・管理栄養士，給食主事
- ・警備員
- ・雇用形態の違う SC
- ・スクールソーシャルワーカー
- ・学習支援員
- ・学童保育指導員　等

　このような職員は児童生徒を点数で評価しない立場にあるため，子ども達が緊張から解き放たれて接する姿を見かけます。区市町村単位での採用も多く，地域の様子などを知る事情通であり貴重な人材ですから，時々情報交換を行うと子どもの意外な面を発見することがあるかもしれません。また，地域によっては，学校支援のためのさまざまな人的配置が活性化しています。配置の目的や役割を確認しておきましょう。

　【エピソード】不登校状態で連絡が取れず，家庭訪問をしても会えない生徒の虐待を担任が心配していた時，事務主事が生活に関する費用の情報をさりげなく提示して手がかりを示されたことがありました。個人情報も生徒の利益（この場合は安否確認）になることなら共有されるのだと納得したものです。またこの事務主事は，生徒が別室登校をするようになった折には，事務倉庫の力仕事などを手伝わせることで本人の居場所を増やしてくれました。

　【エピソード】SC が図書室を訪れた折り，昼休みになるといつも片隅で本を読む生徒がいると教えてくれた司書がいました。「好きな分野の図書を眺めて誰とも話す様子を見たことがない。話しかけると返事はするし，迷惑をかけることもなく，時間になると教室に帰っていくが何となく心配である」とのことです。実は教員も生徒の孤立に気づいていたので，担任，養護教諭，学校司書，SC の四者で話し合いの機会を持つことになりました。さりげない観察者がいたことでその後も教職員が生徒にかかわっていくきっかけができたのでした。

４．SC活動上かかわりの深い教職員

・養護教諭
・生活指導主任
・特別支援教育コーディネーター　等

　保健室を運営する養護教諭は，医療の知識があり，さまざまな疾患への対応経験も豊富で，児童生徒の身体健康面のみならず心理的状況や家庭環境をよく把握しています。養護教諭と良い協力関係を築くことができれば子どもの支援において効果を上げやすいと言えます。しかし，子ども達の相談にのるなど職務領域がSCと重なるため，ライバル（と見做される）関係になるおそれもあるので侵襲的にならないような配慮を必要とします。子ども達の様子を共有するスタンスを保ちながら連携できる接点を探りましょう。

　保健室利用のルールには学校や養護教諭の指導方針が表れています。例えば，授業中は怪我や体調不良の場合を除き利用を認めない保健室か，授業を抜け出す子どもの居場所として心理教育を担う保健室であるかなどです。考え方の違いは相談室の利用ルール作りとも関連しますので確認します。

　児童生徒の抱える課題によっては，生徒指導部会との連携が重要になることがあります。非行傾向や犯罪被害，いじめ問題などでは生徒指導主任とよく合議し，お互いの職能を生かせるよう役割分担をすることで有益な生徒指導につながるよう心掛けます。

　特別支援教育コーディネーターとは，通常学級における特別支援教育を推進するため，発達的な偏りなどから集団生活に困難を示す児童生徒への理解促進，個別の支援（指導）計画書作成，支援員の配置などを通して学校の特別支援教育体制を整える教員で，SCが見立てや意見を求められることも多くなっています。その際，特別支援教育コーディネーターの担当年数や負担感の程度についてもアセスメントしましょう。負担感の大きさから，学校生活に馴染めない子どもへの見方がネガティブな方向に傾いてしまうことも見受けられます。担当教員の労をねぎらい，子ども達の成長可能性や現在できていること，プラスの特徴など，心理職としてより広い視点に着目した見通しを提供して支援すると学校が計画する手立てに貢献できます。

　加えて，SCは診断する立場ではないので「〇〇病」「〇〇障害」などの専門用語を使わないように努めることも大事です。保護者が学校に診断名を開示していても重要な個人情報であることに変わりはなく，慎重を期すに越したこと

はありません。一旦レッテルが貼られてしまうと，言葉が独り歩きして先入観や偏見を招くことになりかねないからです。学校においても，他職種の人と協働する上での基本を忘れず言葉選びには繊細でありたいと思います。

5．学校校務分掌組織

- ・教育相談部
- ・生徒指導部
- ・進路指導部
- ・保健環境部　等

　学校ではさまざまな組織により教育活動を行っています（図1）。この組織を校務分掌と言い学校要覧に必ず掲載されています。組織の作り方は学校種や教育課程によって違いますので，SCがどの分掌に所属しているか確かめることがアセスメントの第一歩になります。高等学校ではSC活用委員会など独自の組織を作っている場合や，まれに管理職直属にしている学校もあり，SCを迎える学校組織の事情を垣間見ることができます。

　SCの勤務日に合わせて所属分掌の会議が開かれる学校では，必ず出席できるよう1日の活動スケジュールを調整しましょう。所属分掌はSCを支える組織的枠組みでありSC活動の母体ですから，活動の具体的な決め事をここで相談し検討します。詳細を決める作業は時間を要しますが，手続きを踏みながら活動の概要を作り上げていくことにより，相互理解が進むことはもちろんのこと，学校側にSC活用の主体であるという意識が定着し活用のニーズが絞られるようになります。さらに所属分掌組織内が活性化するなど大きな実りが期待できます。所属分掌会議で検討した内容は最終的に管理職が報告を受けて決定します。SCが新しい取り組みを提案する際には，このような学校内組織の意思決定プロセスも理解し，それにのっとって計画を進めるとスムーズに運びます。

　学校では「指導」という用語をよく使います。心理臨床領域ではあまり耳馴染みのない言葉ですが，指導には広く「支援」の意味合いも含まれていると解釈して良いと思われます。

Ⅳ　保護者を理解するための項目

1．保護者の社会的要素

- ・職業・経済的状況
- ・年齢構成　等

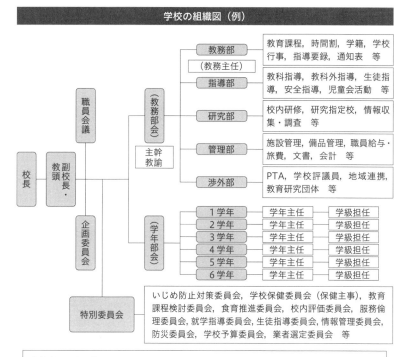

学校の組織図（例）

- 教務部（教務主任）…教育課程，時間割，学籍，学校行事，指導要録，通知表　等
- 指導部…教科指導，教科外指導，生徒指導，安全指導，児童会活動　等
- 研究部…校内研修，研究指定校，情報収集・調査　等
- 管理部…施設管理，備品管理，職員給与・旅費，文書，会計　等
- 渉外部…PTA，学校評議員，地域連携，教育研究団体　等

職員会議／校長／副校長・教頭／企画委員会／（教務部会）主幹教諭／（学年部会）

- 1 学年　学年主任　学級担任
- 2 学年　学年主任　学級担任
- 3 学年　学年主任　学級担任
- 4 学年　学年主任　学級担任
- 5 学年　学年主任　学級担任
- 6 学年　学年主任　学級担任

特別委員会…いじめ防止対策委員会，学校保健委員会（保健主事），教育課程検討委員会，食育推進委員会，校内評価委員会，服務倫理委員会，就学指導委員会，生徒指導委員会，情報管理委員会，防災委員会，学校予算委員会，業者選定委員会　等

○校務に関する部について
・設置する部の数や区分については学校の実情に応じて異なっている。
・部の数については，おおむね３〜５程度の部に分けている学校が多く見受けられるが，10 近くに細分化している学校もある。
・各部の下には係を置く学校と，係を置かずに各担当を置く学校がある。
・係の数や担当分掌の数は，学校規模に関わらず大きく異なっており，20 以上に細分化している学校もあれば，おおむね 10 以内にまとめている学校もある。

○特別委員会について
・特別委員会については，いじめ防止対策委員会など法令に基づき設置しているものや，国や都道府県からのガイドライン等に基づき設置しているものに加え，各学校の実情に応じて設置しているものもある。
・こうした状況のため，各学校に設置している特別委員会の数は，学校の規模に関わらず大きく異なっており，10 以上の委員会を設置している学校もあれば，５以下の委員会数の学校もある。

○１人の教員が担当する業務について
・学級担任や教科担任のほか，校務に関する分掌，特別委員会の委員の役割，中学校においては部活動の顧問を担っているケースもある。また，分掌を細分化している学校や委員会を多く設置している学校では，１人が多くの分掌や複数の委員会を担当し，10 以上の役割を担当しているケースもある。

図1　校務分掌

2．保護者の対人関係的要素

・家族関係の特徴
・保護者同士の関係
・学校・教員との関係　等

　保護者との面接は，多くの場合子どもの学習面や行動面についての相談から始まりますが，その内容は夫婦の不和や世代間葛藤など家族関係に影響されて広がり複雑に絡み合っていることも珍しくありません。家庭を取り巻く背景を見立てながら話を聴くわけですが，問題の核心が見えにくい時には，「子どもにとってより良い学校生活とは何か」という現実的枠組みを常に視座に据えておくと焦点を絞りやすく，また具体的着地点を共有しやすくなります。

　最近では，SC に学校への不満や教員批判が持ち込まれることも増えています。学校や先生との信頼関係のあり方もアセスメントの視野に入れて話を聴くように心がけます。その時の着眼点を，表層にある「批判」から深層にある「子どもの成長を願う親の心」に移す，つまりフレームを変えることにより不満や怒りを理解する手がかりとします。保護者の困り感を真摯に受け止めた上で，さらなる子どもの成長発達を目指す協力者として学校・教員・保護者の心をつないでいくことが，SC ならではの支援のあり方でしょう。

> 【エピソード】別室学習中の児童が学校を抜け出し，一時的に所在不明になりました。保護者の怒りは大きく SC にその対応が求められました。情報を集めると，この児童は度々授業中いなくなり先生方が探し回り苦慮していたとわかりました。SC は学校に対して，学校側も児童の行動を心配し対応していたという事実を保護者に伝えること，別室登校のプログラムを作り児童の行動の枠組みを示すことを提案しました。保護者と学校と SC の合同面談では「話し合える良い機会である」という共通認識が生まれ，双方の緊張が緩み，子どもの安全と学習を保障するための具体案について熱心に考え合う場となりました。ピンチをチャンスに変えることができるのも中立的な立場を維持する SC の強みだと思いました。

V　地域を理解するための項目

1．学校周辺の環境

　最寄りの駅から学校までの周辺環境や産業構造を知って，人々の暮らし方や気持ちのありようをイメージしてみましょう。正門や植栽の整えられ方など，学校全体のたたずまいから受ける印象は学校の状況を表していることが

あるので,感覚を研ぎ澄まして感じ取ることも学校を理解する上で有効です。

2．地域資源

その地域の医療機関，児童相談所，子ども家庭支援センター，スクールソーシャルワーカー（自治体によっては学校職員に含まれる場合もあります），教育相談室，教育支援センター（適応指導教室），保健センター，児童民生委員など連携先の情報も集めておきましょう。学校医は地域の身近な相談先として連携することもあります。いずれの場合も，連携の手続きは SC 個人ではなく学校として行いますので，管理職への相談を省かないことが肝要です。

VI　おわりに

SC が与えられた条件の中で専門性を生かした学校支援を展開するために，学校コミュニティを見立てる項目や動き方のポイントを提示しました。

村瀬（2000）は，見立ての能力の素地は，手探りで自分でいろいろ考え，感じ，自分の行動を調節するということの積み重ねのなかに培われる，と述べています。すなわちアセスメント力は，常に実践・検証・修整を繰り返しスパイラルに進むものということでしょう。そしてその土台となるのは，自分の存在がどのように見られているか，どのような影響を与えているかについて自己省察する目を養う努力が必要です。

不確実な状況や関係性を耐えて生き抜く覚悟と，活動の場を積極的に開拓する心意気をもって臨むことにより，次の扉が開かれる可能性を高めます。

文　　献

文部科学省 (2018) 学校における働き方改革特別部会　学校の組織図（例）．https://www.mext.go.jp/b_menu/shingi/chukyo/chukyo3/079/siryo/__icsFiles/afieldfile/2018/04/27/1404498_8_1.pdf（2023 年 2 月閲覧）

村瀬嘉代子（2000）「言葉」をめぐって．In：村瀬嘉代子・青木省三：心理臨床の基本—日常臨床のための提言．金剛出版，p.117.

コラム
職業としてのスクールカウンセラー

（東京都公立学校スクールカウンセラー）小林友也

　学校に勤務していると，しばしば子どもの「将来の夢」に触れる機会があります。近年，中学校のみならず小学校でもキャリア教育の授業・学習が行われているせいか，さまざまな将来の夢やなりたい職業が語られる中，スクールカウンセラーを志望する，あるいは興味をもって調べてみる児童生徒に出会うようになってきました。

　また，私がスクールカウンセラーとして勤務し始めた10数年前は，スクールカウンセラーの存在や役割を先生方に知っていただくことから活動が始まっていましたが，ここ数年，新規採用の先生に自己紹介をすると「中学生の時にスクールカウンセラーの先生に話を聴いてもらった」「在籍した小学校にスクールカウンセラーがいた」と話してくださいます。

　カウンセラーという心理職が日常になじむ職業の一つとして社会に根付いてきたと感じ嬉しくなる一方で，キャリアモデルになるかと思うと，身が引き締まり自己点検せずにはいられません。

コラム
通訳者でもあるスクールカウンセラー

（東京都公立学校スクールカウンセラー）小林英子

　小学校で「ことばの教室」に申請したケースが，判定会議の結果「不適」の返事が返ってきました。担当部署から担任には判定理由の説明が電話であったのですが，担任の先生もよく分からなかったご様子で納得していない口調ですし，スクールカウンセラーも同様の思いだったので，スクールカウンセラーが担当部署に問い合わせてみました。すると，申請書類の文字だけでは上手く伝わっていなかったことが判明しました。スクールカウンセラーが保護者から聴き取った情報で，担当部署には届いていなかった情報を説明すると，相手も学校側の戸惑いをご理解くださり，だからと言って判定が変わる訳ではなかったのですが，両者の行き違いが解消され，現状を踏まえた対処策を話し合うことができました。担任の先生もスクールカウンセラーからの説明で判定理由が理解でき，次なる対策を校内で協議し，対応することができました。スクールカウンセラーは専門部署の説明を，先生方や保護者が納得できるよう，橋渡しをする「通訳者」の役割も担っていることを痛感した経験でした。

スクールカウンセラー活動に当たっての点検事項

相談室運営の枠組み作り

東京学校臨床心理研究会アドバイザーチーム

シートの活用について

　学校の事情は刻々と変化します。暗黙の了解でそれまでスムーズに行っていたスクールカウンセラー活動が，人事異動や学級・学年の変化によってうまく行かなくなることがあります。

　各学校で組織の中に相談室とスクールカウンセラー（以下 SC）がどのように位置づけられているか，点検して把握することによって学校事情が変化した時に対応する糸口が見つかりやすくなるのではないでしょうか。また，SCの交代があるときに，引継ぎ書の一部として活用することができます。

　シート 1 〜 3 は，そうしたときに力を発揮する資料となるでしょう。

校務分掌の概略

　役所や会社に行って○○部の△△課を訪問したいと思えば，建物入り口にある案内図を見るとどこに行けばよいか分かります。しかし，学校で生徒指導部に行きたいと思ったら，一体それはどこにあるのでしょうか。校務分掌図には載っていても生活指導部の部屋もありませんし，そこに常駐しているスタッフもいません。学校の組織は部外者にはとても見えにくい構造になっています。

　個人が組織の中で何か新しいプロジェクトを始めたいと思ったら，必ず組織の意思決定ルートを通す必要があります。SC がどの委員会に属するかは，学校事情によって違います。スクールカウンセラー活動を行う際，どのルートを使えばよいか確認しておくと，スムースに交渉できます。

学校名			年
SC 名		月	日現在

シート１．学校運営の方針

	方針	SC に期待されていること
校長先生の学校経営		
生活指導		
教育相談		
特別支援教育		

注：方針の中には，SC の所属分掌を含む。学校には必ず校務分掌を定めたもの（学校要覧など）があります。まず，それで SC の位置づけを確認しましょう。わからないときは管理職に聞いてみましょう。

シート２．相談室運営のルール

		学校としてのルール	生徒のニーズ	教員のニーズ	現状
相談室開放	昼休み				
	放課後				
授業時間中の利用					
相談室登校					
相談室便りの発行					

シート３．事例へ対応するに当たっての校内体制

	依頼を受けるシステム	関係機関と連携するためのシステム	校内の情報共有のシステム
不登校			
いじめ			
非行			
特別支援			
緊急支援			
授業観察，給食訪問等			

以下は学校からの依頼があって新規の活動（例えば校内研修会など）を始める際の手順（例）です。

1）担当の教員と打ち合わせ，研修案等を作成する。
2）始める活動の内容に関係する委員会等（学年会，生徒指導委員会，教育相談委員会，保健委員会，特別支援委員会，SC活用委員会，研修委員会等）へ提案し，検討してもらう。SCが所属していない委員会への提案・説明は，通常，担当の教員が行うことが多い。
3）各委員会での検討結果を受けて，担当教員から企画会議へ提案して，検討してもらう。
4）企画会議での決定を受けて職員会議で周知される。
5）担当の教員と協力して実施する。

教育相談の研修会実施のための研修案を一例としてあげます。

教育相談研修会実施案

（研修会案作成時の日付）　年　月　日
教育相談係　○○
研修係　○○
スクールカウンセラー　○○

1．研修テーマ：不登校の理解と対応
（⇒　学校の希望するテーマを確認して，学校事情に合わせてアレンジします。事前に研修テーマについて希望を聞くアンケートを教員にお願いすることもあります）

2．目的：各学年に不登校生徒がいて，担任が対応に迷ったり，困ったりすることがある。不登校理解のための情報の更新と不登校のタイプと経過に即した具体的な対応策について研修を行う。
（⇒　管理職，教員のニーズをくみ取り，何のために研修を行うか明確にします）

3．講師：スクールカウンセラー
（⇒　たとえば，養護教諭，特別支援コーディネーター等教員と組んで行うこともできます）

4．対象：教員
（⇒　PTA主催，学校保健委員会主催等の場合は，保護者，地域住民も対象になります）

5．実施予定日時：○年　○月　○時○分～○時○分
（⇒　行事や授業の妨げとならない，教員が参加しやすい時間に設定します。教務との連携が必要になることがあります）

6．場所：会議室
（⇒　体を動かすワーク，グループワークがある場合等研修内容に合わせて，安全で安心してできる場所で行います）

7．研修方法：講義と演習
（⇒　講義形式の他，ワークや演習，事例検討など教員の様子に合った方法を選びます）

子どもの困りごとを巡って

アセスメントと対応

①不登校問題

宮田葉子・杉原紗千子・柴田恵津子

朝元気に登校していく子どもたちの姿を尻目に，ふとんから出てこられない，腹痛・頭痛を訴える，服は着替えたけれど座り込んでしまう，玄関で立ち止まるなど，苦しい様子を見せている子どもたちがなんと沢山いることでしょう。さらに筆者がこの章を執筆している時期は，新聞報道によると COVID-19 の影響により感染への不安等から登校できない（しない）子どもたちが小中高等学校合わせて約 3 万人いるといわれています。このことから，感染症の影響を一番に受けたことの一つが，不登校問題ではないでしょうか。

筆者等が約 20 年前スクールカウンセラー（以下 SC）として学校に勤務し始めたころに比べて，登校できない原因の中で「いじめ・発達の問題・虐待等」が増加し，より複雑になっています。この章では，学校に登校しにくくなって困っている子どもたちついて，事例をまじえ，理由・原因別に SC としての対応・工夫等を記します。

┃ 不登校の定義とその対応の変遷

「不登校生」の数は 2001（平成 13）年度をピークとして漸減傾向にはあるといわれてきたものの，2015（平成 27）年度以降徐々に増加し，2020（令和 2）年度には，小学校 63,350 人，中学校 13,277 人（図 1，図 2 文部科学省統計グラフ参照）となりました。

文部科学省は，「不登校」を『何らかの心理的，情緒的，身体的，あるいは社会的要因・背景により，登校しないあるいはしたくともできない状況にあるために年間 30 日以上欠席した者のうち，病気や経済的な理由による者を除いたもの』と定義しています。この定義では年間欠席 30 日以上というこ

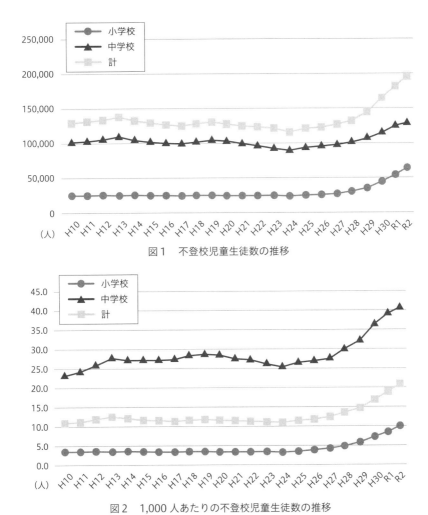

図1　不登校児童生徒数の推移

図2　1,000 人あたりの不登校児童生徒数の推移

とになっていますが，30 日がどのように年間に散らばっているかも大きな問題です。例えば，毎週定期的に 1 日を休んでいる場合も 30 日を超えますし，1，2 カ月続けて休んで残りは出席した場合も 30 日を超えることになり，これを同じに扱うことはできません。そして，休み方は年間欠席数 30 日から 1 年間 1 日も登校しないというものまでさまざまです。

　不登校という現象は，1948 年にアメリカで報告されたのを初めとしてその後急増し，当時は「学校恐怖症」「登校拒否」等と呼ばれ特に心理的な要因のために登校できないとして，種々の研究がなされ始めました。我が国では，

　文部省（当時）の登校拒否児童生徒の調査によれば，1972（昭和47）年を底に徐々にその数は増えていき，平成はじめ，当時の文部省が数万人になってきた「登校拒否」児童生徒の治療指導の研究という目的で，「学校不適応対策調査研究協力者会議」を設け，1992（平成４）年３月に報告書をまとめました。この報告書の中で「不登校」という言葉が使われました。この頃の不登校の定義は，「年間欠席50日以上」であり，その対応は「何としても学校に行かせなければ」といった強引なことが行われる傾向にありました。この事態瓦解のために，1995（平成７）年に至り，文部省は全額国費負担で「スクールカウンセラー活用調査研究委託事業」を全国154名のSCを公立学校に配置することで発足させました。その後SCの配置は年々増大し，「スクールカウンセラー活用調査研究委託事業」は５年後に2,250校に配置された段階で終了し，その成果に基づいて，2001（平成13）年から，各都道府県が主体となる「国の補助事業」として事業が継続され，小学校から高校までの公立学校にSCが配置されるという今日に至っています。

　SCが不登校生に対応することで不登校生への対応は変化していきました。しかし，「登校刺激はしない方がよい」との意見が大きくなったことから，極端な対応として不登校状況が放置されるようなことも起こりましたが，さらに見直しがあり，文部省（当時）からは「必要に応じて登校刺激をすべき」という指針が出されるようになり，これが主流となっていきました。

　この方針がしばらく続き，支援方針をめぐって教育現場にて試行錯誤が続いたのち，2017（平成29）年に至り，「義務教育の段階における普通教育に相当する教育の機会の確保に関する基本方針」（平成29年３月31日文部科学大臣決定）が出され，学習指導要領にも，児童の発達の支援，特別な配慮を要する児童への指導ということで，不登校児童への対応について，かなり柔軟で多様な対応の必要性が提示されました。この基本方針が出されたこと，さらに合理的支援などさまざまな法律ができたことにより，不登校児童生徒の対応が，それまでとはかなり変わってきて今日に至っています（３章参照）。

　なお，「不登校」理解について論述した滝川一廣（2012）は，不登校を本人の視点から考えなおし，不登校を社会の不安定の反映としながらも，「（人間には）役に立つ，立たないの実利・功利を超えて，知ることへの強い欲求こそ，私たち人間のものではないでしょうか」と本来，人間には知への欲求があることを強調しています。

II 不登校がもたらす影響

　学校に毎日行くということは勉強がもちろん主体ではありますが，人間関係の経験など学ぶべきことが沢山あります。それは楽しいことばかりでなく，不愉快なこともありますが，それが大人になってからの予行体験になり，将来の仕事にも繋がります。

　「登校しなくても何も問題はない」と言い切れないことは周知のことと思います。不登校が無策のまま長期化し，それがひきこもりにつながっていくことで益々社会的・経済的に自立することへの困難さが増すという差し迫った状況が現実に見られるようになっています。本人自身のさまざまな状況や能力によって，身体的・社会的・経済的な自立が難しい場合には社会的支援が必要な場合もあります。このように社会資源の活用など先の見通しを視野に入れたうえで，さまざまな工夫や支援をしていくことが重要であると考えます。

　また，最近気になっている児童生徒の様子に「表現力の不足」があります。何がしたいのか，何が嫌なのかといった，自分の気持ちを感じ，表現する力がとても不足しているように思います。

　鍋田恭孝（2007）は最近の不登校生などに特にみられる「主体的に生きる力」「物語る能力」のなさを指摘しています。またオルテガ（1995）は「このわれわれを取り巻く周囲は普通『環境』と呼ばれている。生とは全て『環境』つまり世界の中に自己を見出すことである」と言っています。これらの知見は，世界と距離をおき閉じこもることによって，環境に働き掛ける経験の不足や，環境に対する感受性が育ちにくくなってしまう可能性を示唆するのではないでしょうか。

　ある不登校生のお母さんは「私はあの子がやって欲しいことをできるだけかなえてやるように本人が要求する前にやってやるようにしてきました」と胸を張って言われました。この事例の場合，本人が獲得しなければならない，正当な欲求の表現，嫌なことへの対処の仕方などの体験の場をすべて奪ってしまった結果，集団生活に適応できなくなってしまってはいなかったでしょうか。

　人生は全く平坦な，何のトラブルもないものであるはずがありません。当然起こってくる友達とのトラブルや嫌なことへの対応の経験を避けてきたことから学校に行けなくなっていたのかもしれません。しかしこれを育て直す

ことはとても困難が伴うものであり，時間もかかります。自分が嫌だったことをできるだけ子どもに経験させたくないという保護者の気持ちはわかりますが，大きな失敗をしないために小さな失敗を種々経験することで少しずつ精神的にも自立した人格ができ上がることを心得ていなければならないと思います。

III　不登校事象が表す意味

　公立学校にSCが配置されてからすでに25年以上が経過し，児童生徒も家族も教職員もSCも努力をしているにも関わらず，不登校数は一時期減少しながらも，再び増加してきています。ここではSCとして，実際にどんなことが起こり，どう対応することで少しでも不登校にまつわる課題を解消することができるか，考えてみたいと思います。

　まず，「不登校」という行動の意味が何であるかを考えてみることにします。例えば，以下のような場合があります。

1．何かに対するSOSなのではないだろうか

　　〈事例〉小学２年生のA君はある日突然学校に登校できなくなりました。それまではとても元気で勉強もできるし，先生たちは全くノーマークでした。お母さんと面接したSCはお母さんから「勉強が遅れることが心配」と聞き，担任にそのことを伝え，特別メニューを考えてもらいました。しかし，本人がポツポツと話すことを聞いてみると，「好きなおばあちゃんが病気で入院していて心配。お母さんが仕事に出るようになって学校から帰っても誰もいなくて淋しい」ということでした。つまり，A君に今必要なことは勉強の遅れを取り戻すよりもおばあちゃんの回復とお母さんにもう少し甘えていたいということのような気がしました。

　このように，家族の病気や保護者の失職などで家族との関係の変化についていけない，家族関係がうまくいかない，学校生活で嫌なことがあるのに，それの解決方法がわからず，うまく言語化できずイライラし，家にひきこもってしまうなどが背後に潜んでいるのではないかと気を配る必要があります。

2．単に登校したくない，いわゆる"怠け"に対し，ただ叱るだけでいいのだろうか

　　〈事例〉中学２年生のB君は元気だけど，しょっちゅう休んだり，遅刻したりし

ていて，先生たちは「怠け」と決めつけていました。やっと相談室に来るようになったB君に，どうして教室に行けないかを聞いてみました。彼は「色に例えれば教室は茶色，とても暗くて嫌，相談室は青い」と言っていました。心根はやさしく，勉強はしたいけどどこからやっていいか分からないとのこと。その後，相談室登校は何とか続けられるようになり，生活習慣を整えるところから始め，無事，卒業していきました。

このように一見すると"怠け"のようには見えても，その背後に，「未学習」「誤学習」などが潜んでいる可能性も考慮しておく必要があります。

3．勉強がわからないために学校に行くのが嫌になっている場合

どこからわからなくなったのか，何が嫌なのかなど，いろいろ本人の気持ちを少しずつ聞き出し，対策について考えることが必要です。

〈事例〉小学3年生のCさんは，夏休み明け頃から，時々学校を休むようになりました。お母さんが登校を促すと大暴れして物を投げたり，弟に意地悪をしたりするようになりました。お母さんは，SCと相談し，本人が落ち着いているときに話を聞くようにしてもらったところ，「勉強が分からない，友達もいない。学校がつまらない」ということでした。それまで成績はぎりぎりついていける程度でしたが，3年生になって急に難しくなり，どうしてよいかわからなくなったようでした。また，元々コミュニケーションもあまり上手ではなく，遊びの仲間になかなか入れずに我慢していたのです。結局，医療につなげ発達検査の結果から，特別支援学級に転校，元気に登校し卒業していきました。

〈事例〉中学1年生のD君は夏休み明けに突然「学校に行けない」と叫んで布団にもぐってしまいました。びっくりしたお母さんはすぐにSCのところに相談に来られました。D君は小学校時代，リトルリーグのエースで元気に学校に行っていたそうです。勉強はできなかったけど，運動ができればいいと考えたお母さんは当時，無理に勉強をするようには言わなかったとのこと。しかし，中学に入ったD君は自分が全く勉強についていけないことに愕然とし，ひきこもってしまったのでした。

4．思春期特有の自己に関する問題を乗り越えられず不登校の形をとっている場合

〈事例〉とても穏やかな中学3年生のEさんは友達と時々相談室に来る目立たない生徒でした。彼女が突然登校できなくなり，慌てたお母さんが相談に飛んで来られました。いろいろ聞いてみると「お父さんは海外留学中のエリート，同胞には兄がいるが重度の障害があり，旧家のEさん宅では一家の期待がEさんに一身に集まっていて，何としてもいい高校に進学しなければならないが成績がついていかな

い」と身動きのできない状況に追い詰められ，燃え尽きそうとのことでした。Eさんとお母さんはこれまでもお父さんからのプレッシャーに反抗もできず，ひたすらお父さんの期待に添うよう行動したために自分がどうしたいのかを感じることも，表現することもできなくなっていました。

5．不登校の背景にいじめはないだろうか

　いじめについては，子どもからは自発的に話さないことが多いのですが，事実関係を確認しつつ，本人がどうして欲しいと思っているかゆっくり聞きながら一緒に考えることが解決の第一歩です。現在はいじめ対応の重要性がかなり認知されてきており，担任がこれらの対応をまず行い，SCが心理的支援で必要なことをアドバイスするなど，その後の子どもの支援を引き受ける場合が多いです。

　　〈事例〉相談室によく遊びに来るFさん（小学2年生）について，担任から時々学校を休むようになっていることを聞かされたSCは，以前から手の甲につねった後のようなものがあることに気が付いていました。そこで担任の許可の元，授業中特別に本人と面接をしました。落ち着いて聞いたところ，少しずつ友だちの仲間外れにあっていること，友達と自分の親同士が仲良しのため，親に言えず自傷していたことを話してくれました。よく話してくれたことをねぎらいながらも，担任や母親と話してもよいかと聞いたところ，承諾が得られたことから，担任・保護者・SCが話し合い，本人のつらい状況を母親に理解してもらいました。その後，本人は，好きな習い事を始め，放課後は習い事の仲間と楽しく過ごすようになりました。

　　〈事例〉ふらっと相談室に現れたG君（中学2年生）は，友達から太っていることをからかわれて，これ以上登校できそうもないとのこと。「担任の先生に相談してみようか」と聞くと「それは困る」との返事。それでは「いやと言えるかな」と聞くと「なんとかやってみます」と答えた。SCからは「きっとまた言われると思うけど，その時にどうしても嫌と言えなかったら担任の先生に助けを求めようね」と念を押しておきました。担任の先生もG君のことは心配していたので，本人が相談室に来て，いじめられていると訴えたけれども先生には言わないで欲しいと言っていたことを伝えました。SCが聴いた相手の生徒の名前を先生は承知されていなかったため，それとなく，様子を見ていてもらい，必要なら現場で介入してほしいとお願いしました。心配しながら翌週様子を聞くと，やはり廊下の隅でいじめの現場を見つけた担任の先生が介入し，それ以来，いじめはなくなったそうです。

6．精神疾患が背後にある場合，発達の偏りから対人関係がうまくいかない場合

　ここでは，背後に精神疾患が考えられる場合を紹介します。

　発達の偏りが背後にある場合については，5章⑤をご参照下さい。ただし，

発達に偏りや遅れが顕著にある児童生徒が不登校になってしまった場合，その対応として，どうしても本人の偏りや知的な遅れをどう補っていくかに支援方法が偏りがちです。発達に問題を抱える本人の心理的葛藤（苦しさや腹立たしさ，悲しみや不安など）にも目を向けることが重要です。そのうえで，本人の居場所づくりのために社会的な支援を受け，成長していけるように支援することの重要性を大切にしていきたいと思います。

〈事例〉中学1年生の間はなんとか教室に行っていたものの突然泣き出すなどの行動が見られ，担任としては対処に困惑していたHさん。2年生になってから，朝，起きられなくなってしまいました。担任の先生からの紹介で相談室に来るようになり，相談室ではいろいろなことをよく話していましたが，特に小学校時代の友人の死の際の周囲の同級生達の無神経な反応に対しての違和感がずっと気持ちの中にあることなどを縷々語っていました。秋になり，学校内が学園祭の準備でざわざわしているときに突然発作が起こり，保護者の方に迎えにきてもらいました。SCが病院を紹介し受診，薬の処方もされ，落ち着いたところで相談室登校が再開されました。彼女なりの言い分はありましたが，一方的な思い込みや表現の仕方があり，周囲とうまく折り合うことはとても難しいようでした。

本事例は，不登校の様子から疑問は持ちながらもすぐに精神疾患の予兆を見立てることができないままに対応していたところ，パニック様発作が起こったことをきっかけに病院を紹介し薬を処方されて落ち着きました。後に担当医師に面談したSCは「すぐに診断がつかない難しいケース」との説明を受けました。SCはこのように微妙な段階から対応しなければならないケースも決して少なくはありません。

高校生の場合，不登校の結果，履修・修得の課題で卒業・進級が難しくなることが，義務教育課程との大きな違いです。精神疾患の好発年齢でもあり対応に注意を要します。学齢期の自殺もこの年齢層に多く発生しています。このようなことから，面接にゆっくり時間をかけられない場面が生じるという現実的な問題があります。本人をはじめ保護者からもしっかり話を聞くとともに行動の様子を観察して，何が問題かを早急に探すことが大切と思われます。

〈事例〉高校2年生の男子生徒I君が相談室を訪れ「友達に嫌われている気がする」と訴えました。それまで教員から問題行動等を知らされたこともなく，何かのトラブルがあったのかと耳を傾けましたが，その訴えに具体的なものはありませんでした。SCは不審に思いその後学年の教員に確かめたところ，おとなしいが心優しい生徒で友人も多くスポーツが得意とのこと。そうするうちに生徒の訴えがどんどん深刻になり幻聴があることがわかってきました。養護教諭と連携して保護者と

の面接を設定し生徒の状況を伝えたところ，母親は医療従事者であったため理解が早く，さっそく精神科受診につながり統合失調症との診断を受けました。幸い卒業，進学まで繋がったのですが，この時期の生徒対応には十分な注意が必要なことを痛感させられました。

Ⅳ　不登校のアセスメント（全般）

SC が配置されることになった最初のころの支援の対象は主に「いじめ」「不登校」でした。その後，対象とする活動範囲も広がりましたが，今でも一番多い対応の必要な問題は「不登校」です。

ここでは，SC が実際に学校内でどのような支援をしていったらよいかを述べていきます。

不登校について考えるとき，どんな状態なのかを見極めることがまず必要です。例えば，

・過去（幼稚園・小学校・中学校時代）からの長期不登校状態にある
・無気力で何もしたからず，ひきこもり状態にある
・家では元気だが，外に出られない
・たまには外に出られるが，近くのコンビニくらいまで
・週1回くらいは登校できる
・保健室・相談室登校はできるが教室には行けない
・定期試験は受けられるが毎日教室には行けない
・頭痛，腹痛，下痢，など体調面での症状がある　等々

その状態はさまざまであり，今どんな状態にあるか多角的な情報の収集が必要です。もし，身体面の症状がある場合，心理的な原因と即断せず，必ず医療機関において，内科的な疾患がないか等医学的な判断を確認する必要があります。

また，不登校のきっかけ，いつから始まったか，さらに，いじめはなかったか，家族関係（両親，きょうだい，祖父母など）はどうか，友人はいるか，担任，養護教諭，部活顧問など学校内の先生方との関係はどうか，成績，進学の希望はどうか，登校への可能性はどの程度か，本人の特性（能力，社会性，発達の偏りの有無等）に課題がないか，心理面にも課題はないかなど多方面からのアプローチがあります。

このように少し考えただけでもいろんなタイプの不登校の姿が浮かびます。外見は同じ「不登校」ですが，その背景は全く違う場合があります。こ

れを解きほぐしながら探っていくことが SC としてまずやらなければならない「アセスメント」です。以下にアセスメントをする場合の手掛かりを示します。

しかし，これはあくまでも基本であって，不登校の数だけ背景にはバリエーションがあることを忘れてはなりません。

上記のような観点から，SC としては何がどのように確認できるか，そして，その対応はどうするのかについて，具体的に考えてみたいと思います。

1．相談者

多くの相談は児童生徒本人，保護者，教員等学校関係者，その他から始まります。児童生徒本人からの相談では直接「何に困っているのか」から聴くことができますが，そうでない場合には，まず，当該児童生徒の状況を確認することが大切です。本人はどうしたいと考えているのだろうか，どうすれば本人から直接聞くことができるかと考えながら，SC の視点からもよく観察しアセスメントすることが大切です。しかし不登校児への対応は，本人と会えないまま相談が進むことがしばしば生じます。SC 自身が伝聞によって得た情報・アセスメントと，実際に本人と接して得た情報・アセスメントとをしっかり区別しながら，支援することも重要です。

そして本人以外からの相談の場合，相談をしてきた人が何に困っているかを本人の希望とは区別して聞くことも大切です。特に保護者からの相談の場合，本人の意見や希望のように言いながら，保護者自身の問題であることも多々認められることに気を付ける必要があります。

相談者が担任等教員の場合，情報交換やコンサルテーションも含め，教員が登校しない子どもに対して，休んでいる間，そしていざ登校した場合にどうアプローチしたらよいかを，SC は一緒に考えていく必要があります。その場合特に気を付けたいのは，SC は「スクール」が付いたカウンセラーであり，学校と分離独立して支援しているわけではないということです。ともすれば SC の支援が学校と分離して捉えられ，「SC はよくやってくれるが，学校は何もしてくれない」という保護者の声を聴くことがあります。SC 自身が，面接場面で行っていることの目標や，アセスメントを含めた見通しや対応を十全に教員に伝え理解を図ること，SC の活動を学校の対応の一部として教職員に捉えてもらい，一緒に工夫していけるよう連携の充実に努めていくことが重要です。

　小学校の場合，SC の保護者に対する支援が大きく影響します。小学校時代は，子育て支援が子どもの心身の成長支援につながる重要な時期です。養育者としては新米の「小学生の保護者」は心理的に大きく揺れ動くことが多いものです。

　どの年代の保護者に対しても，その心理面を支えながら，保護者が今家庭でできる対応の工夫を，子どもの成長状態に合わせ，さらには将来社会人として生きていくうえで必要な視点を持って，今現在の時点で何ができるかを一緒に考え，保護者をサポートしながら子どもの支援に結び付けていく必要があります。

２．いつ気づいたか

　問題が起こった時期が，相談日当日からか，１週間以内か，１カ月以内か，それ以上かで対応が異なります。学校は文部科学省からの通達もあり，「３日休んだら動こう」を合言葉に，早期発見，早期対応を心がけています。早ければ早いほど傷は浅く，治りも早いのが通例です。ただ，早期に発見するということとそれを騒ぎ立てることとは本質的に異なります。騒ぎを大きくすることで取り返しがつかなくなることもありますので，事実を客観的に見，適切な対応をする必要があります。

　また，行動としての期間は短くても，何となく気配を感じていたという場合もあります。聞き取る場合は小さな動きも見逃さないように，丁寧に聞くことが大切です。発言者の言葉の意味することを具体的に聞くこともポイントの一つです。同じ言葉でも人によって意味が違います。そのため具体的な内容はかなり違っていることがあります。「具体的なエピソード」を聞くことで事態の把握が確実になっていきます。

３．急を要するか

　いじめ，虐待，非行などが疑われるときは特に急を要する時です。ある場合には身柄を確保する必要があるでしょうし，警察等に通報する必要も出てくるでしょう。保護対象等に関する情報収集，状況確認を冷静・迅速に行い，守秘義務にも配慮しながら，対応を急がなければなりません。ただし，これらの場合は原則として SC の判断だけで動くことはせず，まず，管理職，当該教職員等に報告，相談して，誰がどのように動くことが最善であるかの決定を仰ぐ必要があります。外部機関との連携については５章⑧で論じられて

いますので，そちらを参照してください。いずれにしても責任は校長にあり，どうするかは校長の判断によります。

4．気になる行動・体調・体の変化があるか

　食欲不振ではないか，昼夜逆転はないか，抑うつ気分はどうかなど健康上の問題がある場合は，医療機関との連携が必要です。特に近年さまざまな要因（身体，発達，環境，ストレス）での自律神経の不調の低年齢化がいわれています。脳神経は心理面にさまざまな影響を及ぼすことはよく知られていますが，この分野は日進月歩です。我々 SC は，精神・神経科領域等の知識を得，よく理解したうえでその心理的な支援や提案を現実に合った形でしていかねばなりません。

　また，家庭内暴力の有無も一つの観点です。これは家庭状況がわからないと判断が難しいところですが，本人が暴力を振るっているとすればその実態，被害者は誰か，被害状況などを保護者等から聞く必要があります。本人は本当のことを言わないかもしれず，その家庭特有のルールがあったりします。家族療法の手法の援用も可能でしょうが，まずは実態を確認することが第一です。

5．思春期特有の課題を乗り越えているか

　中高生，特に中学生くらいになるとそれまでの自分に対していろいろ疑問を持ち始めることは誰にでもあることです。最近は小学校高学年でも見られます。特に優等生で真面目に，周囲の期待に添うように頑張ってきた児童生徒たちにとって，「自分はなんなのか」「どうなろうとしたいのか」という疑問，いわゆる「自己同一性の確立」に苦労する時期です。かつて「登校拒否症」と言われた時に一番注目された現象でした。大方は家族や，友達と話したり，本を読んだり，部活に打ち込んだりすることで何とか乗り越えていくのですが，それが不登校という形をとることもあります。特に親をはじめ周囲の期待に応えようとして，自分の気持ちを全く出せないできた場合など，自分の気持ちの感じ方も，それを表現する仕方もわからないために混乱している場合もあります。それらに寄り添い，本当の自分の気持ちを少しでも表現できるよう子どもの成長を手伝うことは，SC の大きな仕事と思います。

6．器質的要因を考慮する必要があるか

　器質的問題が浮上してきた場合，症状性精神病や脳器質因など今後精神疾

患発症の可能性がありそうか，発達の偏りがあるのか，薬物依存の可能性はどうかなどを念頭に置きながら聞き取りを行い，それぞれの対応を具体的に提案しなければなりません。さらに，今現在精神疾患を発症している可能性がある場合は，可能な範囲で本人の既往や受診歴，現在通院しているのか，家族内負因の大きさや内容等の情報を得るように心がけます。現在，精神疾患に関する主治医がいる場合は，原則として主治医の指示に従う必要もありますので注意が必要です（3章参照）。

　医療機関へのリファーが必要と判断される場合には，できるだけ複数の医療機関情報を提供し，保護者の選択に任せるよう心懸けることが適切でしょう。提案するにあたっては，事前に医療機関に関する情報を準備しておく必要があります。SC自身が関係する機関などはできれば控えることが大切です（僻地などの条件で物理的にそこしかないという場合は仕方ないことですが）。

V　不登校のアセスメント（社会的ストレス）

　次に視点を変えて，社会的ストレスの面から不登校と対応について考えてみましょう。

　1）いじめの場合：いじめが原因で不登校になった疑いがある場合，「重大事態」として取り扱い調査する必要のあることが，「いじめ防止対策推進法第28条」に定められています。いじめの項目（5章②）がありますので，そちらを参照してください。

　2）ひきこもりの場合：ひきこもりの具体的な様子を確認し，休憩が必要なら，ゆっくり休ませてエネルギーが貯まるのを待ち，相談室への登校を誘うのも一方法です。ただし，ひきこもりが長くなっているようなら，少しでも目を外に向けられるように，好きなこととか，興味のあることの資料をさりげなく置いておくなどの配慮が必要です。ひきこもりが長くなればなるほど外に出ることが困難になります。

　また，家族ぐるみで学校からの支援に応じなくなったり，応じることができなくなったりして，学校からの本人の安否確認も難しくなる場合があります。この場合，学校およびSCが独自で抱え込むことなく公立の教育相談センターやスクールソーシャルワーカー（以下SSW），子ども家庭支援センターや児童相談所等の機関と連携していくことが重要です。

　3）学業不振・遅滞の場合：現在の環境が本人にとって最も適切なもので

あるかどうかを検討することが必要です。普通学級の授業についていけず，教室にいることが苦痛になって登校できないことも散見されます。また，発達の偏りのために学習の習得に困難が生じていることもあります。

　現在，特別支援教育に関する対応は学校で考慮すべきこととされています。SCは担任，特別支援教育コーディネータの先生などと相談し，学習の障壁となる点を洗い出し，当該校で支援可能なのか，他の施設を利用することでより適切な支援が受けられるか等を検討することができます。保護者にとって，わが子に特別の配慮が必要であることを受け入れるのは大変なことですが，できるだけ本人が苦痛を感じないで学習ができる環境を整えていくことを一緒に考えたいところです。

　さしたる障害等が見当たらない場合においても，「不登校」の大きな原因の一つに「勉強がわからないこと」があると思われます。国立教育政策研究所（2012）は不登校の「未然防止」の取り組みについて，対人関係の改善とともに「学習面の改善」を提言しています。少人数制など少しずつ取り入れられてきてはいるものの，勉強がわかるようになるための施策がさらに講じられる必要を感じています。

　4）虐待の場合：ここで押さえておきたいのは，2）でも書いたように「安否確認」です。実際の確認は，担任や管理職が行いますが，SCは常に長期欠席をしている子どもの安否が確認されているかどうかを念頭に置く必要があります。また，身体的な異変の確認として，担任や養護教諭との連携も確実になされていく必要があります（5章④参照）。

　5）経済的不利の場合：家庭の問題が大きくかかわってきます。保護者はそれについてあまり学校の干渉を受けたがらないこともありますので，子ども家庭支援センター，福祉事務所，SSWなどの力を借りることも必要でしょう。この場合も先に指摘しましたように，学校の責任で行われることですので，管理職等とよく相談することが大切です。

　6）地域の協力を得ることが必要な場合：地域によっては，民生委員・児童委員などによる登校支援などが受けられることもあります。前記4），5）のような場合，学校で行えることには限界がありますので，それぞれ所管する機関等の協力を得ることを視野に入れて，管理職等に進言することもSCの役割だと思われます。

　7）犯罪性のある行動に遭遇した場合：守秘義務の範囲を超えますので，直ちに管理職に報告し，対処を間違えないようにしなければなりません。大

きな事件ではないから警察に言うほどのこともないと自己判断することは危険です。犯罪行為は小さなことでもそれが負の成功体験として定着することもあります。大きな犯罪に発展させないためにも，小さなことを起こした時にしっかり反省させることが必要です（5章③参照）。

　8）その他の要因の一つとしては，「対人関係がうまくいかないこと」を取り上げておきたいと思います。小学3，4年生位になると自然に自分の立ち位置が理解できるようになり，言ってはいけないこと，言わなくてはならないことなどが判断できるようになります。しかし，特に発達の偏りを持つ児童生徒にとっては，それがうまくできないために，相手に嫌な思いをさせたり，いじめの対象となったりすることがあります。そしてそれが自覚できないところにこの問題の難しさがあります。この場合，注意深く行動を観察したり，保護者から幼児期のことを聞いたりすることによって，課題が浮かび上がってくることが多くあります（5章⑤参照）。発達障害と診断がつくほどではなくても，コミュニケーション等が苦手で困っている場合があります。その場合は，本人が理解しやすいような方法で対人関係の行動様式を学ばせることが必要です。これをすべて SC が行うことはできませんが，担任など学校の先生方，保護者などと相談し連携して，今の状況の中で利用可能なものを使って工夫し体験させ学ばせていくことが必要と思われます。

　なお，小学校の場合，低学年と高学年とでは不登校の持つ意味・内容が違います。低学年は幼児期からの問題が基本にあり，母子分離不安や養育環境が尾を引いていることが多々あります。生活習慣が確立されないために朝起きられず，学校に行けなくなってしまい，それをサポートする体制がないために行かないことへの抵抗もなくなったりします。いずれにしても「学校は仲の良い友達もいて，楽しい」，「学校で勉強していろんなことがわかるようになる」といった経験を積ませることが大切です。高学年になると思春期初期の問題，友達関係のトラブルなど対人関係できちんと自己主張ができるかなどの問題が出ます。自立に向けて，「自分の考えを持つ」方向などを話し合うことが必要です。

　また，小学校高学年・中学の場合，スマートフォンでのやり取り，デジタルゲームなどでの人間関係の不具合から休む場合も近年多くなっています。デジタルメディア関連の章（5章⑦）を参照してください。

　高校の場合は，特に学力の問題，対人関係の難しさ，精神疾患等に起因する不調などが不登校の裏に潜んでいる場合も珍しくありません。医療機関等

の協力が必要な場合は速やかに連携を取ることが大切であり，転学も選択肢の一つとして考えなければならないこともあります。SCとしては，どれを選択するとしてもそれを必要とする生徒，保護者が納得して決定ができるように気持ちに寄り添い，適切な情報を提供するよう，心がけることが大切と思われます。

ここ数年，COVID-19の感染予防対策としてオンライン授業が行われ，不登校の子どもが授業に参加したという報告が数多くありました。このような機器の使用も工夫の一つとして今後もっと活用していくことを考えていきたいものです。

VI 不登校からの回復

以上のように，不登校は状態も背景もさまざまであり，簡単に解決ができない難しい現象です。エネルギーが低下し休まなければならない状態であればしっかり休ませ，元気が出てきて少し何かをしようなどの意欲が出てきたならば，慌てず，少しずつ外に向けての働きかけをすることは前述のとおりです。

適応的な反応としては，「睡眠のリズムが戻ってくる」「食欲が出る」「自律神経症状としての頭痛，腹痛，吐き気等がなくなってくる」などがあります。家族と共に食卓に着いたり，笑顔での会話が増えたりして，少し周囲の者もホッとし始めます。

不登校に陥っている児童生徒自身が学校を全く拒否しているかといえば，ほとんどの場合，何とか学校に行きたい，何かをしなければと思っているものです。そして，学校の情報をとても欲しがったりしているのです。

外に向けては「買い物に行く」「図書館に出かける」などから始まり，友達とのメール交換ができるようになる，校外で会うことができるようになるなど少しずつ周囲の働きかけを受け入れられるようになります。こうなると学校復帰も射程圏に入ってきます。

〈事例〉久しぶりに登校してきたJさんは「教室に行ってみたい」と言い出したため，たまたま体育で教室に誰もいないことを確認したSCは一緒に教室に行きました。珍しそうに教室を見回していたJさんでしたが，残念ながらJさんの机はあったものの，椅子はありませんでした。後で担任に聞いてみましたところ「この間，隣に机を運んだ時に，椅子を持ち帰るのを忘れた」とのことでした。Jさんの気持ちを考えると本当に申し訳ない気持ちで一杯でした。たとえ，不登校であって

も学校はいつもその子の存在を忘れてはならないと痛感したことでした。

　さらに，その回復の仕方は一直線にいくとは限らず，時々元に戻ったりして周囲は気をもみます。「時には，揺り戻しが来ることもある」ことを伝える役割も SC ができることです。中学校での教室復帰はできなかったけれども，高校からはきちんと登校できるようになったなどの例はよくあることです。

　　〈事例〉中学入学前から SC のところに来て，中学校では教室に行くと張り切っていた K 君。小学校ではほとんど教室に行けず，区の教育支援センターに通ったり，相談室で過ごしたりしながらの卒業でした。「中学からは絶対，教室に行く」とお父さんとも約束した K 君でしたが，入学式での緊張した姿を見た SC はすぐには無理だと感じました。案の定，3 日ほど登校した後は休んでしまいました。何とか電話などで連絡を取り，週 1 回の相談室登校だけは続けることができました。担任が男性になった時は時々教室に行くことができたりしましたが，結局教室に行けないまま，高校受験をしました。学校には来られなかったものの，お母さんの勧めで通った塾での勉強が功を奏し無事合格しました。そして，高校には皆勤賞で出席，推薦で大学にも行くことができました。大学では教職課程も取っているとのこと，K 君にとってこの不登校の体験はこれからの人生に大きな意味を持つものと思われます。

　このように，不登校の体験がその人に有意義な体験として積み重ねられるように伴走することが SC の役割といえましょう。
　なお，「不登校」に関するコンサルテーションは，これまで見てきたように，アセスメントのバリエーションの数ほどあります。学校の場合，関係する人たちも多く，相手によっても配慮しなければならないことが異なります。コンサルテーションについては 4 章①に詳述されていますので，そちらを参照し，ケースと相手に合わせることを大切にして行ってください。

文　　献
金子保（2003）不登校の予防と再登校への支援—効果的な登校刺激の与え方. 田研出版.
国立教育政策研究所　生徒指導・進路指導研究センター（2012）不登校・長期欠席を減らそうとしている教育委員会に役立つ施策に関する Q & A. https://www.nier.go.jp/shido/fqa/FutoukouQ&A.pdf（2023 年 2 月閲覧）
文部科学省（2017）義務教育の段階における普通教育に相当する教育の機会の確保等に関する基本指針の策定について（通知）28 文科初第 1852 号（平成 29 年 4 月 4 日）. https://www.mext.go.jp/a_menu/shotou/seitoshidou/1384370.htm（2023 年 2 月閲覧）.
村瀬嘉代子（2008）心理療法と生活事象—クライエントを支えるということ. 金剛出版.

鍋田恭孝（2007）変わりゆく思春期の心理と病理─物語れない・生き方がわからない若者たち．日本評論社．

Ortega y Gasset, J. (1929) La rebelión de las masas. Colección Austral.（神吉敬三訳（1995）大衆の反逆．筑摩書房．）

滝川一廣（2012）学校へ行く意味・休む意味─不登校ってなんだろう？　日本図書センター．

②いじめ問題

植山起佐子

I　アセスメントとコンサルテーションのための基礎知識

1.「いじめ防止対策推進法」の成立と施行

　2013年6月28日「いじめ防止対策推進法」（平成25年法律第71号）が交付され，同年9月28日に施行されました。いじめの定義などをめぐって問題点も多いと言われていますが，その成立の経緯や理念を踏まえて学校には適切な対応が求められています。スクールカウンセラー（以下，SC）もその理念と具体的な内容については知っておく必要があります。

①「いじめ防止対策推進法」成立までの経緯

　いじめ問題は，1980年代半ばにいじめ自殺事件が複数発生し社会問題化したことで関心が高まりました。教師も「葬式ごっこ」に加わっていたとしてセンセーショナルに報道された「東京都中野区中2男子生徒いじめ自殺事件」はその代表的なものです。その後，1990年代半ばにも，SC導入の契機の一つと考えられている「愛知県西尾市中2男子生徒いじめ自殺事件」を始め複数の事件が報道されました。約10年後の2005年にも「北海道滝川市小6女児自殺事件」など複数のいじめ自殺事件の報道がありました。10年に一度，衝撃的な出来事が繰り返される中，学校や教育委員会の対応や姿勢が問題視され，国の有識者会議も立ち上がりさまざまな議論がなされてきました。

　文部科学省は2006年10月19日付で「いじめの問題への取組の徹底について（通知）」を発出し，「いじめは，『どの学校でも，どの子にも起こり得る』問題であることを十分認識すること」「いじめの問題が生じたときは，その問題を隠さず，学校・教育委員会と家庭・地域が連携して，対処していくべき」としていますが，2011年10月には滋賀県大津市で中学2年生のいじめ自殺事件が起こりました。滝川の事件から10年経たないうちに重大な

事件が発生したため，またしても学校や教育委員会の体質が問題視されました。このことから，いじめ問題の難しさが浮き彫りになります。いずれの事件も学校側の認識と被害児童生徒の傷つきの間に大きな差があったことやいじめの存在に気づいても適切な対処方法がとられなかったという共通の問題があります。

　この滋賀県大津市の事件を契機に，「いじめ防止対策推進法」が 2013（平成 25）年 6 月 28 日に公布され，3 カ月後の 9 月 28 日に施行されました。

②「いじめ防止対策推進法」施行後の変化

1）「いじめ防止基本方針」の策定

　各地方公共団体には「いじめ防止基本方針」の策定が努力義務ながら課せられました（第 12 条）。学校には国や各地方公共団体の「いじめ防止基本方針」を参酌し，自校の実情にあった「いじめの防止等のための対策に関する基本的な方針（学校いじめ防止基本方針）を定める」よう求められています（第 13 条）。

　勤務している学校の基本方針を知っておきましょう。その中で SC がどう位置付けられているかを確認し，どう機能すればよいかをよく考えて，機を逸することなく動けるように準備しておくことが必要です。

2）「学校いじめ対策委員会」の設置

　「学校は，当該学校におけるいじめの防止等に関する措置を実効的に行うため，当該学校の複数の教職員，心理，福祉等に関する専門的な知識を有する者（下線引用者）その他の関係者により構成されるいじめの防止等の対策のための組織を置くものとする（第 22 条）」とあり，各校に「学校いじめ対策委員会」が設置されています。SC や SSW もその構成員になっていますので，開催予定を確認し必要な準備をして臨みましょう。多くの学校では，重大事態に至らなくても，いじめ事案が発生した場合には開催されます。解消後の状況確認や再発防止のための定例会を開催するなど各校の実情に合った形でいじめ防止に努めることになっています。SC には，見立てや支援策のコンサルテーションが依頼されます。的確なコンサルテーションができるように研鑽を積んでおきましょう。

3）重大事態への対処と報告義務

　第 28 条には，「学校の設置者又はその設置する学校は，次に掲げる場合には，その事態（以下『重大事態』という）に対処し，及び当該重大事態と同種の事態の発生の防止に資するため，速やかに，当該学校の設置者又はその

設置する学校の下に組織を設け，質問票の使用その他の適切な方法により当該重大事態に係る事実関係を明確にするための調査を行うものとする」とあります。「重大事態」とは，「いじめにより当該学校に在籍する児童等の生命，心身又は財産に重大な被害が生じた疑いがあると認めるとき」，あるいは，「児童等が相当の期間学校を欠席することを余儀なくされている疑いがあると認めるとき」です。この解釈，特に後者の「相当の期間」の解釈をめぐって適切な判断がされていない事案があるとの指摘もあります。SCは，学校が適切な対処ができるように「法」の理念を十分理解し，適切なコンサルテーションができるようにしておきましょう。

　また，重大事態は各学校の設置者（国立の場合は文部科学大臣，市町村立学校の場合は教育委員会を通じて各地方自治体の長，私立学校の場合は所管する自治体の長など）への報告義務があります。何をどう報告するかは管理職判断となりますが，独自の解釈によって重大事態の報告がなされないという事態は回避しなければなりません。

③第三者委員会とスクールロイヤー

　いじめによる自死などの重大事態については，「いじめの重大事態の調査に関するガイドライン」（平成29年3月文部科学省）が発出されており，それに基づいて調査委員会が設置されます（調査委員会は，「公平性・中立性が確保された組織が客観的な事実認定を行うことができるよう構成する」ために，「弁護士，精神科医，学識経験者，心理・福祉の専門家等の専門的知識及び経験を有するものであって，当該いじめの事案の関係者と直接の人間関係又は特別の利害関係を有しない者（第三者）」で構成するよう努めることが規定されています）。この調査委員会は，一般に「第三者委員会」と言われています。重大事態が生じた組織内の調査委員会に比して公平・公正な調査が実施可能と考えられていますが，さまざまな課題が指摘されています。その一つは「事実認定の難しさ」です。多くが事件発生後ある程度時間が経過した後に設置されること，調査のための資料の入手に法的権限がないこと，アンケートなどの資料原本の保存の規定が明確でなかったり，周知されていなかったりして廃棄されている場合があることなどがその理由です。第三者委員会が立ちあげられる目的はさまざまですが，報道されている事例を見ると遺族側と学校側の対立があることが多いようです。つまり，第三者委員会設置の必要があるということは，事態が非常に拗れている困難な状況だということです。遺族側の要請で委員として加わる方もいます。しかし，あくまでも委員会は公

平中立な立場にあります。遺族側の要望に応じられないことも多く，その場合の遺族への対応が大変重要です。心理専門職として第三者委員会への参加を要請される可能性はあります。委員会のマネジメント役は弁護士が担うことが多いようですが，中には弁護士が参加しない委員会もあり，臨床心理士が委員長を務めた例も報告されています。第三者委員会の設置が必要になるような事態は避けることが第一です。なぜ第三者委員会の設置が求められるのかについて十分理解し，このような事態に至らないように努めましょう。

　事態を悪化させないためには，学校専門の法律家，スクールロイヤーの必要性も言われるようになっていますが，予算や人材確保の面からもその拡充は不十分です。教育委員会や各自治体が提携している弁護士との勉強会などの機会を持つことで補うことも検討する必要があります。

　以上，いじめ防止対策推進法成立の過程と施行後の変化について述べてきました。

　SC は，その勤務体制から考えて，いじめ問題の第一発見者になることはあまり多くないとは思いますが，教職員がいじめ問題に早期に気づき，自殺という最悪の事態に至らせることなく問題解決を図り，結果的に児童生徒の成長発達にプラスの影響を与えるような支援態勢を作るために協働することは十分可能です。的確な事態の見立てと支援策の立案，実施に積極的に寄与できるよう絶えず研鑽を積んでおきたいものです。

2．いじめの定義・構造の確認

　いじめ問題の早期発見とアセスメントのためには，いじめの定義と構造を的確に意識しておくことが必要です。

　いじめ防止対策推進法におけるいじめの定義は，「『いじめ』とは，児童等に対して，当該児童等が在籍する学校に在籍している等当該児童等と一定の人的関係にある他の児童等が行う心理的又は物理的な影響を与える行為（インターネットを通じて行われるものを含む。）であって，当該行為の対象となった児童等が心身の苦痛を感じているものをいう」とかなり広義です。（下線引用者）このことは「苦しんでいる子どもに対して，より早く，より広く，深刻化しないうちに現場での対応を求めることを意味するものであり，その意義は大きい」と評価される一方，学校が「いじめ」と認識していないとの主張がなされる事件報道もあり，驚きと怒りが各種報道やネット上に渦巻く

という事態が散見されます。

　ここで大切なのは，法律でいう「いじめ」かどうかの判断に時間やエネルギーを割くのではなく，具体的な言動が「適切」かどうかの判断をする必要があるということです。「不適切な言動」は，法律で言う「いじめ」でなくても指導の対象となります。そもそも，すべての子どもは成長発達途上です。時には誤った言動をします。これは，状況の判断力や対処法の「誤学習」や「未学習」によるものであり，学びや学び直しが必要です。この機会は「学校」だけでなく子どもたちの育ちの場すべてで保障されていなければならないものです。そして，子どもたちがお互いの尊厳を守り，その人らしく豊かに暮らせる社会を創る力を身につけることが必要です。

　これまでのいじめ問題への対応で「いじめ」かどうかの判断に手間取って重大事態に陥る例が多々あったため，法的に定義することで迅速な対応を求めることとした，というのが同法成立の背景であると考えられます。この背景と理念をしっかりと理解して，迅速に対応しましょう。

　また，いじめ問題が報じられると学校や教育委員会の責任が追及され強い批判や非難が巻き起こるという事態が繰り返されてきたことも，学校がいじめ認定に消極的にならざるを得ない要因です。文科省は，2006年の「子どもを守り育てる体制づくりのための有識者会議」での議論を経て，「いじめゼロ」を目指すのではなく，重大事態化させず，適切な支援・介入をすることで「子どもの成長」につなげるという指針を提示しました。「児童生徒の問題行動等生徒指導上の諸問題に関する調査」におけるいじめは「新定義」が採用され，「発生件数」ではなく「認知件数」となりました。認知件数の多さは学校のいじめ問題への感度の良さと肯定的に捉え，解消件数との関係で評価しようということです。

　これまで，いじめや不登校など児童生徒をめぐる問題に関しては，学校との対立関係が生じやすい構図が展開していましたが，2006年の「子どもを守り育てる体制づくりのための有識者会議」では，学校現場の業務拡大に伴う多忙などの問題も提起され，学校だけに任せない，大人全員の責任を考えようという考え方が共有されました。そこには，いじめは子どもの世界だけのものではないことや，いじめと言えないまでも子どもたちが傷ついたり苦痛を感じたりしている事態への対応は学校だけでなく，すべての大人の責任ではないかという認識の再確認がありました。

　いじめ問題への感度をより高め，適切な支援を行うには，いじめの構造や

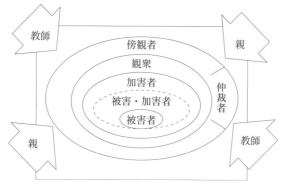

図1　いじめの四層構造と親・教師（森田・清永（1999）に加筆修正）

発生機序について理解しておく必要があります。

　図1は，森田・清永（1994）のいじめの四層構造図に加筆修正したものです。いじめは，単に加害者と被害者のみの存在で発生し維持されるものではなく，その周囲には加害グループに属しながらグループ内では被害者となっている者や，観衆としてその状態を黙認するだけでなく挑発的なふるまいをする者も存在します。そして，そのまた外側には見て見ぬふりの傍観者たちが存在します。ここに仲裁者や調停者が存在すれば問題回避や解決に至るとされていますが，近年，仲裁者・調停者がほとんど存在しない集団が増えてきていると言われており，問題の深刻化につながっています。ここまでは，これまで良く知られた森田・清永両氏作成の構造図ですが，教室内だけでなく学校全体や家庭にまで視野を広げてみると，教師の日常の教育活動や親の子どもへのかかわり方が大きな影響力を持っていることは自明です。いじめが生じやすい集団の特徴として，閉鎖的な空間と何らかの固定的な力関係があるといわれています。教室は子どもたちにとっては閉じられた空間であり，特に低年齢の子どもにとって教師は強い権限を持った存在と認識されています。つまり，学校（教室）はいじめを生みやすい空間であり，教師の価値観や立ち居振る舞いもまたいじめを誘発しかねない存在です。加えて，親の価値観や子どもへの関わり方もまた同様にいじめを助長したり，深刻化させたりするリスクを内包しています。これらの条件をすべて視野に入れて，観察や情報収集し，アセスメントすることがいじめの早期発見には必要です。

　表1（いじめのサイン発見シート改訂版）は，文部科学省HPに掲載されている一例ですが，このように具体的なレベルで子どもの変化に敏感に気づ

表1 いじめのサイン発見シート 改訂版（文部科学省）

朝（登校前）	□朝起きてこない。布団からなかなか出てこない。 □朝になると体の具合が悪いと言い，学校を休みたがる。 □遅刻や早退がふえた。 □食欲がなくなったり，だまって食べるようになったりした。
夕（下校時）	□ケータイ電話やメールの着信音におびえる。 □勉強しなくなる。集中力がない。 □家からお金を持ち出したり，必要以上のお金をほしがる。 □遊びのなかで，笑われたり，からかわれたり，命令されている。 □親しい友だちが遊びに来ない，遊びに行かない。
夜（就寝前）	□表情が暗く，家族との会話も少なくなった。 □ささいなことでイライラしたり，物にあたったりする。 □学校や友達の話題がへった。 □自分の部屋に閉じこもる時間がふえた。 □パソコンやスマホをいつも気にしている。 □理由をはっきり言わないアザやキズアトがある。
夜間（就寝後）	□寝つきが悪かったり，夜眠れなかったりする日が続く。 □学校で使う物や持ち物がなくなったり，こわれている。 □教科書やノートにいやがらせのラクガキをされたり，やぶられたりしている。 □服がよごれていたり，やぶれていたりする。

くことができるように，SC自身はもちろん，教員はじめ学校関係者の気づきの感度をアップさせるような働きかけが必要です。

3．事実確認から共通認識へ

　いじめ発見のきっかけは，学校の教職員等によるもの，中でも，アンケートなどの取り組みによるものが多いといわれています。これは，いじめ防止対策推進法施行によって学校がより積極的にいじめの発見に取り組んでいることの表れと捉えても良いかもしれません。次いで多いのが，保護者からの訴えといわれており，子どもたち自身が直接訴えてくる割合はあまり高くありません（文部科学省「児童生徒の問題行動・不登校等生徒指導上の諸課題に関する調査結果について」等参照）。子どもたちにとって，自分がいじめられ

ているということを誰かに相談するというのはとても困難なことなのです。

どのような形であっても情報がもたらされた後は，できるだけ迅速に事実確認をします。複数の児童生徒への聴き取りが必要になる場合には，タイムラグが生じないように教員が複数で同時に実施するという工夫も必要です。また，授業中に別室での聴き取りをする場合には，当該児童生徒が何か問題を起こしたと他の児童生徒に思われないような配慮も必要です。このあたりは，通常，生徒指導部の教員が適切な判断をしますが，中にはさまざまな事情でそれが十分でない場合もあるかもしれません。SCとの連携がうまく行っていれば，そのあたりの配慮についてのコンサルテーションが可能です。事実確認の聴き取りでは，発覚までの経緯とその背景に関する情報を収集し，関係者で共有して事例の理解と検討を行います。こうして校内の対応チームが共通認識を持って対応を開始します。

4．校内体制作りと迅速な対応

いじめ発見のサインを見逃さず，早期に発見できたら，解決のための校内体制を迅速に整えることが次の課題です。第一報を受けてどのような校内体制で対応するのか，担任を中心に生徒指導部や管理職が検討した後，関係の教員やSCに情報が共有され，対応の役割分担がなされます。SCが最初に訴えを知ることとなった時は，当該児童生徒が「先生には言わないで」と希望した場合にも，情報を校内で共有することの有用性を理解してもらったうえで管理職に報告し校内体制を整えるようにします。児童生徒が「言わないで」と言うのは，教員に伝わるといじめがひどくなるのではないかと怖れていたり，これまでの経験から教員に言っても解決しないだろうとあきらめていたりするからです。それらの不安や不信が少しでも軽くなるように，解決までの具体的な道筋を伝え，必ず安全を守ることを約束します。「先生」の中にもいろいろなタイプや関係性の人がいるので，当該児童生徒が話しても良いと思える教員がいないか話し合います。SCに話せた勇気を肯定的に評価し，その行為が正当な権利の行使であることを保証し，校内の信頼できる大人のチームで問題解決にあたることで，現状を的確に把握できる機会が増え，解決がより容易になることを実感してもらいます。何より児童生徒自身の意思を第一に尊重することを約束します。こうして，最初の情報をもたらしてくれた児童生徒と共に校内体制作りを始めることは，児童生徒自身のエンパワーにもなります。

　このように迅速に情報を共有し，校内体制を整えるためには，通常状態におけるスムーズな情報連携が必要です。いじめの有無にかかわらず，多様な問題にチームで対応する体制を作り，できれば問題の未然防止のための予防啓発的活動も展開できているとより迅速な対応が可能です。

　この時，最も重要なのは，児童生徒と約束した結果を必ずもたらすということです。一度でも約束が果たされなかった経験をすると，二度と大人に相談してくれなくなるリスクが高まります。大人の覚悟，チーム学校の機能強化が必須です。

II　いじめ問題のアセスメントと対応

1．被害側児童生徒への対応（安全・安心の確保が第一優先）

　多くの場合，SCに要請されるのは被害側児童生徒への対応です。被害側児童生徒への対応の第一優先は，加害者との物理的な距離をとることによる安全・安心の確保です（図2①～③）。

①アセスメントのポイント：PTSD症状

　PTSD症状の有無と程度を確認し，医療機関での治療が必要と判断された場合は，紹介の準備をします（資料　情報提供書の書き方を参照）。加害側児童生徒との接触がなければ登校可能な場合は，別室登校など本人が希望する形で通常の学校生活ができるように配慮します。その際，SCが定期的に相談に応じ，事態をどのように理解し対処していくか共に考え，教員チームと協働で試行錯誤していきます。被害を受けたことを恥じたり，自分にも非があると自責の念を感じたりしていることもあるので，抑圧している怒りや悲しみの感情を自然な形で表出できるように当該児童生徒のペースで相談を続けます。経過は教員チームと共有し，学校全体で支える体制を作ります。

　PTSD症状が顕在化していなくても，トラウマ・インフォームド・ケアの考え方を意識して学校全体で対応する体制を作っておく必要があります。

②対応のポイント

　できるだけ早く日常を取り戻すと共に事態の合理的理解と自己効力感（対処可能であるという自信）の回復を促します。被害側児童生徒がいじめについて誰かに相談するということは非常に勇気のいることです。自ら相談できた勇気に敬意を持って対応したいものです。誰かからの情報提供によって，あるいは教師の眼前で事態が展開して事実が公になった場合でも，そのことで加害側児童生徒から報復を受けるのではないか，よりひどい状況になるの

①いじめと思われる場面を見つけたとき

| 大人がいじめを見つけ，子どももいじめと感じている場合 | 大人が見ていじめと思われるが，いじめられた子どもがいじめと認めない場合 |

・自分が弱いと認めたくない
・仕返しが怖い
・大人が関わっても解決しないと思っている
・親に心配をかけたくない
　などの理由から，いじめられていることを認めたがらない傾向があります

子どもの気持ちを尊重しながら，「どういうことがいじめなのか」を子どもに説明し，これまでとは違う友だちとの関係を作っていけるよう一緒に考えていきます

子どもが「内緒にしてほしい」と言う場合があります。その時は，内緒にしてほしいという子どもの気持ちを尊重し，解決するために必要なことをその子どもとよく話し合った上で，教師や学校は動くようにします

情報収集
・教師間やスクールカウンセラー（SC）等の間で情報交換を行います
・子どもたちに事実関係の確認を行います
　具体的には，教師や SC が分担して個別に聞き取りを行ったり，必要があれば，
　全体に無記名のアンケートを行ったりします

情報収集の結果を受けて，いじめのレベルを判断し，レベルに応じた対応を行います

図２①　いじめ問題への初期対応の流れ（いじめと思われる場面を見つけたとき）

ではないかと強い不安を持っている児童生徒は多いので，事態がおおやけになった段階から確実に当該児童生徒を守り切る体制を整えておくこと，その安心感を児童生徒が得られるように具体的対策をあらかじめ検討しておくことが大切です。

②子どもからいじめの訴えがあったとき

| 周囲の子どもからの訴えの場合
⇒話せた勇気を受け止め，「解決すること」を約束します | いじめられた子どもからの訴えの場合
⇒「よく打ち明けてくれた」と話せた勇気を受け止め「あなたを守る」ことを約束します |

子どもからの訴えを聴くときの留意点は？

問題の切迫性が高い時は？
⇒その日のうちに必ず話を聴く時間を作ります。または、他の教師に依頼するなどの方法を検討します

大人は，いかなる場合でも真剣な態度でじっくり話を聴きます
・訴えの内容の軽重（ちょっとしたからかい，子ども同士で解決できそうな内容，など）
・普段のその子どもへの印象（いじめられるタイプではない，いつも訴えが多い子である，など）に影響されないことが重要です

子どもが「内緒にしてほしい」と言う場合があります
その時は，内緒にしてほしいという子どもの気持ちも尊重し，解決するために必要なことをその子どもとよく話し合った上で，教師や学校は動くようにします

情報収集
・教師間やスクールカウンセラー（SC）等の間で情報交換を行います
・子どもたちに事実関係の確認を行います
　具体的には，教師やSCが分担して個別に聞き取りを行ったり，必要があれば，全体に無記名のアンケートを行ったりします

情報収集の結果を受けて，いじめのレベルを判断し，レベルに応じた対応を行います

図2②　いじめ問題への初期対応の流れ（子どもからいじめの訴えがあったとき）

③保護者からいじめの訴えがあったとき

保護者からの訴えを聴くときの留意点は？

訴えを真摯に聴き，保護者の心配や怒りの気持ちを受け止めます

保護者は学校以外の場面での子どもの状態を把握しています
教員は学校で接している子どもの様子に惑わされないよう聴きます

保護者は子どもから情報を得やすいものの，客観的な情報は得にくい立場なので，
保護者と学校で情報をすりあわせ，事実の確認作業をすることが大切です

保護者が学校に話に来る決断をしたことの重みを受け止め，いじめの重さや緊急性
を考えます

⇒ 保護者からの訴えを聴くことで，子どもをいじめから守るために，学校と家庭
　 が連携して取り組むことが可能になります

早急に学校としてどのような対応を取るのか具体策を提示します（すぐに対策が決定で
きない時は，暫定的に取り組めること，中長期的に検討を重ねてから決断することなど
に対応方策を分けることも考えられます。それらを分けて具体的に説明し，無策である
と落胆されないようにしましょう）
対応策についての期限を約束します（決定を出すまでの期間についても同様です）
次回の話し合いを行う約束をします

保護者が「内緒にしてほしい」と言う場合があります
そのときは内緒にしてほしいという保護者の気持ちを尊重し，その保護者と解決するた
めに必要なことをよく話し合い，保護者や子どもが納得したことについて教師や学校は
動くようにします

情報収集
・教師間やスクールカウンセラー（SC）等の間で情報交換を行います
・子どもたちに事実関係の確認を行います
　具体的には，教師や SC が分担して個別に聞き取りを行ったり，必要があれば，全体
　に無記名のアンケートを行ったりします

情報収集の結果を受けて，いじめのレベルを判断し，レベルに応じた対応を行います

図2③　いじめ問題への初期対応の流れ（保護者からいじめの訴えがあったとき）

第5章　子どもの困りごとを巡って――アセスメントと対応　②いじめ問題

103

2．加害側児童生徒への対応（背景にある負の循環を見逃さない）

　最近は加害側児童生徒への対応も SC に依頼されることが増えてきました。特に加害行為を繰り返す児童生徒の事例検討や対応を依頼されることが多いです。これは，これまでのいわゆる生徒指導的，懲戒的な対応だけでは効果が上がらないことから教育相談的対応を併用，あるいは優先しようと考えられるようになってきたからです。加害側児童生徒の背景として，発達障害的な要素や虐待・DV などの家庭状況の要素に加えて，自身が他の児童生徒などからいじめを受けている場合もあります。

①アセスメントのポイント：加害に至る過程とその理解の程度，背景にある要因

　加害行動をとってしまう理由を児童生徒本人が理解し，行動の制御が可能になるように継続的な相談を行います。じっくりと話を聴きながら，ストレス耐性や問題解決能力，自己表現力などの状況を把握します。感情の分化やコントロールが十分でない場合には，アンガーマネジメントなどの心理教育を行うこともあります。学習面の補充や家庭環境の調整などが必要な場合もあり，スクールソーシャルワーカー（SSW）と協働する場合もあります。また，「犯罪行為」の可能性のある問題行動については警察と連携・協力した対応を検討しますが，あくまでも当該児童生徒にとっての利益と福祉を目的としたものであり懲戒目的ではないことを児童生徒・保護者に理解してもらう必要があります。

②対応のポイント

　懲戒や排除とだけ受け取ることなく自身の課題に取り組むことが可能になるような対応が必要です。例えば，当該児童生徒の背景に発達障害などの特性が疑われる場合には，自身の特性を理解しうまくつき合える調整力の獲得を目指します。児童虐待の被害者であることが疑われる場合には，児童相談所や各自治体の要保護児童対策地域協議会の調整機関などとも連携して支援を組み立てます。

3．観衆（挑発者）や傍観者など関係生徒への対応

　図3に見るように，時に挑発役となる観衆や見て見ぬふりで黙認してしまう傍観者にもそれぞれの思いや事情があります。また，被害側児童生徒が傷つき不登校などの状態になった場合，止めることのできなかった自らの行動を振り返って自責の念に駆られる児童生徒もいます。彼らもまた傷ついている可能性があり対応が必要です。それぞれに背景にある事情は異なるので，

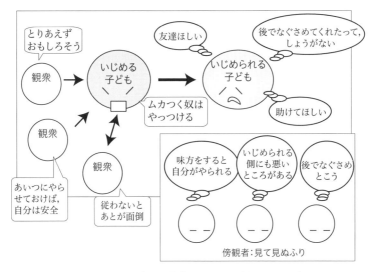

図3　いじめのグループダイナミクス（本田，2002）

各児童生徒にあった対応を行うことが求められます。

①アセスメントのポイント：集団力動と個々の児童生徒の課題

多くの場合，教員が全校集会や学級活動の時間等に内省を促すと共に，今後同様の場面に出会った時に仲裁役などの適切な言動が可能になるように指導します。時にはSCに協力を求められる場合があります。例えば，いじめ防止のための授業を教員と共に実施することや学年集会などでの講話を求められるなどです。適切な教材や講話の工夫などあらかじめ準備できているとタイムラグなく対応が可能です。

②対応のポイント

事態を回避・解決できなかったことへの過度な自責感を持たせない配慮をしながら，集団としての育ちを促し，必要に応じて個々の課題への支援を行うことが大切です。

4．保護者への対応

被害側および加害側児童生徒の保護者への対応を求められる場合もあります。

①アセスメントのポイント：保護者の事態理解と傷つき，対応姿勢と
**　その背景**

どちらもいじめをめぐる子どもへの対応について意見を求められたり，保護

者自身の動揺・困惑への対処についての相談を受けたりします。被害側児童生徒の場合は加害側児童生徒・保護者への怒りや，自身が子どもの変化に早期に気づけなかったことへの自責の念等が話題になることが多いです。時には，被害側児童生徒本人が特別視されることを嫌ってSCとの面接を拒否する場合もあり，そのような場合には，特に保護者の対応が鍵を握ることになるので，心的外傷やその回復過程についてなどの情報提供をしながら保護者を支えます。加害側児童生徒の保護者の場合，多くは自身の子育てへの振り返りと後悔・自責の念への対応になります。中には，加害の事実を受け入れられなくて他罰的になる保護者もあります。そのような場合には，防衛的にならざるを得ない気持ちに寄り添いながら事実を受け入れていくプロセスを共にします。

②対応のポイント

　これまでの保護者としての対応を否定することなく，発達課題に共に取り組む協働者として協力しあっていくというスタンスで対応します。この時，学校との対立関係が生じないような配慮が必要です。

　時には，全校児童生徒の保護者への対応を求められることもあります。いじめ問題を学年で，あるいは全校生徒に周知し，学校としての対応について保護者への説明をする際の集会の持ち方について意見を求められたり，集会の場で子どもたちへの対応の心理学的な留意点について話すよう求められたりします。短い時間で，的確に伝えられるような資料の準備等をあらかじめしておくと役立ちます。いじめ問題をめぐっては保護者も多様な反応を示します。学校への不信や怒りを強く感じる方も中にはいるので，対立を激化させないような対応を行います。

5．外部専門機関との協働（警察，少年（補導）センター，児童相談所，医療機関など）

①アセスメントのポイント：協働する機関の選択と協働開始の時期と方法

　いじめの中には，学年当初に起こりやすいリーダー争いによるもの（サル山のボス争い型）や異質なものを排除して集団の結びつきを強めようとするもの（みにくいアヒルの子型）があります。前者の場合，しばらくするとリーダーが決定して子ども同士で解決に至る場合があります。後者の場合，ターゲットとされる子どものさまざまな特性（体形，アトピーなどの表面に見える特徴，転校生，親の職業，性格の特徴，運動能力，LDなど学習能力上の問題など）が問題にされます。異質なものをスケープゴートとして排除する

ことで，集団の均質化を図り，その集団の中での結びつきを強めようとしているのです。このタイプは，集団力動の本質的問題が解決されない限り，ターゲットを変えてスケープゴートは生まれ続けます。もう一つは，恐喝，暴行，万引きの強制など犯罪型のいじめや背景に虐待が存在する事例です。この場合は，早期に児童相談所や警察と連携して対応する必要があります。この点に関しては，これまでも有識者から度々提言されていましたが，2012年11月文部科学省は「犯罪行為として取り扱われるべきと認められるいじめ事案に関する警察への相談・通報について（通知）」を発出し，「いじめが抵触する可能性がある刑罰法規の例について」の資料を添付しました。この動きには抵抗を感じる教育関係者もあるようですが，最悪の場合，被害者の死を招くことさえある犯罪型いじめは，被害児童生徒の生命と身体の安全を守るためにもスクールサポーター（警察OB）や学校警察連絡協議会の活用，少年（補導）センターや所轄警察署少年係，児童相談所等との連携が必要です。学校外で犯罪とみなされる行為は学校内でも同様であり，現実原則に則った体験は教育的にも重要です。2019年には「平成31年3月29日　いじめ問題への的確な対応に向けた警察との連携について（通知）」が発出され，より主体的な連携が求められています。

　また，いじめ問題に関係する児童生徒の中には心身に不調が生じたり，もともと不安定な要素を持っていたりする場合があります。このような場合には，医療機関の紹介や通院中の医療機関との連携が必要になる場合があります。5章⑧を参照して，丁寧な連携を心がけます。

　②対応のポイント

　外部専門機関との連携が課題解決にどのような意味を持つのかを十分説明し，理解・納得が得られた上で対応します。SCはそれぞれの機関の特徴を十分理解し，通常時から連携協力関係にあると，具体的に説明ができ，その必要性が理解してもらいやすくなります。

6.「チーム学校」としてのいじめ対応

　いじめ防止対策推進法第22条により，学校はいじめの防止等の対策のための組織（例「学校いじめ対策委員会」など）を設置することが義務付けられています。SCも構成員となっていますが，実際の活動がどうなっているかは学校事情によってさまざまです。SCとしては，「チーム学校」の一員としてどのような立ち位置で，どのような役割を担うことを求められているの

か，その役割を果たすためにはどんな知識やスキルが必要なのかについて意
識しておきましょう。いじめ問題だけでなく，その他の児童生徒をめぐる諸
課題への見立てや支援策の提案が的確かどうかによって SC への評価やニー
ズは変わってきます。チーム学校の一員として信頼されるよう研鑽を積むと
ともに，相談に来る児童生徒や保護者に対してだけでなく，教職員に対して
も SC との協働が有用であると感じられるような発信力も備えておきたいも
のです。

7．心的外傷（トラウマ）への対応について──トラウマ・インフォームド・ケアの考え方

　いじめの被害側児童生徒への対応は，週１回程度の非常勤勤務の SC だけで
行えることではありません。特に PTSD が疑われる場合，専門機関との連携
協働が必要になることがありますが，その連携のマネジメントも SC が担える
とは限りません。また，医療機関での専門的治療が必要とまではいえない場
合もあります。いじめによるものだけでなく，児童生徒が心の傷（トラウマ）
を持っていると感じたとき，専門家でなくても行える対応について教職員が
知っていると，ゆとりを失うことなく落ち着いて対応できます。実は，心的
外傷（トラウマ）は，これまで考えられていた以上に多く存在しているので
はないかと言われるようになってきました。そこで，支援する多くの人たち
がトラウマに関する知識や対応を身につけ，普段支援している人たちに「ト
ラウマがあるかもしれない」という観点をもって対応する支援の枠組みとし
て「トラウマ・インフォームド・ケア（Trauma-Informed Care：TIC）」が
注目されています。背景の一つには，1990 年代後半から行われるようになっ
た逆境的小児期体験（Adverse Childhood Experiences：ACE）研究の知見
があり，これらの研究で，予想以上に多くの人が虐待や家族機能不全といっ
た逆境体験を被っているだけではなく，逆境体験を重ねれば重ねるほど行動
面，心理面，健康面のリスクが高まることが明らかにされました。逆境体験
がすべてトラウマになるとは限りませんが，トラウマを理解して対応してい
くことの必要性が認識されるようになったのです。大阪教育大学学校安全推
進センター HP や兵庫県こころのケアセンター HP には学校や子どもの支援
に携わる人向けの有益な資料が多数紹介されています。参照されることをお
勧めします。

Ⅲ　いじめ問題への中長期的対応（再発防止・予防啓発）

1．再発防止のための中長期的対応

　いじめ問題は，一旦収束したと見えても再燃したり，他のターゲットに向かって別の形で現れてくることがあります。これは，加害側児童生徒の問題や集団のダイナミクスの問題が根本的には解決していないことを意味します。根本的解決のためには，問題の本質を的確に把握し，中長期的な支援を継続していくことです。例えば，加害側児童生徒の場合，基本的信頼関係や自尊感情が十分育っていないとか，ストレスなどの問題解決方法として暴力的なやり方しか学んできていないことがあります。つまり，未学習・誤学習と理解されるので，学校と家庭が協力することによって新たな学習機会を提供していくことが必要です。しかし，加害行為の度合いがひどかったり，反抗的態度が続いたりすると，教員の中には「甘やかしてはダメだ」と懲罰的な対応を主張する人も出てきます。これは矢面に立たざるえない教員の徒労感や無力感，自尊感情の傷つきによるものです。SC は教員の教育活動への敬意と労いを忘れず，無力感や自尊感情の傷つきにつながらない対応の工夫についてアイデアを提供し，必要に応じて側面支援的に児童生徒と面接を行います。集団力動への介入の場合も，ダイナミクスの読み方と介入のプランを教員と共に立案し，側面支援をしていきます。例えば，グループワークの資料やアンケート調査の活用例を提供したり，時には教員と共に授業やグループワークに参加したりします。ここでは，教員とは異なる専門家としてのアセスメントと見通しを伝える能力が問われます。まさにこれが SC のコンサルテーション力です。

2．いじめを生みにくい学級・学校作りのための予防啓発的 SC 活動

　いじめ問題は，学校だけでなく大人社会にも存在し，ゼロにはならないという認識が 2007 年以降は学校現場でもマスコミでも共有されてきました。しかし，ゼロにはならなくても，ゼロに近づけることはできますし，少なくとも被害側児童生徒が死に至るという最悪の事態を回避することはできます。「いじめ」と「自殺」は必ずしも直結しないのです。そのための学級や学校の土壌作りを SC 活動の一環として教員と共に展開しておくことは未然防止に有効です。また，一歩進んで，これらの予防啓発的対応が，子どもたちの発達課題の達成促進のためにも活用できることを意識しておきたいところで

す。いじめを生みにくい集団とは，①多様性を認め合い，②誰もが自分の気持ちや意見を安心して表現でき，③お互いの尊厳を尊重し合え，④問題が生じた時に話し合いによって Win-Win（お互いに納得できる）の解決方法を見いだせる集団です。構成メンバーの力関係に大きな強弱はなく，民主的なリーダーのもとで建設的な目標に向かっている集団，ピア・グループとかミッション共同体などと言われるものをイメージするとわかりやすいでしょう。しかし，発達年齢やメンバーの事情によってはその実現が困難な場合もあります。子どもたちは，トラブルを解決する体験を通して学び，成長していきますので，大きなトラブルになる前に，小さなトラブルの解決方法を学ぶ機会を提供し，学びを促進させるための工夫をします。例えば，気持ちの表現が苦手な子どもが多い時には教室や相談室に顔マークで気持ちを示せるポスターを貼っておいたり，相談室だよりなどでストレスマネジメントやアサーションについてのトピックに触れたりしておきます。予防啓発的な SC 活動は，一見，表層的であったり，マニュアルに沿ったスキル重視のように見られる場合がありますが，児童生徒や保護者，教職員などが抵抗感なく参加でき，深いレベルでの学びにつながるような工夫が必要です。

　近年，多様性をめぐる問題提起が次々になされています。例えば，LGBTQ＋の問題，外国にルーツを持つ児童生徒の問題，ヤングケアラーや貧困の問題などです。これらの問題は，いじめに直結しやすいので，正しい知識と適切な対応について十分に研修を受けておく必要がありますし，そのことを教職員や児童生徒にも伝え，啓発や権利擁護を行う必要があります。発達年齢に応じた平等や公平とは何かを伝える心理教育は，特別支援教育対象児童生徒に対する差別や偏見の解消につながり，合理的配慮がスムーズに行えるようになります。異なる他者，未知なる他者の理解は，自分自身を理解することから始まります。自己理解は，他者との違いや共通項を見いだすことで促進されます。その時，どうしても受け入れられない他者がいたとしたら，それはなぜなのかの自己省察が有用です。その逆の他者についても同様で，自分にとって何らかの強い影響を与える他者には自己理解のヒントがあります。SC はこれらの深層心理学的なテーマについても十分な研修を重ね，SC 自身も省察（反省）的な実践者となるべく必要に応じて教育分析などを通して深く自己理解し，自己調整する力をつけておく必要があります。

3．「いじめ」という言葉を前面に出さない安心・安全な環境作り

　「いじめ」という言葉が人々に与える影響は，独特のものがあるように思われます。訴えを受けて，いじめかどうかの判断がすぐにできないと感じた時，対応に躊躇したり，過小評価したりしそうになる場合もあります。これは，大人の側に，いじめを忌避すると同時に，いじめは対応が難しい，自殺に結びつきかねない重大なものであるという抵抗感や不安感があるのではないかと考えられます。いじめと言えるかどうかという判断よりも，当該児童生徒が何らかの傷つきや困り感を感じていて，それらを当該児童生徒だけでは解決できない状況にある時には，通常の生徒指導の一環として，解決への学びの場を提供することが教育的であるという発想に立つことが重要です。そのためには，SC が絶えず中立的な見立て（アセスメント）を安定的に提供していることが鍵となるように思います。

4．ネットいじめ

　いじめに関する基本的な考え方と対応については上記の通りですが，最も対応に苦慮する例がネットに絡むいじめ問題かもしれません。ネットいじめは，リアルないじめよりも発見が難しく，大人が知るところとなった時には深刻化していることが多々あります。ネットいじめの特徴は，①些細なきっかけでいじめに移行しエスカレートする，②匿名の場合，相手が特定できないので登校への不安が強くなる，③時間や場所に関係なく四六時中影響を受ける（家に帰ればホッとできる……ということがない），④明らかな記録（証拠）が残るということです。そのため，訴えがあったらすぐに記録の保全をします。しかし，ネットなどのデジタル機器関連の知識や情報は大人と子どもの情報量が逆転していると言われ，専門家でさえ予想を超えた使い方をしている子どもに出会って驚くと言っているほどなので，記録保全の仕方がわからない場合もあるかもしれません。ICT に強い教員や連携できる専門家の力を借りて迅速に対応しましょう。

　ネットいじめ対策としては，リアルないじめ以上に予防教育や日頃の教育活動の中での情報発信や対処について考える取り組みが重要です。デジタル機器の使用を制限したり禁止したりすることは現実的ではありません（5 章⑦参照）。

　適切に活用することで，学習機会の確保や多様な育ちの環境を充実させることができ，社会課題の解決に至ることもできます。デジタルネイティヴの

子どもたちがその力を身につけ，より良い社会の実現に寄与できるようにするためにアナログ世代の大人たちも学び続けなければなりません。SC 活動にもデジタル機器の活用が検討されるようになっています。ネットいじめという負の産物ではなく，心のバリアフリーに繋がる好ましい結果を得られるように SC として何ができるのか考え実践していきましょう。

　ネットいじめ対策として，文部科学省は 2008 年に「ネットいじめ対応のマニュアル」を出しています。各自治体の取り組みも盛んで，東京都教育委員会では，「考えよう！いじめ・SNS @ Tokyo」で短いマンガ形式のストーリーを紹介し，「考えてみよう」と促しています。このサイトには相談窓口も掲載されていて，大人も子どもも共に考え，未然防止につなげるための工夫がされています。その他にも，中学生サミットの開催などさまざまな対策の情報発信がされていますので，勤務校の実態に合った対応のための情報収集と活用を心がけましょう。

文　　　献

Donald, A. S. (1983) The Reflective Practitioner: How Professionals Think in Action. Temple Smith.（佐藤学・秋田喜代美訳（2001）専門家の知恵—反省的実践家は行為しながら考える．ゆみる出版.）

本田恵子（2002）キレやすい子の理解と対応—学校でのアンガーマネージメント・プログラム．ほんの森出版.

兵庫県こころのケアセンター（2018）子どものこころのケアに役立つ資料—トラウマインフォームドケア．https://www.j-hits.org/document/child/page6.html（2023 年 2 月閲覧）

国立大学法人大阪教育大学学校安全推進センター：トラウマインフォームドケア（Trauma - Informed Care : TIC）とは．http://ncssp.osaka-kyoiku.ac.jp/mental_care（2023 年 2 月閲覧）

真下麻里子・伊藤彩・佐藤省吾（2015）【講演録】研修会報告　いじめ調査に関する第三者委員に学ぶ．NIBEN Frontier, 144; 12-17. https://niben.jp/niben/books/frontier/niben-frontier20156.html?msclkid=8c846368ce7311eca372edc15e7a39d9（2023 年 2 月閲覧）

松木繁・宮脇宏司・高田みぎわ編（2004）教師とスクールカウンセラーでつくるストレスマネジメント教育—子どものどんな力を引きだすのか．あいり出版.

文部科学省（2007）「いじめ対策Ｑ＆Ａ」子どもを守り育てる環境つくりのための有識者会議　第一次まとめ．http://www.mext.go.jp/b_menu/shingi/chousa/shotou/040/toushin/07030123/001.pdf（2023 年 2 月閲覧）

文部科学省（2008）「ネット上のいじめ」に関する対応マニュアル・事例集（学校・教員向け）【概要】．http://www.mext.go.jp/b_menu/houdou/20/11/08111701/001.pdf（2023 年 2 月閲覧）

文 部 科 学 省（2010）生 徒 指 導 提 要．https://www.mext.go.jp/a_menu/shotou/
　　seitoshidou/1404008.htm（2023 年 2 月閲覧）
文部科学省（2017）いじめの重大事態の調査に関するガイドライン．https://www.mext.
　　go.jp/component/a_menu/education/detail/__icsFiles/afieldfile/2017/03/23/
　　1327876_04.pdf（2023 年 2 月閲覧）
文部科学省（2018）いじめのサイン発見シート改訂版．https://www.mext.go.jp/a_menu/
　　shotou/seitoshidou/__icsFiles/afieldfile/2018/08/21/1400260_001_1.pdf（2023
　　年 2 月閲覧）
文部科学省（2021）令和 2 年度 児童生徒の問題行動・不登校等生徒指導上の諸課
　　題 に 関 す る 調 査 結 果 に つ い て．https://www.mext.go.jp/content/20211007-
　　mxt_jidou01-100002753_1.pdf（2023 年 2 月閲覧）
森岡正芳編（2007）特集：いじめと学校臨床．臨床心理学，7(4)．
森田洋司・清永賢二（1994）新訂版　いじめ—教室の病い．金子書房．
日本弁護士連合会（2018）いじめ防止対策推進法「3 年後見直し」に関する意見書．https://
　　www.nichibenren.or.jp/library/ja/opinion/report/data/2018/opinion_180118_05.
　　pdf（2023 年 2 月閲覧）
東京都教育委員会：考えよう！　いじめ・SNS @ Tokyo．https://ijime.metro.tokyo.
　　lg.jp/（2023 年 2 月閲覧）
植山起佐子（2007）危機介入時の組織づくり—中学校編．月刊学校教育相談，21(7); 58-63．

③非行問題

杉原紗千子・横山典子

　学校では違法な喫煙や，異装，授業の抜け出し，授業時間中の溜まり場での交友などは，生徒指導の教員を中心に頭を悩ますことではないでしょうか。さらに，児童生徒が法に触れる行為をすると，警察や児童相談所など外部機関の介入も必要になります。そして少年法により刑罰法令に違反した20歳未満の「犯罪少年」は家庭裁判所の扱いになり，原則として14歳未満の違法行為をした「触法少年」は児童相談所の扱いになります。このように，非行問題は学校の中だけの対処ではないため，スクールカウンセラー（以下SC）も法令を意識しておく必要があります。

　なお，『犯罪白書』（法務省，2021）によると，非行少年とは「犯罪少年（犯行時14歳以上であった罪を犯した少年)」，「触法少年（14歳に満たないで刑罰法令に触れる行為をした少年)」,「ぐ犯少年（保護者の正当な監督に服しない性癖等の事由があり，少年の性格又は環境に照らして，将来，罪を犯し，又は刑罰法令に触れる行為をするおそれのある少年)」をいいます。

　学校で出会う非行問題に，SCとしてどう取り組むことができるか考えてみたいと思います。なお，この章で「非行」とは犯罪行為，触法行為およびぐ犯（将来犯罪を起こすおそれがあること）のみならず，習慣的規範に照らして反社会的とみなされる迷惑行為，校則違反なども含めることとします。「非行児童生徒」とは，非行傾向のある児童生徒も含めることとします。

Ｉ　生徒指導とSC

　これまで，「非行問題はSCが関わる問題ではなく，生徒指導の教員が中心に関わるもの」という意識の学校が多かったのではないでしょうか。また，SC自身も「非行は苦手」という方も少なくないように思われます。そのような中でも，時にSCに「話を聞いてあげて……」などと声がかかることが増えてきているのではないでしょうか。また，生徒が授業を抜け出し，居心

地のよい相談室に「溜まっている」と教員に思われるような状態になること
もあるかもしれません。学校での生徒指導は，枠組みをしっかり持ち，児童
生徒がその規範に沿わないところは変えるように指導していきます。視点は
主に集団の中でのその子の言動です。その子の気持ちに寄り添いたい SC の
関わりは時として，教員の指導を妨害するものと教員に捉えられることもあ
ります。学校の方針や非行問題に SC が関わる意味を教員と共通理解してお
くことが必要です。学校が対象の児童生徒にどのように関わろうとしている
のかを聞いた上で，SC はアセスメントし，SC が関われそうな本人の課題と
その支援の方法を具体的に教員に打診します。例えば，「家族との葛藤が処
理しきれない様子が見えるので，本人の気持ちの整理を手伝えるといいと思
う。SC が一対一で面接をしたらどうだろう」と話します。教員の同意が得
られたら，どのような時間に面接をするのかを検討します。

　SC が関わる際，対応する児童生徒の居場所，そこで SC は何をしようとし
ているのかを教員が常に把握できるように伝えておくことは最低限の必要事
項でしょう。

　教員が SC にも協力を求められるだろうと思えるようになると，依頼が入
るようになります。非行問題で学校が SC に特に期待するのは，非行児童生
徒のアセスメント，保護者への支援でしょう。被害児童生徒のケアが入る場
合もあります。

II　SC に期待されること

1．本人のアセスメント

　「行動には必然性がある」のは，非行問題でも他の問題でも同じです。しか
し，非行児童生徒は自分の課題やつらさを言葉で語ることがうまくなく，自分
の言動を深く内省することが苦手です。いかに自分が強い行動をしたか，ある
いは「ムカつく」「どうでもいい」などといった紋切り型の言葉で不満は口にす
るのですが，それ以上のことをなかなか語ってくれません。彼らの語彙の貧困
さ，表現力の低さ，自分の気持ちの受け取れなさなどの背景に，資質的問題，
環境的問題が潜んでいる場合も少なくありません。これらについてのアセスメ
ントを適切にし，必要な措置を講ずることも大切なことと思われます。

　吉岡（2003）は「非行は行動化である」「非行少年に共通しているのは，
大人たちへの不信感，無力感，孤独感・疎外感・欠乏感」であると述べてい
ます。子どもがそういう思いを抱くようになるには，その元となる「うまく

いかなかった嫌な経験」があるはずです。そのアセスメントをすることがSC対応の拠り所になります。

　非行児童生徒個人の課題と，育つ環境の問題から考えてみたいと思います。個人の課題とは，発達のアンバランス，学習のつまずきなどで，環境の問題とは，家族の機能不全，地域や学校の不適切な関わりです。両者が相まって本人は，「嫌な経験」を繰り返します。そして，何とか自分の弱さやつらさ，みじめさを認めないですむように，強い自分を誇示したり，自分が優位に立てそうな行動を取ろうとします。

①個人の課題

　筆者らが出会った非行児童生徒の行動は，それがもたらす「結果」のイメージができないまま衝動的で稚拙な行動をしてしまい，叱責を受ける傾向が強いと思われます。そして，見つかってしまったのは運が悪かったと思い，被害を受けた人への思いまでには至らないと感じます。幼児期から自分の感情を受け止めてもらえず，衝動をコントロールする力を身につけてこなかった子もいるでしょう。一方，小さい頃からの行動傾向を見ると，多動や状況読みの弱さなど，発達のアンバランスが想定されたり，実際に発達障害の診断を受けている子の割合も多いのです。学習に小学校低学年からついて行けず，授業中座っているのが苦痛だったと本人から聞くことも多々あります。

　本人は，社会や学校で認められるものを自分は持っていない，どういう訳か否定されるという経験を味わわされています。その結果，「どうせ自分は悪く思われる」と自己イメージが悪かったり，逆に現実以上に自分の有能さを強調したり，極端な自己評価をしているようです。

②環境の問題

　家庭や地域の守り支える機能が少なく，その子の特徴に合わせた対応がなされないとき，子どもは自分なりに生きやすい術を手に入れようとするでしょう。被虐待と非行の深い関係もあります。家庭で食事を与えられないなど適切な養育がなされない中で生き抜くには，盗み・嘘・家出徘徊などを行わざるを得ないでしょう。また，親の価値観・生きざまを取り入れて，結果的に反社会的な行動をとる場合もあります。

　彼らは親や家族に対して自分が迷惑をかけてはいけない，助けてあげなければ，という思いを持っています。また，親を強く恨んで，反発する場合もありますが，本当は自分を分かってほしい，受け入れてほしいという思いの裏返しであることを強く感じます。本音では，支えられたい思いが強く，求

めても得られないその思いを非行グループ仲間に求めあっていることもよくあります。

③自傷

非行児童生徒では，自傷行為をしている者も多く見受けられます。男女共にひどいリストカットや，腕や手の甲に傷をつけ刺青のように文字や記号を入れていることもよく見ます。

自傷行為も，本人の処理しきれない思いの行動化と考えられますが，日頃の迷惑行為が前面に立ってしまうためか，自傷行為さえも叱責されるか無視されるかで，そのケアをされないことが多々あります。

2．保護者への支援

保護者のわが子の非行行為への反応はいろいろですが，SC が関われる保護者の多くは親として苦しんでいます。何とかしようとは思うのですが，改善されず，不安であったり腹が立ったり悲しかったりしています。保護者がわが子を見捨てたときには，転げ落ちるように悪くなっていきます。だから，保護者は苦しくても子どもを支えてもらいたいのです。SC は子どもだけでなく保護者の今までの行動の必然性を理解し，保護者と一緒にその子の特徴，実現可能な対応の仕方を考えていきます。

3．被害児童生徒のケア

学校には非行児童生徒と同じ場に，彼らから被害を受けた児童生徒がいる場合もあります。教育を受ける権利が両者にある学校は，対応に苦慮するところです。安全・安心をどう保障してあげられるかという現実的な対処と，SC には心のケアが求められるでしょう。被害の状況によってケアは変わるので，チームとして動くことがより求められます。できれば，被害者対応と加害者対応は別の人が行なうことが望まれます。そして，お互いに情報を交換しながら，ケアを進めていけるよう，学校側と相談することが大切です。「いじめ」の問題の場合に特にこのような状況が考えられます。いじめについては5章②を参照してください。

4．本人への支援

SC が直接非行児童生徒に関わって欲しいと期待されることは，不登校などの他の類型ケースほど多くはないかもしれません。直接非行児童生徒に関わ

らず，教員を支えるコンサルテーションを期待されることもあるでしょう。

　非行は本人の対処スキルに比べて，抱えている問題が大きすぎるための行動化と述べました。したがって，内面を見つめる支援は，現状が変わらなければ，封印，解離していた感情を引き出すことになります。したがって本人の心の成長を促すことと同時に，現実の問題改善を支援することが必要です。

　心の成長を促すためには，自分を分かってほしいという気持ちの強い非行児童生徒の言い分を十分聞くことをまずしますが，受容的なカウンセリングだけでは効果が低いと言わざるを得ません。どうしたら気持ちをコントロールできるのかを考えます。本人の認知特性に合わせたスキルをつけることが有効な場合もあるでしょう。

　また，行動化の暴走を止める働きかけは最も大事です。やりたい気持ちは理解しても，「社会的に許されないことはやってはいけない」ことを明確に伝える必要があります。同時に，現実の問題解決も必要になります。学習の支援，進路指導，家庭環境の調整等，本人の置かれている環境によって多岐にわたる支援が必要になります。例えば，授業を抜け出したり，授業妨害をしている生徒は，意外にも本音では自分にも分かる勉強をしたいと希望しています。筆者は教室に落ち着いていられない彼らと定期的に面接する際，勉強が滞ったところに遡って学習ドリルを一緒に自習することを提案することがあります。すると彼らはすんなりと受け入れ，一生懸命取り組みます。本当は授業を理解したかったのだと痛感します。がんばってやったドリルは教員に見てもらいます。学習に対する抵抗感を減らし，取り組む意欲を育てるところからの支援が必要です。

　しかし，周りが必要だと判断する支援を本人が歓迎するとは限りません。「放っておいてくれ」という抵抗は強いでしょう。また，支援を始めると非行が改善するとも限りません。

　彼らは，大人の反応をよく見ています。大人を信じていないので，ちょっとしたことでも「どうせ……」と被害的に捉え，今までの関係が一瞬で崩れます。根気よく本人と関係を築きながら支援を続けます。これらの働きかけは一人ではとてもできません。時にはきびしい父親的機能とそれを通訳もする母親的機能を分担することも有効でしょう。チームで役割を確認しながら進めていくことになります。問題解決には，教員や子ども家庭支援センター，時には少年センター（東京都，各地方によって名称が異なることがあります），児童相談所，少年鑑別所（法務少年支援センター）などの複数の社会資源の

支援が必要です。SCもその一員として，心理職ならではの視点で，かつ関係機関全体の動きの中での自らの役割を強く意識して動く必要があります。そして，SCの動きや考えを教員など支援メンバーに対して言語化することが大切です。

また，非行が進んでしまってからの対応は支援する側もされる側も複雑になります。非行問題として出てくる前の段階から，何らかの課題が見えただろうと思われます。その時にその子に合った支援が求められます。そのために，小学校から子どもに関わることができるSCのアセスメントの力が大いに期待されます。

また，それまでの生育環境の影響で，物事への偏った認知の仕方をしていることもあります。彼らが訥々と話す内容を事実に沿ってよく聞くことから，どうしてそのような考え方に至ったか，そのような考え方は一般的な認知からずれているのではないかなどを一緒に考えていくことも必要なことと考えています。

非行問題で心得ておくべきことは，いくら彼らを受容しても，法律で禁じられていることは受け入れられないという枠をしっかりSCが持つことです。そういう事態が起きたときには，守秘はできない姿勢を貫きます。例えば，他人を傷つける行為が行われそうな時，違法薬物を持っている時など，SCだけで抱えることはできず，校長や管理職等に伝えることを話しておきます。

なお，外部に応援を依頼する場合は，当事者は学校です。必ず，管理職等に相談し，決してSCが単独で動くことはしてはならないことです。

5．司法面接

1990（平成2）年以降，司法面接という技法が提唱されるようになりました。これは法廷でも使用することのできる精度の高い供述証拠を聴取することを目指した面接法の総称といわれています。特に子どもや知的障害者などの負担を軽減することを大きな目標にしています。方法としては，司法と福祉が連携チームを作り，一度で必要な情報を収集することを推進しています。詳細は専門書に譲りますが，これは「調査面接」であり，SCが通常学校で行なう面接とは異なります。司法面接の詳細が分からなければSCが動けないことはありませんが，非行問題では，「行動」そのものが中心を占めていますので，SCといえども事実を無視して本人の気持ちにより添うだけでは解決のできない領域です。司法面接の技法を参考にして，事実関係を確認しな

がら，上記に紹介したような面接を重ねていくことで成果を上げることができることと思われます。

　ただし，時によっては，非行事実，虐待などについて，児童生徒から SC が初めて聞く立場になることもあります。そのような場合には，司法面接の技法を流用して，事実関係をきちんと聴取し，これを解決するためには大人に相談する必要があり，このまま内密にすることができないことを説明し，管理職に相談し，外部への通報など適切な措置に繋がることがあります。その意味でも司法面接の知識は習得しておくことが必要と思われます。

Ⅲ　万引き

　非行には，窃盗，器物損壊，喫煙，恐喝，暴行，性犯罪などいろいろありますが，学校で SC がよく出会う非行「万引き」について考えてみます。

　非行傾向が全くないと見えていた子でも万引きしたことが発覚することはよくあります。物があふれ，欲しいものがすぐ手に取れる状況にある今，万引きは軽く思われがちですが，万引きは「窃盗」であり犯罪です。万引きしてもばれずに済み，負の成功体験が重なると，罪悪感が薄れやめられなくなります。また，非行が進んでいる子どもは万引きをしていることが多く，非行の入口となることが多く，そのときに対応する SC の役割が大きいことはぜひ，心得ておきたいことの一つです。

　まずは問題を起こした子どもに対しては，その行為についてしっかり叱ることは大切です。保護者は子どもと一緒に，警察で事情を説明し，万引きした店に謝罪にぜひ行って欲しいです。保護者によっては「お金を返せば良いでしょう」などという方もありますが，「盗った」という行為が犯罪に当たります。

　そして，その原因や背景を考慮したその後の対応が大切です。保護者へは，子どものありのままと向き合い，子どもへの接し方を見つめ直すきっかけとなるように働きかけていきます。グループでの万引きでも他の子どものせいにせず，わが子の問題と捉えることが大切です。

　万引きの原因や背景として以下のようなことが考えられます。

・欲しい物や衝動をがまんすることができない
・何かの信号，サインを発している
・遊び・ゲーム感覚で，罪の意識が希薄化している
・他人の誘いを断れない
・家出や十分な家庭の保護がなく，生活に必要なものを手に入れている

万引きはできるだけ度重ならない段階できちんと対応することが，その後に大きく影響します。しかし，保護者にはわが子の問題を認めたくない思いや，保護者自身が恥をさらしたくないなどの保身の気持ちもあります。万引きした店に謝りに行くのは勇気が要ります。SC は子どもの万引きという行為で傷ついた保護者の心情も理解し，保護者が今後どう子どもに接していったら良いか一緒に考えます。

　また，教員とはその子の学校での様子，友達集団の中での状況を一緒にアセスメントし，必要な配慮を考えていきます。

IV　年齢による非行問題の変化

　SC は現在，小学校から高校まで配置されています。当然，非行問題も年齢によって異なってきます。各校種に分けて考えてみましょう

1．小学校

　小学校でも低学年と思春期前期にあたる高学年では態様も対応も異なってはきますが，いずれにしても保護者の保護の元にあることがほとんどです。小学生の行動化はそう大きなものはありませんが，それでも家のお金の持ち出し，万引き，友達の持ち物を盗む，喧嘩などの暴行などもあり，特に万引きの成功体験は少なくありません。そのような場面での面接は前項で述べたとおりであり，特に児童対応は生徒指導の先生の出番が大きく，SC としては，特に保護者に対しての対応が大切です。保護者にしてみれば青天の霹靂であり，「どうしてうちの子が……」と信じられなく，混乱しています。ここで，SC としては，保護者を落ち着かせ，現実を否定するのではなく，どうすれば同じことを繰り返さないようにするか，一緒に考えることが大切です。

2．中学校

　中学生ともなると思春期に入ることもあり，万引きも大胆になったり，友達との集団行動も出てきます。万引きの内容もゲーム機，DVD など大人並みになってきます。警察との関係が濃くなるのもこの時期からです。対外関係は生徒指導の先生が中心のことがほとんどですが，時によっては生徒の内面の問題へのケアの依頼を受けることもあります。生徒対応については，これまでに述べているとおりで，事実関係を聞きながら，どうしてそんなことをするのか，社会ルールに反することは自分の将来も危うくするものであり，

決してやってはいけないことであることはしっかり押さえておくと同時に本人の気持ちをきちんと聞いていくことが大切です。偏った認知についてはその寄って来たるところを確認しながら，生き方に関わることなども話し合うことができれば良いと思います。

　この頃になると校外との諸々の関係も出てきますので，そのような事情が出てきた場合には，「学校にも知らせて対処する必要があること」を本人に説明して了解を取り，先生方とタイアップして対処することが大切です。

3．高等学校

　高校は義務教育ではないこと，校種によって生徒の様子もかなり異なること，通学範囲も広くなることなどから，一概には言えないことも多くなってきます。ただ，年齢的にも話が通じる相手ですので，大人として，本人の行なった行為が社会ルールに違反していることであり，罰を受けることもあることをきちんと分からせ，問題行動をやめることを示唆しなければなりません。

Ｖ　相互コンサルテーション

　非行は，一人の児童生徒の問題だけでなく，その子の周りの集団との関係で大きく状況が変わります。そして，複数の学校間，地域との関係でもその子が大きく影響を受けます。したがって，教員は日頃より教育委員会や警察なども含めて広く情報を交換しています。不穏な動きには敏感に対処しています。エネルギッシュに行動化することが多い非行児童生徒には，教員は必死に対応しています。また，なかなか止まらない非行行為には，法的な根拠の基，社会的な対処をすることは，本人をそれ以上行動化させないため，つまりは本人を守るために必要なことでもあります。

　SC はこれらの状況を理解せずに狭い視点でコンサルテーションをしてしまうと，受け入れてもらえないでしょう。SC はその子をめぐる大きな流れを視野に入れて，自分の動きの意味・役割を意識していなければなりません。特に勤務校の教員とはお互いにコンサルテーションし合い（相互コンサルテーション；石隈，1999），自分の視点の妥当性を点検し続ける姿勢が必要です。

Ⅵ　処分後の受け入れについて

　非行行為に対して，児童相談所や家庭裁判所で処分を受けて，例えば保護観察処分になれば，保護司がつきますが，そのまま，学校に帰ってきます。

少年院送致になっても，仮退院でまた，元の学校に戻ってくることも想定されます。特に，少年法が改正になり，12歳頃から少年院に送致することが可能になりました。そのため，学校としては，送致決定があったから終わりではなく，たとえ，児童自立支援施設や少年院に送致になったとしても，元の学校に席があることを常に忘れてはなりません。

　再犯防止の観点からは，3章でふれましたとおり，帰ってきたときの居場所を考えておくことが本人の更生には欠かせないことです。

　そのために，例えば在院中から担任の先生が本人宛に手紙を出す，時には面会に行くことなどがどれだけ本人にとって励みになることか，そのような情報もSCが伝えられるものではないでしょうか。

文　　献

法務省（2021）令和3年度版　犯罪白書．https://www.moj.go.jp/content/001365724.pdf（2023年2月閲覧）

石隈利紀（1999）学校心理学―教師・スクールカウンセラー・保護者のチームによる心理教育的援助サービス．誠信書房．

宮口幸治（2019）ケーキの切れない非行少年たち．新潮社．

仲真紀子（2010）北大司法面接ガイドライン．http://nichdprotocol.com/guidelinesjapanese.pdf（2023年2月閲覧）

吉岡忍（2003）講演記録「非行についての基礎知識」．東京学校臨床心理研究会活動報告書，pp.18-20.

コラム

自分の居場所を見つけること

（東京都公立学校スクールカウンセラー）齋藤真紀子

　新入生の中に，小学校から申し送りのあった生徒がいました。就学相談を受け特別支援学級への就学を勧められましたが，父親に抵抗感があり通常級に就学した生徒でした。当時の担任教諭と申し送りを確認し，母親とも連絡を取り合い，学校での適応を支援していました。本人は教室に居づらくなると保健室や相談室に話に来るということを続けていましたが，その頻度は時と共に増えていきました。家では勉強のできなさを指摘され，学校ではクラスメイトと自分を比較してつらい気持ちになり，教室で授業を受けることに苦痛を感じ，次第に登校ができなくなりました。SCと母親とは生徒についての理解を深める面接を定期的に行っていましたが，学校に行きたくないと言うほどの本人のつらさを受けて母親は転学相談に向けて動き始めました。その後，学校見学や病院の受診など，大変だったと思いますが，転学することになりました。生徒の進路選択には様々な形があることを考えさせられる相談でした。

エッセイ

学校に関わる全ての人の人権を守るために

（永野・山下・平本法律事務所　弁護士）山下敏雅

　児童虐待に対する社会の認識の高まりから児童福祉法は改正が続いており，2016年改正では児童相談所への弁護士配置が明記されました。実はその遥か以前から，先輩弁護士たちが児相に対して「外から人権侵害を批判するだけでなく，内から支えなければ子どもたちを守れない」という思いで「私たちをタダでもいいから使ってください」と働きかけ，協力弁護士制度を創設していったことが，こうした法改正に繋がっています。

　その児童福祉と比べると，学校現場ではスクールロイヤー制度がようやく始動したばかりです。一校一校の現場からすれば弁護士はまだまだ縁遠く，できれば関わりたくない存在と思われることもしばしばです。他方で私は，児童虐待事件を始め，いじめ事件や教員の過労死事件に接するたびに，学校が内部で解決しようと努力しすぎる傾向—見方を変えれば閉鎖性と独善性—から生じる権利侵害を実感してきました。

　そうした学校現場に，スクールカウンセラーの方々が先駆けて学校のチームメンバーとして協働し，子どもたちと教員・保護者とを心のケアの側面からサポートしてきた実績には，非常に大きな意義があると感じています。私もさまざまなケースで心理職の方々とご一緒させていただいていますが，ケース会議で心理の視点からの分析を伺うと，その人間理解の深さと，法律の視点だけでは抜けていた見立ての説得力に感嘆することが多くあります。

　弁護士は違法・適法の法的判断が役割と思われがちですが，決してそれだけではなく，事実関係や証拠の整理，本人や関係者への選択肢の提示・助言・選択の支援，本人や関係者の意見の代弁，多機関との連絡・調整などが，むしろ多くを占めます。依って立つ基盤が法律か心理かが異なりこそすれ，スクールカウンセラーの方々の役割と多くの点で共通していることを，皆様も感じられるのではないでしょうか。

　法律は難しいもの，自分たちを縛ってくるもの，間違えるとペナルティがある厄介なものというイメージを，学校の方々だけでなく皆さんもお持ちかもしれません。しかし法律は本来，一人ひとりを守るためのものです。弁護士法1条は弁護士の使命を人権擁護と定めますが，人権を守れるのは弁護士に限りません。むしろ，スクールカウンセラーも弁護士と同じく子どもたち・教員・保護者の人権を守る大切な役割を担っていると，私は実感しています。

　学校に関わる全ての人の人権を守るために，専門家同士しっかりと連携していきたいと強く思っています。

④虐待問題

吉田章子・横山典子

I　児童虐待とは

　「児童虐待の防止等に関する法律」（通称：児童虐待防止法，平成 12 年制定，改正令和 1 年）によると，「児童虐待は児童の人権を著しく侵害し，その心身の成長及び人格の形成に重大な影響を与える」ものであり，「『児童虐待』とは，保護者（親権を行う者，未成年後見人その他の者で，児童を現に監護するものをいう）がその監護する児童（18 歳に満たない者をいう。）について行う次に掲げる行為をいう」として，①身体的虐待，②性的虐待，③ネグレクト（養育の放棄・怠慢，保護者以外の同居人による虐待行為の放置を含む），④心理的な虐待（面前 DV を含む），を挙げています。また，「しつけ」に際しての体罰の禁止が明文化されました。

　児童福祉法や児童虐待防止法は，これまで改正が幾度か行われ，児童虐待の定義の見直し，市町村の虐待対応の役割強化，乳児家庭全戸訪問事業・養育支援訪問事業等の法定化，親権制度の見直し，児童相談所の機能の強化など，対策が強化されてきました。法改正が行われた場合には最新の情報を把握しておく必要があります。

II　虐待の発見

　「児童虐待の防止等のための学校，教員委員会等の適切な対応について」（2010（平成 22）年）によると，学校の役割として，児童虐待の早期発見，早期対応，通告後の関係機関との連携，要保護児童対策地域協議会への積極的参画などが求められています。

1．早期発見

　学校の教職員は，児童虐待を発見しやすい立場にあることを自覚し，児童

虐待の早期発見に努める必要があります。文部科学省（2020）の「虐待リスクのチェックリスト」を本章の最後に掲載しました。

　スクールカウンセラー（以下 SC）は児童生徒との面接の中で，虐待が疑われるような話を聞いたり，教員から相談を受けたり，学校の中で虐待問題に出会う機会があります。何気なく思える会話の中からも虐待を見つけ出す感性を持っている必要があります。非行や不登校の背景に虐待が隠れていることもあります。また，面接中に虐待の話を聞くと，本当にそんなことがあるのだろうかと信じられなかったり，怒りを感じたり，SC 自身が動揺しがちです。気持ちを落ち着かせ，冷静に話を聞き，正確に本人の話を記録することが大切です。

2．早期対応

　虐待を受けたと思われる児童生徒を発見した場合は，速やかに，これを児童相談所，市町村等に通告しなければなりません。校内では，チームを組んで子どもの様子，保護者の様子について情報を集め状況判断をします。

　具体的には，子どもの様子や会話の中から虐待が疑われたときには，SC は担任や養護教諭などと情報共有をし，管理職に報告・相談します。緊急性があり本人を帰宅させて安全かどうか不安に思われるときには，すぐに管理職から児童相談所に通告し，その後の対応は児童相談所と検討していくことになります。緊急性がない場合も，校内で情報共有し，管理職から児童相談所や子ども家庭支援センターに通告・相談し，学校や地域の複数の目で状況を把握していくことになります。

　学校が通告を判断するに当たってのポイントは次のとおりです（文部科学省，2020）。

・虐待の疑いがある場合は，確証がなくても通告すること（誤りであったとしても責任は問われない）
・虐待の有無を判断するのは児童相談所等の専門機関であること
・保護者との関係よりも子どもの安全を優先すること
・通告は守秘義務違反に当たらないこと

III　話の聞き方

　虐待が疑われる場合は，子どもから話を聞くときに配慮が必要です。大人の不用意な発言から子どもが口を閉ざすことや，聞き方によって内容や記憶

そのものが変わってしまうこともあります。聞き取りには専門的な技術が必要ですので、学校では虐待について詳しく聞き取る必要はなく、児童相談所や市町村の虐待対応担当などの専門の部署に任せます。これらのことを踏まえて、通告前に学校で子どもから聞き取りをする際には以下のようなことに気をつけます（文部科学省，2020）。

- 落ち着いたじゃまされない場所で話を聞き、子どもの心に寄り添う声掛けをする
- 誰にも言わないからとの約束は言わない。あなたを守るためには、他の人に話すこともある。皆で知恵を出し合って、あなたを守っていくつもりであると伝える
- 事実を聞くときには大人があまり感情的にならない。特に性的虐待は聞いた話に大人が過剰に反応すると、子どもは次からは話さなくなり、二度目には否定することもある
- 性的に健全な規範のある家庭で育ってきた子どもが、純粋の虚言として性的虐待のテーマを持ちだすことはほとんどないと言われている。子どもが性的虐待に絡む内容を訴えてきた場合、その家庭のどこかに性的な規範のゆがみがあると考えてしかるべき
- 誘導的な質問を避ける
- 子どもが話した言葉は正確に記録し、その内容を専門機関にそのまま伝える
- 見聞きした事実と推論を区別して記録する

IV　通告後の対応

　児童相談所もしくは市町村の児童虐待担当（子ども家庭支援センターを含む）に通告した後は、図1「通告後の対応」のような流れになります。

　その後調査を経て援助方針が決まりますが、施設入所等にならず、在宅で支援するケースは8〜9割におよびます（日本臨床心理士会，2013）。そのうちの学齢期の子どもたちが通う学校は、その支援に継続的に関わり、関係機関と連携していくことが求められます。

V　学校内でどう支援するか

1．地域ネットワークの中での学校の役割

　子どもの虐待防止対策の基本的考え方として、「発生予防から虐待を受けた子どもの自立に至るまでの切れ目のない支援」（厚生労働省，2013）が挙げられ、「子どもの権利擁護」という理念に立脚した多様な関係機関による支援体制が求められています。すなわち、虐待の早期発見、通告は虐待を受けた子どもへの支援の始まりであり、その後の長期的なフォローが必要なのです。

　学校で出会うケースとしては、入学前や在学中に児童相談所での一時保護

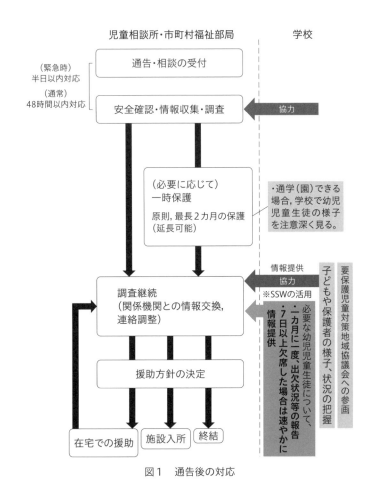

図１　通告後の対応

または児童養護施設に入所して家庭復帰したケース，虐待通告がなされたが虐待としては軽度または要観察のグレーゾーンとされ地域で支援することになったケースなどがあります。

　こういったケースでは，その後の見守りとケアが必要とされ，常に緊急時に即応できる相談援助体制（セーフティーネットワーク）が整備される必要があります。子どもはもとより保護者を含めた家族を支援していくために，幅広い関係機関が連携を図りつつ，要保護児童対策地域協議会を活用して関係機関で情報や援助方針を共有し，役割分担し補い合いながらネットワークを構築していくことが大切です。東京都では子ども家庭支援センターが地域ネットワークの中核的な役割をとることが多いようです。

では，地域ネットワークの中で学校の果たす役割は何でしょうか。

まず，子どもや子どもを取り巻く状況を把握できるということです。虐待の見守りでは，子どもの出欠状況，成績，生活，友達関係，行動面，情緒面などの様子や変化，家族内の変化，特にライフイベントと言われる離婚，再婚，離職，転居，病気，出産などの変化に対して常にアンテナを張っているようにします。そして，地域ネットワークの機関と定期的に連絡を取り，さらに何か気づけばすぐに関係機関と情報を共有します。

もう一つは，学校で行われる教育活動により，子どもの心身の発達や情緒の安定を図ることができるということです。虐待を受けた子どもが，守られた環境の中で学び遊ぶことで自己肯定感をもち，適切な人間関係を体験できると考えます。

２．校内体制と SC の役割

校内では，生徒指導部会，教育相談委員会などを中心に子どもの見守りを行っていく校内体制を組みます。SC は担任，養護教諭，関係する教員とよく情報交換をし，子どもの状況をアセスメントし対応を一緒に考えます。学校全体で見守っていくことが基本です。

しかし，児童相談所や施設の退所後に大きな問題が生じず，学校生活が安定しているように見えると，配慮の優先順位が下がっていくことがあります。学校では，目の前で問題行動を起こしている子どもの対応に追われがちだからです。SC は，虐待が子どもの心身の成長や人格形成に重大な影響を与えることを重く受け止め，校内で見守り体制を維持できるよう注意喚起をしていく役割を果たしたいと思います。

また，SC は，児童相談所や子ども家庭支援センターから，子どもの継続的な観察や面接を依頼されることがあります。その面接では治療が目的ではなく，子どもの心身の状況を把握し，日常的な心配事を一緒に考え支えることを目指します。子どもにとって何かあった時にすぐに話せる人がいることの意味も大きいと思われます。関係機関からは，SC に学校内にいる心理の専門家としての役割を期待されています。

３．虐待を受けた子どもの特徴

虐待を受けた子どもには，多動で落ち着きがない，情緒が不安定，人間関係でトラブルが多い，などの問題がみられることがあります。子どもに発達

のアンバランスがある場合もありますが，幼児期からの強いストレスによって，発達障害のような状態像を示す可能性も指摘されています。虐待後の見守りやケアを必要とされる場合には，虐待を受けた子どもの心理についての理解を深め，学校内で研修を積むようにします。また，児童養護施設や母子生活支援施設が学区域内にある学校では，虐待を受けた子どもの入所率が高いことを考慮します。

　以下に虐待を受けた子どもの特徴をいくつか挙げてみます。

1）自己イメージへの影響：「自分は悪い子」「価値のない自分」などの自己イメージを獲得しやすいと考えられます。

2）他者イメージへの影響：虐待する人に対して「自分を傷つける存在」「圧倒的に強力な存在」というイメージをもちやすく，その他者イメージが，人や自分を取り巻く環境全体に一般化されてしまう傾向があります。そして，人との距離の取り方が極端になることがあります。

3）感情調節の苦手さ：虐待を受けた子どもは，感情をコントロールする力が育ちにくいと考えられています。不安や恐怖心から過覚醒になったり，逆に解離症状を示す子もいます。

4）感情の不安定さ：他者のちょっとした言動や態度に過敏に反応し，激しいパニックを起こすことがあります。過去のトラウマに対する反応である場合もあります。周囲の人も戸惑いますが，子どもも自分の激しい感情に戸惑っていることがあり，感情の不安定さをかかえていることを周囲は理解する必要があります。

5）試し行動，虐待体験の再現傾向：自分の行動は許容されるのかどうかを知ろうと，さまざまな行動を起こすことがあります。また，大人に不快な感情を引き起こさせることがあります。虐待を受けた子どもには，虐待の被害を繰り返させてしまう傾向があると考えられています。

4．虐待を受けた子どもへの対応

　こういった特徴から，学校内では人との関係でトラブルが生じやすく，教員も対応が難しいと感じることが多いようです。そこで，虐待を受けた子どもの心理的な傾向をよく理解し適切に対応することが求められます。

　子どもの示すパニックに対しては，受け止め，静まるまで別の場所で落ち

着かせるなどの対応をします。パニックがおさまった後に，どんな感情が起きたのか，どうしたかったかを尋ね，子どもの気持ちの整理と振り返りを手伝います。この時，子どもの感情を言語化することが大切です。

　子どもの試し行動や挑発的行動にのらないことも必要です。大人の感情的な叱責やちょっとした攻撃的態度が，子どもに虐待体験を呼び起こさせることがあります。大人は落ち着いて対応し，大人自身の素直な感情を伝えるようにします。大人は自分の精神的安定にも心がけます。

　また，肯定的な自己イメージがもてるような働きかけや温かい声かけをし，小さなことでも認めてほめてあげ，自信がもてるような機会を提供します。子ども同士の関わりでは，トラブルを減らし，楽しい体験ができるように配慮をします。

　学校という守られた環境で規律を教えながら，人との温かい関わりを経験できるように学校全体で支えていくようにします。

5．保護者への援助

　虐待する保護者もいろいろな悩みや課題があることがほとんどです。孤立した子育て，社会的支援の欠如，生活・経済面での問題，精神疾患などの心身の不調，性格特性，自身の被虐待体験，子どもの性格特性などのリスク要因に留意します。保護者自身の事情や，その保護者にとっては育てにくい子どもであることなど，保護者の状況を理解し一緒に子育てを考える手助けが必要でしょう。また，保護者自身がその親との間で強い葛藤を抱いて，それが子育てに影響している場合，精神的疾患が疑われる場合などは，専門的な機関を紹介することも必要でしょう。

　保護者が子育てにつらくなったときに，SC に気軽に相談できる関係を日頃から築いていると予防的な関わりができます。

VI　支援者のメンタルヘルス

　虐待に対する支援は，支援者にとって精神的にきついことが多いです。無力感や怒り，自分自身の過去の経験などが想起されることもあります。

　虐待問題では，いろいろな機関がチームで関わることが必要になります。事情が複雑になればなるほど，そのメンバーの立場によって被支援者から向けられる顔も違ってきます。状況がなかなか改善しないとき，支援メンバーがそれぞれの思いで憶測し，メンバー同士でぎくしゃくすることもあります。

それを防ぐためにも，支援者自身の心の動きも含め全体の動きを見据えて虐待を受けた子やその親の行動を理解することが大切です。そのためには，

・情報を誰がどう集約するか決めておく
・ケース検討会で，それぞれがどのような役割を持ち動いた結果，どのような被援助者の反応があったか，それを受けて援助者はどう感じたかを確認しあう。そして，役割によって他の人から向けられるイメージが変わることを確認する
・少しでも改善したことを言葉にし合う
・支援メンバーの悩みに（アドバイスをする前に）耳を傾ける
・メンバーが疲弊しそうなときには，周りのメンバーは，その支援者の行動の枠組みを明確にし直す（例えば，精神的に不安定な母親が，昼夜を問わず担任に自宅に来てくれるよう要求するようになり，担任が参ってしまっていることがありました。支援メンバーで話し合った結果，担任として最もやるべきことは学校にいる時間の当該生徒の支援であることを確認し，母親の話は保健所か副校長が聞くようにしたことがありました）

　SC は客観的に支援者間の力動も含めて，ケースの力動をアセスメントしメンバーに働きかけることも，コンサルテーションの大事な視点となります。これらは，支援者のバーンアウトを防ぐ安全弁の役割になると思われます。自身を含めた支援メンバーのメンタルヘルスを意識していきたいと思います。

Ⅶ　ヤングケアラー

　最後に，虐待に近い問題として，ヤングケアラーを取り上げます。ヤングケアラーとは，家族にケアを要する人がいる場合に，大人が担うようなケア責任を引き受け，家事や家族の世話，介護，感情面のサポートなどを行っている，18 歳未満の子どもを言います（厚生労働省ホームページ）。

　厚生労働省と文部科学省が行ったヤングケアラーの実態調査（2021（令和 3）年度）では，「世話をしている家族がいる」という生徒の割合は，中学生が 5.7％，高校生が全日制 4.1％，定時制 8.5％，通信制 11％という結果でした。ケアをして家族の役に立っている，家族のきずなが深まるなどのプラスの面もありますが，一方で，学校生活で遅刻や欠席，学業，宿題などへの影響，身体面心理面で睡眠不足，自由時間がない，精神的な不安定さ，無気力などのマイナスの影響が出ることがあり，当然守られるべき子どもの権利が侵害される可能性があります。ヤングケアラーは家族内のことで問題が表に出にくく，また，ヤングケアラーである子ども自身やその家族がヤングケアラーという問題を認識していないといった傾向が認められます。

「厚生労働省・文部科学省におけるヤングケアラー支援に係る取組について」（2021年）では，ヤングケアラーの支援に向け福祉・介護・医療・教育が連携して取り組んでいく必要性があると述べています。そして，学校は，子どもの生活状況をつかみやすい機関であるので，ヤングケアラーを早期発見し，関係機関と連携して支援につなげることが求められます。SCは学校の一員としてヤングケアラーへの意識を高め，学校の教育相談体制の充実に努めていきたいと思います。

文　　　献

加藤尚子（2017）虐待から子どもを守る！―教師・保育者が必ず知っておきたいこと．小学館．

厚生労働省（2013）子ども虐待対応の手引き（平成25年8月　改正版）．https://www.mhlw.go.jp/seisakunitsuite/bunya/kodomo/kodomo_kosodate/dv/130823-01.html（2023年2月閲覧）

厚生労働省・文部科学省（2021）ヤングケアラーの実態に関する調査研究報告書．令和2年度　子ども・子育て支援推進調査研究事業・三菱UFJリサーチ＆コンサルティング．https://www.murc.jp/wp-content/uploads/2021/04/koukai_210412_7.pdf（2023年2月閲覧）

厚生労働省・文部科学省（2021）厚生労働省・文部科学省におけるヤングケアラー支援に係る取組について．https://www.mhlw.go.jp/stf/shingi/young-carer-pt.html（2023年2月閲覧）

文部科学省（2006）児童虐待防止と学校：虐待を聞く技術，コミュニケーションの技法．https://www.mext.go.jp/component/a_menu/education/detail/__icsFiles/afieldfile/2012/09/28/1280720_8.pdf（2023年2月閲覧）

文部科学省（2020）学校・教育委員会等向け虐待対応の手引き（令和2年6月改訂版）．https://www.mext.go.jp/content/20200629-mxt_jidou02-100002838.pdf（2023年2月閲覧）

日本臨床心理士会編（2013）臨床心理士のための子ども虐待対応ガイドブック．日本臨床心理士会．

西澤哲（1994）子どもの虐待：子どもと家族への治療的アプローチ．誠信書房．

虐待の発生予防のために，保護者への養育支援の必要性が考えられる児童等（「要支援児童等」）の様子や状況例【学齢期以降】

○このシートは，要支援児童等かどうか判定するものではなく，あくまでも目安の一つとしてご利用ください。
○様子や状況が複数該当し，その状況が継続する場合には「要支援児童等」に該当する可能性があります。
○支援の必要性や心配なことがある場合には，子どもの居住地である市町村に連絡をしてください。

		☑欄	様子や状況例
子どもの様子	健康状態		不定愁訴，反復する腹痛，便通などの体調不良を訴える。
			夜驚，悪夢，不眠，夜尿がある。（学齢期に発現する夜尿は要注意）
	精神的に不安定		警戒心が強く，音や振動に過剰に反応し，手を挙げただけで顔や頭をかばう。
			過度に緊張し，教員等と視線が合わせられない。
			教員等の顔色を伺ったり，接触をさけようとしたりする。
	無関心，無反応		表情が乏しく，受け答えが少ない。
			ボーっとしている，急に気力がなくなる。
	攻撃性が強い		落ち着きがなく，過度に乱暴だったり，弱い者に対して暴力をふるったりする。
			他者とうまく関われず，ささいなことでもすぐにカッとなるなど乱暴な言動が見られる。
			大人に対して反抗的，暴言を吐く。
			激しいかんしゃくをおこしたり，かみついたりするなど攻撃的である。
	孤立		友達と一緒に遊べなかったり，孤立しがちである。
	気になる行動		担任の教員等を独占したがる，用事がなくてもそばに近づいてこようとするなど，過度のスキンシップを求める。
			不自然に子どもが保護者と密着している。
			必要以上に丁寧な言葉遣いやあいさつをする。
			繰り返し嘘をつく，空想的な言動が増える。
			自暴自棄な言動がある。
	反社会的な行動（非行）		深夜の徘徊や家出，喫煙，金銭の持ち出しや万引きなどの問題行動を繰り返す。
	保護者への態度		保護者の顔色を窺う，意図を察知した行動をする。
			保護者といるとおどおどし，落ち着きがない。
			保護者がいると必要以上に気を遣い緊張しているが，保護者が離れると安心して表情が明るくなる。
	身なりや衛生状態		からだや衣服の不潔感，髪を洗っていないなどの汚れ，におい，垢の付着，爪が伸びている等がある。
			季節にそぐわない服装をしている。
			衣服が破れたり，汚れている。
			虫歯の治療が行われていない。
	食事の状況		食べ物への執着が強く，過度に食べる。
			極端な食欲不振が見られる。
			友達に食べ物をねだることがよくある。
	登校状況等		理由がはっきりしない欠席・遅刻・早退が多い。
			きょうだいの面倒を見るため，欠席・遅刻・早退が多い。
			なにかと理由をつけてなかなか家に帰りたがらない。

虐待リスクのチェックリスト　要支援児童等（学齢期）

保護者の様子	子どもへの関わり・対応	理想の押しつけや年齢不相応な要求がある。
		発達にそぐわない厳しいしつけや行動制限をしている。
		「かわいくない」「にくい」など差別的な発言がある。
		子どもの発達等に無関心であったり、育児について拒否的な発言がある。
		子どもに対して、繰り返し馬鹿にしてからかう、ことあるごとに激しく叱ったり、ののしったりする。
	きょうだいとの差別	きょうだいに対しての差別的な言動や特定の子どもに対して拒否的な態度をとる。
		きょうだいで服装や持ち物などに差が見られる。
	心身の状態（健康状態）	精神科への受診歴、相談歴がある。（精神障害者保健福祉手帳の有無は問わない）
		アルコール依存（過去も含む）や薬物の使用歴がある。
		子育てに関する強い不安がある。
		保護者自身の必要な治療行為を拒否する。
	気になる行動	些細なことでも激しく怒るなど、感情や行動のコントロールができない。
		被害者意識が強く、事実と異なった思い込みがある。
		他児の保護者との対立が頻回にある。
	学校等との関わり	長期にわたる欠席が続き、訪問しても子どもに会わせようとしない。
		欠席の理由や子どもに関する状況の説明に不自然なところがある。
		学校行事への不参加、連絡をとることが困難である。
家族・家庭の状況	家族間の暴力、不和	夫婦間の口論、言い争いがある。
		絶え間なくけんかがあったり、家族（同居者間の暴力）不和がある。
	住居の状態	家中ゴミだらけ、異臭、シラミがわく、放置された多数の動物が飼育されている。
		理由のわからない頻繁な転居がある。
	サポート等の状況	近隣との付き合いを拒否する。
		必要な支援機関や地域の社会資源からの関わりや支援を拒む。

【その他　気になること、心配なこと】

		☑欄	様子や状況例
※参考事項	経済的な困窮		保護者の離職の長期化、頻繁な借金の取り立て等、経済的な困窮を抱えている。
	生育上の問題		未熟児、障害、慢性疾患、発育や発達の遅れ（やせ、低身長、歩行や言葉の遅れ等）が見られる。
	複雑な家族構成		親族以外の同居人の存在、不安定な婚姻状況。（結婚、離婚を繰り返す等）
	きょうだいが著しく多い		養育の見通しもないままの無計画な出産による多子。
	保護者の生育歴		被虐待歴、愛されなかった思い等、何らかの心的外傷を抱えている。
	養育技術の不足		知識不足、家事・育児能力の不足。
	養育に協力する人の不在		親族や友人などの養育支援者が近くにいない。
	妊娠、出産		予期しない妊娠・出産、祝福されない妊娠・出産。
	若年の妊娠、出産		10代の妊娠、親としての心構えが整う前の出産。

※不適切な養育状況以外の理由によっても起こる可能性の高い事項のため、注意深く様子を見守り、把握された状況をご相談ください。

虐待リスクのチェックリスト　要支援児童等（学齢期）（続き）

⑤特別支援教育

鈴村眞理

　本書の初版では「発達のアンバランス」と題した節ですが，改訂版では「特別支援教育」と改題しています。前半で特別支援教育の制度と校内体制について，後半で障害に関する法令上の定義や発達障害について述べ，スクールカウンセラー（以下，SC）に求められるアセスメントとコンサルテーションの枠組みを提示していきます。

Ⅰ　特別支援教育

1.「障害」に対する考え方の変化

　2001（平成13）年のWHO第54回大会でICF（International Classification of Functioning, Disability and Health；国際生活機能分類）が採択され，障害に対する視点が大きく変化しました。従来，障害については個人の機能障害による不利な面に焦点が当てられ，障害者が社会参加するには，障害をどう克服するかという視点が中心でした。ICFは，障害の有無に関わらず全ての人を対象とした「健康の構成要素」の分類であり，生活の中で健康状態に関わるあらゆる問題を普遍的に記述できるものとなっています。人間が生活するには，心身の機能だけではなく，個人の特性や生活環境などさまざまな因子が複雑に絡み合って，相互作用が起きていると考えます。

　例えば，目が見えないこと，音が聞こえないことそのものを障害とは捉えず，結果として，本人の活動や社会参加に制約が生じることを「障害」と捉えます。図1はICFの概念図です。

2．特別支援教育の導入

　2006（平成18）年に国連総会で採択された障害者権利条約に，日本は2007（平成19）年に署名し，2014（平成26）年に批准しました。条約の第24条「教育の権利」にあるインクルーシブ教育は障害児教育の世界的な

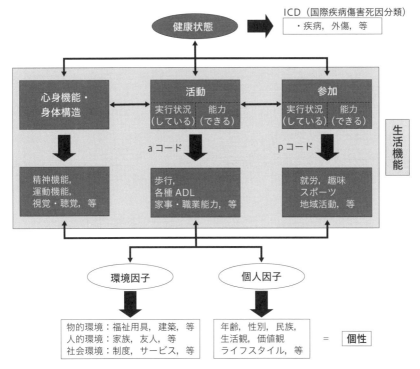

ICD（国際疾病傷害死因分類）
・疾病，外傷，等

健康状態

心身機能・
身体構造

活動
実行状況　能力
（している）（できる）

参加
実行状況　能力
（している）（できる）

生活機能

aコード　　　　pコード

精神機能，
運動機能，
視覚・聴覚，等

歩行，
各種ADL
家事・職業能力，等

就労，趣味
スポーツ
地域活動，等

環境因子　　　　個人因子

物的環境：福祉用具，建築，等
人的環境：家族，友人，等
社会環境：制度，サービス，等

年齢，性別，民族，
生活観，価値観
ライフスタイル，等

＝　個性

生活機能分類の活用に向けて（案）
厚生労働省大臣官房統計情報部

図1　ICF概念図（具体例が入ったもの）

標準となりつつあり，日本もその流れに沿って法の制定・改正と制度の整備を進め，2007（平成19）年4月より従来の特殊教育から特別支援教育へと制度を転換しました。2013（平成25）年に障害者差別解消法が制定されて，公立学校で合理的配慮の提供が義務付けられ，2021（令和3）年の改正で私立学校にも合理的配慮の提供が義務付けられました。文部科学省は「障害のある子供の教育支援の手引」（2021）の中で「インクルーシブ教育システムの構築のためには，障害のある子供と障害のない子供が，可能な限り同じ場で共に学ぶことを目指すべきであり，その際には，それぞれの子供が，授業内容を理解し，学習活動に参加している実感・達成感をもちながら，充実した時間を過ごしつつ，生きる力を身に付けていけるかどうかという最も本質的な視点に立つことが重要である」と述べ，「小中学校等における通常の学級，通級による指導，特別支援学級や，特別支援学校といった，連続性のあ

る「多様な学びの場」を用意していくことが必要である」と障害を持つ児童生徒が本人に最も適した場で，必要な支援を受けられる柔軟な教育システムの構築を目指しています。

　高等学校は特別な教育課程を編纂することが困難であるため，特別支援教育の体制作りに時間がかかり，小中学校より導入が遅くなりました。高等学校の特別支援教育では，生徒の心理的側面に配慮しながら，学習・キャリア・生活の領域において，社会に出ていくことに備えて支援を受ける態度の養成，自己理解を促す指導に重点が置かれています。

3．合理的配慮──「〜できない」から「こうすればできる」へ

　障害者差別解消法により，地方公共団体や民間事業者が障害を理由に不当な差別をすることは禁止されています。また，障害者からの意思表明があった場合は，社会的な障壁を除去するために，提供する側にとって過重な負担とならない範囲で，必要かつ適切な配慮を行うことが定められています。たとえば，校内で車椅子を使用するためにエレベーターの設置を求められた場合，車椅子の使用を理由に入学を認めないことは，「障害を理由とする不当な差別」にあたります。一方，エレベーターの設置が財政上過重な負担と認められれば，エレベーターの設置を断ることができます。しかし，学校はエレベーターの設置に代わって，教室や人員の配置を工夫する等，できる範囲で代案を提供するよう求められます。2015（平成25）年11月26日付文部科学省初等中等教育局長通知「文部科学省所管事業分野における障害を理由とする差別の解消の推進に関する対応指針について（通知）」では，合理的配慮の定義，対象，過重な負担等，学校における合理的配慮の提供に関する指針が示されています。

　合理的配慮は，個別性が非常に高いため，障害者にとってどのような配慮が必要かつ適切で不均衡が生じないか，その都度児童生徒・保護者と学校が話し合って，できることを見つけていく姿勢が大切となります。

4．現状

　法と制度の整備が進んだ結果，通常学級に障害を持つ児童生徒が在籍することが増えていることに加え，通級の利用，特別支援学級・特別支援学校に在籍する児童生徒も増加の一途をたどっています。財源や専門性を持つ教員の不足，環境整備が遅れている等学校現場が法や制度に追いつけない問題が

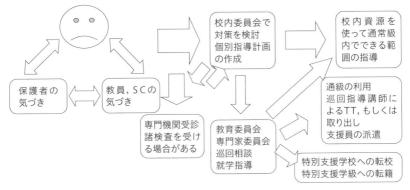

図2　特別支援教育の流れ

指摘されています。

　特別支援教育の実施状況は自治体，学校事情によって大きく異なっています。勤務する学校を設置した自治体の特別支援教育のシステムと地域資源はコンサルテーションを行う上で必須の知識です。文部科学省や自治体教育委員会が配布する特別支援教育のパンフレットや関連資料は，いつでも参照できるようにしておきましょう。

　法改正があったり，年度が変わったりすると，自治体の特別支援教育のシステムも変わることがあるので日頃から注意して情報を集めます。図2は小・中学校の特別支援教育の大まかな流れです。自治体によって手続きの方法や受けられるサービスに違いがある点に留意してください。

5．校内体制と SC

　2007（平成19）年4月1日付文部科学省初等中等教育局長通知「特別支援教育推進について」の中に生徒指導上の留意事項として「…（略）…生徒指導担当にあっては，障害についての知識を深めるとともに，特別支援教育コーディネーターをはじめ，養護教諭，SC 等と連携し，当該幼児児童生徒への支援に係る適切な判断や必要な支援を行うことができる体制を平素整えておくことが重要であること」とあります。

　特別支援教育を実施するのは学校と教員で，SC は学校の依頼に応じて①コンサルテーションと，②不適応状態を改善するための心理教育を含む面接を本人・保護者と行います。SC は校内で特別支援教育の体制がどの程度整っていて，特別支援教育に関する校内委員会（以下校内委員会）からの依頼にど

のような協力が可能か日頃から特別支援教育コーディネーター，管理職と話し合っておくことが大切です。校内に発達障害支援や特別支援教育について造詣の深いコーディネーター，教員がいる場合は，校内委員会が定期的に開かれ，SCに対する依頼も「専門機関に関する情報を教員に提供して欲しい」「保護者が子育てに悩んでいるので，気持ちを汲んで助言して欲しい」など，何を目的にどのようなことをしてほしいかはっきりしています。一方，特別支援教育についてコーディネーターや教員の経験や知識が浅い場合は，校内委員会があっても効果的に機能せず，SCへの依頼がなかったり，依頼したくても何をどのように依頼してよいかわからなかったりする状態になっていることがあります。この場合，これまで述べてきた法令や制度を頭の片隅に留めながら，アセスメントを行い，SCは，特別支援教育コーディネーター，担任，養護教諭，生徒指導主任，管理職の相談相手となり，特別支援に関わる人の繋ぎ役を務め，チーム支援の土台を構築します。

校内の支援体制が適切に機能している事例

　中学1年生女子Aさんは，SCとの全員面接で，「女の子同士の付き合いが苦手で教室の居心地が悪い，勉強がよくわからなくて不安」と話しました。SCは面接時のやり取りから，Aさんが会話の文脈を読み取りにくいことに気がつきました。SCが担任に面接の報告をしたところ，Aさんは最近遅刻が増え，課題の提出が遅れていること，教室内では一人でいることが多いなど心配な点があることがわかりました。不登校の未然防止の観点から，学年会でAさんの対応について話し合われることになり，SCも学年会に出席しました。学年会では対応策を立てるにはまず情報収集が必要として，担任が保護者・本人から，中学校生活の困り事がないか話を聞くこと，SC，特別支援の巡回相談員が本人の行動観察を行うこととなりました。

　その結果，中学の学習のスピードと量に困難を感じていること，友人関係は，自信がなく自分から話しかけるのが苦手，会話がかみ合わなくて続かないなどで困っていることがわかり，学年は特別支援の校内員会でAさんの支援について事例検討を希望しました。校内委員会では発達障害の診断は受けていないが，処理速度やコミュニケーションに課題があることが共有されました。そして，それらが今後の中学校生活に与える影響と授業を抜けて校内通級することのメリットとデメリットが話し合われ，通級につなげる準備を行うことになりました。担任の勧めで保護者とSCは定期的な面談を行い，SCは保護者の不安を受け止める一方，家庭でできる支援策を一緒に立てま

した。Aさんには，教員が机間巡視による声掛け等でやることの優先順位を明確に指示する，指示の意図をわかりやすく説明するなどの支援を行いました。コミュニケーションについて，例えば係活動に担任が一緒に入って同級生との会話をつなげるなど心がけました。通常級内での支援を続けながら，Aさんと保護者に担任・特別支援コーディネーターが校内通級について説明し利用を勧めたところ，「進路を考えると，早く支援を増やした方がいい」と本人・保護者とも通級を希望しました。個別指導計画を立てる中でAさん自身が「できることを増やしたい」と具体的に目標を考えられたことは，自立への一歩となりました。通級で本人のペースに沿って具体的なコミュニケーションスキル，学習スキルの指導が行われる一方，課題の提出の方法や期限に合理的配慮による調整が行われた結果，Aさんの遅刻は減り，部活の仲間と会話する姿がみられるようになりました。

Ⅱ　法令上の障害の定義──アセスメント以前に必要な知識

　通常学級は定型発達の子どもの成育を前提に教育課程が組まれていますが，発達障害，軽度知的障害，視聴覚の障害等の身体障害，その他さまざまな発達上の不均衡を抱えた子どもも在籍しています。SC はアセスメントをする以前に，学校教育の中で障害を持つ子どもの教育を受ける権利が，法律によってどのように保障されているか知っていなければなりません。ここでまず，発達障害，知的障害，身体障害の定義について確認します。法律によって障害が定義され，障害を持つ子どもの教育の機会均等が保障され，特別支援教育を実施する地方公共団体の責務が定められています（表1）。

　学校で発達障害といえば ADHD（注意欠如・多動症），LD（限局性学習症），ASD（自閉スペクトラム症）のように思われていますが，小児期に特異的に発症する情緒障害（分離不安障害，恐怖症性不安障害，社交不安障害等）や社会機能的な障害（かん黙，反応性愛着障害，脱抑制型対人交流障害等）も特別支援教育の対象となります。学校現場では障害の定義や法律についての理解が不十分なため，現場に混乱や誤解が生じることがあります。以下に例を挙げます。

1．医療機関の診断がなくても障害名が申し送られる

　「○○障害」と言えるのは医師の診断を受けている場合のみで，教員や SC は障害であるかどうか診断はできません。たとえ，子どもに多動傾向がある，

表1　障害の定義

	定義	関連のある国内法令
発達障害	法の対象となる障害は脳機能の障害であってその症状が通常低年齢において発現するもののうち，ICD-10における「心理発達の障害（F80-89）」及び「小児（児童）期及び青年期に通常発症する行動及び情緒の障害（F90-98）に含まれる障害であること。なおてんかんなどの中枢神経系の疾患脳外傷性脳血管障害の後遺症が上記の障害を伴うものである場合においても，法の対象とするものである。（文部科学省事務次官・厚生労働省事務次官通知 17 文科初第 16 号厚生労働省発障第 0401008 号）	発達障害者支援法 発達障害者支援法施行令 発達障害者支援法施行規則 障害者基本法 児童福祉法 障害者差別解消法
知的障害	知的障害そのものの法律上の定義はないが，厚生労働省知的障害児（者）基礎調査では「知的機能の障害が発達期（おおむね 18 歳まで）にあらわれ，日常生活に支障が生じているため，何らかの特別の援助を必要とする状態にあるもの」と定義されている。文部科学省は「知的障害とは，記憶，推理，判断などの知的機能の発達に有意な遅れがみられ，社会生活などへの適応が難しい状態」としている。（文部科学省　特別支援教育について） （3）知的障害教育 https://www.mext.go.jp/a_menu/shotou/tokubetu/mext_00803.html 知的障害児の認定は療育手帳制度による。	障害者基本法 児童福祉法 知的障害者福祉法 障害者差別解消法
身体障害	肢体，視覚，聴覚等身体の機能に障害があり，日常生活，社会生活に継続的に支障がある状態。個々の身体障害は身体障害者福祉法で規定されている。	障害者基本法 児童福祉法 身体障害者福祉法 障害者差別解消法 医療的ケア児支援法
精神障害	精神障害者のうち 18 歳未満の者は児童福祉法第 4 条第 2 項に規定する障害児に含まれる。	障害者基本法 児童福祉法 障害者差別解消法

話が聞けないなど教員や SC から見て発達に明らかなアンバランスがあったとしても，安易に障害名を使って情報を伝達することがあってはなりません。申し送られた情報に障害名があった場合は，それが医療機関で受けた診断の結果であるかどうか必ず確認します。

2．障害名が一人歩きする

　診断がつくことで，本人に合った適切な支援を受けやすくなりますが，一方でその子どもの行動の多くを障害名で説明できるかのような錯覚に囚われてしまうことも起きています。たとえば，話が聞けないのは「ADHD で落ち

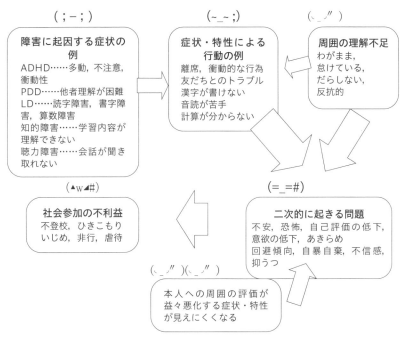

図3　症状・特性＋二次的に起きる問題⇒社会参加の不利益に至るメカニズム

着かないから」とか，「ASD で人の話に興味がないから」など，障害名が入ることでその子を理解できたつもりになっていることはないでしょうか。発達障害やその特性があったとしても，それはその子どもの一部であって，全てではありません。ADHD や ASD であったとしても，いつも話が聞けないわけではなく，その時どのような刺激に反応して聞けなくなっているのか行動をよく観察し分析しながらアセスメントすることが大切です。

３．障害が見落とされる

　障害の特性に起因する行動が，意欲や性格の問題として「やる気がない，怠けている，反抗的」と周囲からレッテルを貼られたり，大人しく目立たないため，学力不振が見落とされたりすることがあります。小学校低学年で発達の不均衡そのものがもたらす学習や友人関係のつまずきが起こり始め，小学校中学年以上は低学年で積み重なった挫折体験から無気力，回避，自他への攻撃，自己肯定感の低下など心理的不適応が目立つようになり，小学校高学年から中学校にかけては心理的不適応が悪化して不登校，非行等，社会参加の不利益が現

われるなど負のスパイラルに陥ってしまうことがあります（図3）。いじめは学級・学年集団の状態次第でどの学年でも起こりうるものです。教員や保護者が表面に現われている行動の対処に追われている場合は，SC は特に行動の背後で見えにくくなっている発達のアンバランスがないかに注目します。

4．関係機関との連携

　関係機関との連携は学校が主体となるもので，SC は管理職や担任の了解のもとに諸機関と連絡をとります。また，保護者と本人の了解も必要です。

　学校には「学校の常識」があるように，医療，福祉の領域にもそれぞれの常識があり，同じ用語でも使い方が異なる場合があって連携する時に話が嚙みあわなくなってしまうことがあります。ときとして SC は各々の領域の考え方を相手にわかりやすい言葉で説明する「同時通訳者」に早変わりします。そのためには，教育，医療，福祉の各々の領域と役割について関連する法の知識も欠かせません。

III　アセスメント

　発達の不均衡をアセスメントする時，SC には2つの姿勢が求められます。1つ目は定型発達の理論についての知識と障害に関する医学的な診断概念をきちんと身に着けることです。2つ目はそれらの知識を持ちながらも，学校教育の場では障害を医学的に治療する対象ではなく，多様な発達のあり方の一つとしてとらえ，本人のニーズにあった教育的配慮を行う視点です。

　アセスメントを行う際の校内での動き方は4章①②を参照してください。ここでは発達のアンバランスをアセスメントする手順の説明をします。

ステップ1：情報収集

　学校現場では，医療機関のインテークや事例検討のレジュメのように，最初からまとまった情報を入手することはできません。行動観察，作文や絵などの作品，教員からの聞き取り，行動等のチェックリスト，本人／保護者との面接からアセスメントに必要な情報を集めます。関係機関から検査の情報が得られることもあります。情報収集は，本人，保護者の状況，学校事情に配慮し，信頼関係を構築した上で行います。信頼関係がまだ成立していない段階では聞きすぎないことも大切です。表2にどのような情報をどこから収集するかを示しました。

表2　アセスメントのための情報収集の視点

	本人から	保護者から	教員から	関係機関から
学習面	授業中の行動観察 ノートのとり方 話の聞き方，指示の理解，発言 姿勢，鉛筆の持ち方	家庭学習の様子 保護者の学習に対する姿勢，希望 塾での学習状況	授業態度 一斉指示の理解 個別指示の理解 学習の習熟度 作品，作文	適応指導教室，通級での学習状況
生活面	身だしなみ，清潔に気を配っているか 給食／掃除の様子 休日，放課後の過ごし方	身辺自立の発達 家庭の躾の様子 生活習慣（睡眠のリズム，食習慣） 放課後，休日の過ごし方	身辺自立の様子 遅刻，欠席 給食／掃除の様子 係活動の様子 保健室の利用状況	身辺自立の様子 遅刻，欠席 給食／掃除の様子
対人関係面	班活動の様子 休み時間の行動 学校内・外の友人関係 教員との関係 家族関係	放課後，休日の友人関係 家族関係	学級内の人間関係 教員との関係 班活動の様子 部活動の様子 家族関係	集団活動の様子 友人関係 教員との関係 家族関係
診断	診断名を知っているか，知っているとしたらどのように理解しているか，服薬についてどのような説明を受けているか	障害受容の段階 専門機関の受診を勧められたことがあるか，受診したか，診断名を知っているか，服薬についてどのような説明を受けているか	誰から，どのように診断名を聞いているか 医療機関で診断を受けているか，いないか，服薬について保護者からどのように説明を受けているか	誰から，どのように診断名を聞いているか 医療機関で診断を受けているか，いないか，服薬について保護者からどのように説明を受けているか

ステップ2：情報の意味づけ

　情報を意味づけていくためには，アセスメントの枠となる基礎理論が必要です。発達の不均衡の状態をアセスメントするためにはまず定型発達の理論，ついで症状や特性を見立てる感覚統合の理論，二次的に起きる問題を見立てる認知構造，感情発達，ソーシャルスキルに関する理論が最低限必要です。基礎理論を基に仮説を立て，「いつ，誰が，どこで，何をするか」具体的な支援策を立てて実施して，その結果を基にまたアセスメントを修正します。一例に「話を聞けない」という状態について考えられる仮説の例を表3に挙げます。

表3　アセスメントのための仮説の例「人の話が聞けない訳は？」

身体（感覚統合）の視点から	認知の視点から	情緒の視点から	ソーシャルスキルの視点から
・音の弁別がしにくい ・音を単語のまとまりとして捉えにくい ・触覚，視覚，聴覚，嗅覚の感覚過敏があって集中できない ・自分に向かって話していると気がつかない ・注意の転導がおきやすい ・衝動性が高い ・じっとしていると覚醒水準が下がりやすい ・疲れている，眠い，空腹など生理的欲求が満たされていない	・語彙が少ない ・文法構造が理解しにくい ・聞いた内容を視覚的なイメージに変換しにくい ・言葉を文字通りに受けとり，文脈の理解が不十分 ・短期記憶が短すぎるため話が途中で分からなくなる ・ワーキングメモリーの働きが弱く，長期記憶が蓄積されにくい或いは長期記憶から必要な知識や経験を引き出しにくい ・相手の感情や考えを理解しにくい	・話している人，場に対する愛着がない（いやだ，嫌い，怖い，不安，反発） ・話題に興味がない ・他にやりたいことがある ・話が分からなくてつまらない，退屈 ・自信がなくて，わからないことで不安になる，馬鹿にされているように感じる ・セルフエスティームが低く，無気力になっている	・集団生活のルールの理解ができていない ・学校での教師の役割，生徒の役割が理解できていない ・聞くときの姿勢，態度など基本的なスキルを知らない

SC のアセスメントがチーム支援につながった事例

　担任に勧められて小学校3年生Bさんの保護者が相談に来ました。「何度叱ってもすぐまた同じことをやる，身の回りの整頓ができない，宿題や提出物を忘れ，学校からのプリントは届かない。もうどうしてよいかわからない」と一気に話しました。とても困って子どもの心配をしている保護者の気持ちを受け止め，SC が本人の学校での様子を観察し，担任の話も聞いてみることにしました。

　SC が教室に行くと，本人の机の周りは持ち物が散乱して，ノートは落書きだらけでした。学級には行動上の問題を抱えた児童が複数いて，担任は指導に困っていました。担任に本人の様子を聞くと「板書を写すように注意すると反発して離席するなど行動がエスカレートするので，様子を見ていたら，教科書も出さなくなってしまった。連絡帳はかろうじて書いている。手のかかる児童が多く，指導に困っている」ということでした。SC は①行動観察か

ら，Bさんには注意集中の困難，実行機能の問題が見られること，②ノートや提示された作品から軽い書字の困難があること，③今は本人，保護者，担任とも無力感があり，自信を失っていると見立てました。そこで困っている担任と保護者をSCが繋ぎ，応急処置として本人がすぐできそうなこと，大人がすぐできることを一つずつ決めて実行するよう提案してみました。

　保護者，担任，SCで話し合い，①宿題や忘れ物を減らすために本人が連絡帳を毎日書いて，それを保護者と担任が必ず見る，②学校でも家庭でも「ダメ」と言うよりより本人にやって欲しいことを伝えると決めました。連絡帳を書き褒められることで本人の離席は減り，家庭でも否定的な注意より「○○しよう」と肯定的な声かけをされることで，保護者を困らせる行動が減りました。保護者はSCと継続的に面接するうちに，「これまで，子どもが落ち着かないのは母親の育て方が悪いと周りの人から言われていたが，それだけではないかもしれない」と自分から専門機関での子どもの検査を希望しました。

　また，SCは担任が一人で奮闘している様子を見て，Bさんの他にも指導に困っている児童の見立てを伝えました。担任に少し心の余裕が出たところで，SCはBさんの保護者が検査を希望していることと合わせて，他の児童の支援について校内委員会で検討してはどうか提案しました。担任とSCが一緒に特別支援教育コーディネーターに複数の児童の対応を校内委員会で相談したいと話し，次回の委員会に時間を取ってもらうことが決まりました。

文　　献
土橋圭子・渡辺慶一郎編（2020）発達障害・知的障害ための合理的配慮ハンドブック—現場で迷う「グレーゾーン」に答えます．有斐閣．
独立行政法人国立特別支援教育総合研究所（2017）インクルーシブ教育システム構築のための学校における体制づくり—すべての教員で取り組むために—．東洋館出版社．
本田恵子・植山起佐子・鈴村眞理編（2019）改訂版　包括的スクールカウンセリングの理論と実践—子どもの課題の見立て方とチーム連携のあり方．金子書房．
厚生労働省（2002）国際生活機能分類—国際障害分類改訂版（日本語版）．https://www.mhlw.go.jp/houdou/2002/08/h0805-1.html（2023年2月閲覧）
厚生労働省（2007）平成17年度知的障害児（者）基礎調査結果の概要：用語の定義　1.知的障害．https://www.mhlw.go.jp/toukei/saikin/hw/titeki/index.html（2023年2月閲覧）
厚生労働統計協会（2007）生活機能分類の活用に向けて（案）— ICF（国際生活機能分類）：活動と参加の基準（暫定案）．
文部科学省(2005)平成17年4月1日付け17文科初第16号　厚生労働省発障第0401008

　　号 文部科学事務次官・厚生労働事務次官通知（抄）．https://www.mext.go.jp/a_menu/shotou/tokubetu/main/002/002.htm（2023 年 2 月閲覧）

文部科学省（2007）特別支援教育の推進について（通知）．文部科学省初等中等教育局長通知 19 文科初第 125 号．https://www.mext.go.jp/b_menu/hakusho/nc/07050101/001.pdf（2023 年 2 月閲覧）

文部科学省（2013）特別支援教育の対象の概念図（義務教育段階）．https://www.mext.go.jp/a_menu/shotou/tokubetu/material/021/022.htm（2023 年 2 月閲覧）

文部科学省（2015）文部科学省所管事業分野における障害を理由とする差別の解消の推進に関する対応指針について（通知）．文部科学省生涯学習政策局長・文部科学省初等中等教育局長 27 文科初第 1058 号．https://www.mext.go.jp/a_menu/shotou/tokubetu/material/1364725.htm（2023 年 2 月閲覧）

文部科学省（2021）障害のある子供の教育支援の手引〜子どもたち一人一人の教育的ニーズを踏まえた学びの充実に向けて〜．https://www.mext.go.jp/a_menu/shotou/tokubetu/material/1340250_00001.htm（2023 年 2 月閲覧）

主婦の友社編（2010）発達障害の子どもの心がわかる本．主婦の友社．

竹田契一監修，竹田契一・若宮英司・里見恵子ほか著（2006）AD/HD・高機能広汎性発達障害の教育と医療―どこでつまずくのか，どう支援するのか．日本文化科学社．

竹田契一監修，品川裕香著（2011）怠けてなんかない！　ゼロシーズン―読む・書く・記憶するのが苦手になるのを少しでも防ぐために．岩崎書店．

⑥学校危機への対応

石川悦子・柴田恵津子・鈴村眞理

Ⅰ　学校が安心で安全な場所であるために

　子どもたちが健やかに成長していくためには，学校が安全で安心できる場所であることが重要です。成長過程にいる子どもたちが，災害や学校危機へ立ち向かいレジリエンスを充分に発揮するために，児童生徒にとって安心できる環境を整えることが教職員や保護者，スクールカウンセラー（以下，SCと略す）にとっても重要な職務といえます。日本においては，1995（平成7）年の阪神淡路大震災以来「心のケア」の必要性が共通認識され，2011（平成23）年に発生した東日本大震災では，その後2年間で延べ6,000名以上のSCが国庫事業により被災地の教育現場へ派遣されました。また，2016（平成28）年度の熊本地震においても，多くのSCが現地に赴き心のケアに寄与しました。

　このような大規模災害のみでなく，2011（平成23）年末に起きた滋賀県大津市の中学2年生のいじめ・自殺事件は社会問題として注目され，その後，2013（平成25）年にはいじめ防止対策推進法が成立・施行されました。さらに，2019（令和元）年度末に始まった新型コロナウイルスによる世界的パンデミックにより，休校や学校行事の自粛など全国で未曽有の事態が続くなかで，子どもも大人も不安や閉塞感を抱えながら生活しています。また昨今，若年層の自殺者数が増え深刻な事態になっています。

　このような危機や緊急事態は，日本のどこの学校でも起こる可能性があり，日頃より学校や地域全体で危機対応について備えておくことが求められます。学校危機に際したときにSCは何ができるのか，学校危機をどう捉え動けば良いのか。心の応急処置を目的とする面接を行うときに児童生徒にどのような声かけをすれば良いのでしょうか。本稿では，「学校危機対応時の基本事項」および「自殺予防におけるSCの動き」，「感染症流行下における

SC の動き」について論を進めます。ただしこれらの内容は，学校や地域によって危機発生時の状況は異なりますので，柔軟に理解し対処することが必要です。また本文では，学校危機に際して当該校が対応することを「学校危機対応」と称し，危機に陥った学校に対して外部から緊急に支援に入ることを「緊急支援」と称しています。

Ⅱ　学校危機対応とは

1．危機の語源と種類

危機（crisis）は，ギリシャ語の krisis がその語源といわれ，重大な事態が良好な方向へ向かうのか悪い方向へ向かうのか，その「分岐点」を意味すると言われます。したがって，人間の人生周期で捉えると，人はさまざまな危機を体験しながら成長し続ける存在と言うことができます。そして，その節目に寄り添うことも SC の役目といえます。

危機の種類として「発達的危機」に属するものには，入園，入学，進級，クラス替え，受験，卒業，恋愛，就職，結婚，出産，子育て，定年退職，死別，体調の変化，老い，などのライフイベントが考えられます。一方，「偶発的・状況的危機」としては，自然災害，病気，怪我，事件・事故，喪失，離別，転校・転居，留学（異文化生活），転職，退職，死，などがあるでしょう。

2．学校危機対応の必要性

危機状態とは，米国の精神保健学者キャプラン（Caplan, G., 1961）によって，「人生上の重要目標が達成されるのを妨げられる事態に直面した時，習慣的な課題解決法をまずはじめに用いてその事態を解決しようとするが，それでも克服できない結果発生する個人の精神的混乱状態である」と定義されています。危機状態では，通常平衡を保っていた心を揺さぶる事態が発生し，脅威，喪失，挑戦のいずれかの形で人に迫ってくる場合があります。学校では，自然災害，児童生徒の自殺，殺傷（害）事件，教職員の不祥事等の突発的な出来事が起きると，児童生徒，保護者，教職員は大きな衝撃を受けることが多く，また，その出来事についてのうわさや憶測等の情報の混乱が起きる場合もあります。学校はこのような状況下で，当該児童生徒や当該家族への対応，校内の児童生徒や保護者への周知および対応，マスコミ対応等，通常にはないさまざまな動きを求められ，個人の精神的混乱状態と学校という組織全体の混乱状態が重層した状況が，まさに「学校危機」と言えます。児

童生徒等の生命に関わる事件・事故の危機が生じたとき，学校の組織は混乱状態になることが予想されますので，まずは，児童生徒や教職員，保護者等の心の安定とともに，日頃の授業等の教育活動や学校行事の再開等を目指して，危機への緊急対応が実施されます。

　学校における児童生徒等の安全については，過去に発生した事故や事件，自然災害を踏まえてさまざまな取り組みが行われてきており，2009（平成21）年に施行された学校保健安全法は，各学校において，学校安全計画及び危険等発生時対処要領（「危機管理マニュアル」）の策定を義務付けるとともに，地域の関係機関との連携に努めることとされています。文部科学省では，各学校における危機管理マニュアル作成の参考資料として「学校への不審者侵入時の危機管理マニュアル」を示し，2012（平成24）年には，東日本大震災の教訓を踏まえた「学校防災マニュアル（地震・津波災害）作成の手引き」を公表しています。

危機対応の目的

　危機対応の目的は，主に，心の傷つきへの応急処理，群発自殺等の予防，学校教育活動の早期の平常化と言えます（「生命にかかわる事件・事故後の心のケア第2版　学校の危機対応と緊急支援の在り方」2006（平成18）年3月東京都教育相談センター参照）。

　学校では，児童生徒，保護者，教職員の「心の安定」と，授業や部活動，学校行事の再開など「日常性の回復」を求めて，こうした状況を乗り越えなくてはなりません。事件・事故に遭遇すると，児童生徒，保護者，教職員の身体的・心理的・行動的面にはさまざまな反応が起きる可能性があります。これらは急性ストレス反応（症状）と呼ばれますが正常な反応であり，適切に対応すれば，次第に沈静化し，大半の人は回復していきます。しかし，適切な対応がなされなければ，PTSD：Post Traumatic Stress Disorders（心的外傷後ストレス障害）に陥り長期にわたって大きな影響を残す場合もあります。また，事件・事故をきっかけに元々抱えていた心的課題が顕在化して困難な状況を生じさせる場合もあります。特に，身近に自殺を経験すると，後追い自殺（群発自殺）を引き起こす可能性があります。そのような危険のある児童生徒は，事件・事故に対して激しい反応を示すとは限らず，強いショックを内に秘めている場合もあります。重症化の恐れがある児童生徒を早期に発見し，専門機関につなぐなど適切なケアを行う必要があります。さらに，危機が生じた学校では，憶測や噂が生じ，不確かな情報が流れるなどの

表１　学校危機の内容と対応

危機のレベル	主な内容	対応
個人レベルの危機	不登校，怠学，非行，心身の病気，性的被害，自傷行為，自殺企図，妊娠，親の疾病や死，家庭内暴力など。	関係の教職員，保護者，専門家（SC含む）による当該児童生徒および教職員への個別的対応が求められる。
学校レベルの危機	いじめ，校内暴力，自殺，食中毒，学級崩壊，校内事故，移動教室先での事故，薬物乱用，教師のバーンアウトなど。	全教職員，児童生徒，保護者，専門家（SC含む）等を含めた協力体制のもとでの対応が求められる。
地域・社会レベルの危機	自然災害，人為災害，殺傷事件，不審者徘徊，教師の不祥事，脅迫電話，窃盗，IT被害など。	学外の救援専門機関や地域社会との迅速な連携のもとに支援を要請し，対応が求められる。

混乱，児童生徒および保護者並びに教職員の動揺，マスコミ報道による社会からの反響などがあり，通常の学校運営を行うことが困難となります。児童生徒，保護者，教職員等の心の安定を図り，授業や部活動等を可能な限り早期に平常化することで，学校全体の早期の回復を目指します。

　緊急支援は学校の危機状況を見極め，児童生徒，保護者，教職員に必要なケアを行うことにより，二次的被害を食い止め，機能不全を起こした学校が機能を回復し，日常性を取り戻していくよう，学校を後方から支えることを目指すものといえます。

3．学校危機の種類と内容

　表1は，さまざまな学校危機をSCの動きと関連づけながら，3つのレベルに分類したものです。学校危機に際しては，学校管理職の指示を仰ぎつつ，危機の内容を正確にとらえて支援対象と対応方法を整理しながら活動を進めることが求められます。なお，学校危機に際してSCにすぐに学校から連絡が来るとは限りません。そういう場合は，タイミングを見計らってSCから学校管理職へ連絡を入れる他，事後であっても経過を共有し中長期対応に備えることもSCの重要な役目であると言えます。

4．学校危機発生時に現れやすい反応や混乱状態──アセスメントに必要な基礎知識

　大変な悲しみやショックなことが起こると，人の心は「否認」「怒り」「絶

望」「受け入れ」のプロセスで進むと言われます。災害や事件・事故に遭遇すると，以下のようなストレス反応が出ることがあります。

①学校（集団・組織）レベルのもの
- 情報の混乱：正確な情報周知がなされないとき，さまざまな噂や憶測が飛び交い情報が混乱する恐れがある
- 教育活動の混乱：学校全体が事件・事故への対応に追われ，学校行事の遂行含め各教育活動に混乱が起きる場合がある
- 人間関係の混乱：教職員間で，事件・事故の受けとめ方や対応の仕方の違い，また，日頃は抑えられていた感情が浮き彫りになって，人間関係にトラブルが発生することもある

②個人レベルのもの
- 身体の反応：不眠，頭痛，腹痛，食欲不振，息苦しさ，吐き気，落涙等
- 情緒面の反応：恐怖，不安，悲嘆，喪失感，自責の念，無力感，怒り，焦燥感，うつ状態等
- 思考や認知面の反応：考えがまとまらない，判断がつかない，時間の感覚がなくなる，短気，集中力の低下，興奮状態が続く等
- 行動面の反応：衝動的な行動（怪我，喧嘩が多くなる），行動の過度の抑制（無反応）等

さらに，これらのストレス反応をもう少し詳細にみると，①大きな事件・事故を実体験したことによるストレスと，想像による恐怖やショックによる反応，②大事な人やものを失ったことによる反応，③日常生活の変化や将来への不安による反応，に分けて捉えることができます。具体的には，解離（感情が動かない，現実感がない），再体験（フラッシュバック，悪夢），回避（事件・事故がなかったように考えたい），過覚醒（興奮状態，眠りの中断，過度の警戒心，集中できない），麻痺，退行および行動化等があります。

このような場合，安心感・安全感の保証により1〜2カ月で収束していく場合がほとんどですが，4週間以上続く場合は，PTSDを考慮する必要があります。対応においては，「あなたのつらさは誰にでも起こる正常な反応です。あなたのそばにはいつも私がいますよ」という安心感を与えることが大切で，学校としての全体対応と個別対応が重要です。

5．個人と集団のアセスメント
危機対応に際して，基礎知識をもとに個人と集団のアセスメントを行います。
①危機状況の内容とレベルの把握
5W1H［いつ（When），どこで（Where），だれが（Who），なにを（What），

なぜ（Why），どのように（How）］を確認しながら事実を正確に捉えること
が重要です。

②個人のアセスメントと集団のアセスメントの並行実施

・ 個人のアセスメント：各個人が，その出来事にどのぐらい深く関与して影響を受け
ているか，身体面，感情面，認知面（事態の受け止め方），行動面の反応を見ること
が重要です
・ 集団のアセスメント：その集団にどのような力動が働いているかを見ます。管理職
等のリーダーシップの様子，集団防衛のパターン（例えば，否認が強ければ事態を
過小評価しがちであり，回避があれば問題解決や決定が先送りになる。救世主願望
があれば責任者や支援者に問題を丸投げする傾向がある）をよく観察します
・ 集団内の関係性の把握：集団を維持するために，お互いが助け合い配慮し合う機能
（維持機能）と，課題に取り組む機能（課題達成機能）のバランスがとれているか等
をよく観察します

III　学校全体への対応

1．学校危機対応への準備

　学校を危機から守り安全な環境作りを実現するためには，平時から全教職
員の危機意識の向上を図り，適切な対策を講じる必要があります。まずは，
①日頃から危機を未然に防ぐことを最優先課題とし（平常時対応），②危機
の被害や二次的被害を最小限に食い止め，危機を解決および克服し（緊急時
の初期対応），③危機の教訓を生かして，危機の再発を防止するための学校
危機対応への早急な取り組み（事後対応）の３段階が期待されます（図１）。
被害の大きさや内容によって各学校や地域で連絡系統が異なりますから，こ
れに関しては，日頃から各自治体の学校危機対応マニュアル等によく目を通
しておき，また SC にとって使い勝手の良い資料を手元に置いておくと慌て
ずに済むでしょう。

2．学校危機対応の流れ──学校が機能不全に陥らないために

　危機状況にあっては，校内外の情報の混乱，教育活動の混乱，教職員間等
の人間関係の混乱が起きやすく，そのことを学校関係者は充分に留意する
必要があります。外部からの問い合わせに対する広報窓口の一本化や，児童
生徒への説明，緊急保護者会等の開催方法と内容等，管理職を中心に迅速
に決定する必要があります。また，学校コミュニティが機能不全に陥って
いる場合，児童生徒や保護者に十分で適切な対応がなされないために，結
果としてトラウマ反応が増幅され悪循環に陥る危険があります。学校が一

* ASD＝Acute Stress Disorders：急性ストレス障害。数日から4週間以内に自然治癒する。

図1　学校危機への段階的対応

日も早く安全・安心な場所になることは重要ですが，しかしながらそれを焦るあまりに，表面的な対応で子どもたちのストレス反応を封じ込めないよう，よく経過をみながら全体対応と個別対応をすることが不可欠と言えます。学校危機に際しての学校側とSCの動きについて，図2「学校危機対応の流れ」（東京臨床心理士会・学校臨床心理士専門委員会編，2011）を参考にしてください。

3．SCの動き──アセスメントから，コンサルテーションへ向けて

　危機発生時の学校状況は，教職員体制などによっても異なりますので，冷静に状況を見極めながら，管理職の指示を仰ぎつつ動くようにします。外部機関から緊急支援が入る場合には，その外部スタッフとどのような形で協働できるか，役割分担等を含め学校側と短時間でも打ち合わせることが大切です。緊急事態では，迅速なアセスメントとコンサルテーションが必要です。

SCが教職員や保護者にコンサルテーションを行う際の留意点

・相手（学校）を取り巻く組織を理解し，その組織の力動に沿った活動を行うこと
・必要に応じて，積極的に明確な助言をする。具体的な資料も提供する
・専門的知識をもち，対応の変化や修正に計画性と見通しをもつこと
・相手（学校側）を待っているだけではなく，こちらからも働きかけていくこと

　学校便りを活用し，ストレス反応について児童生徒，教職員向けにお便りを発行するのも一案です。

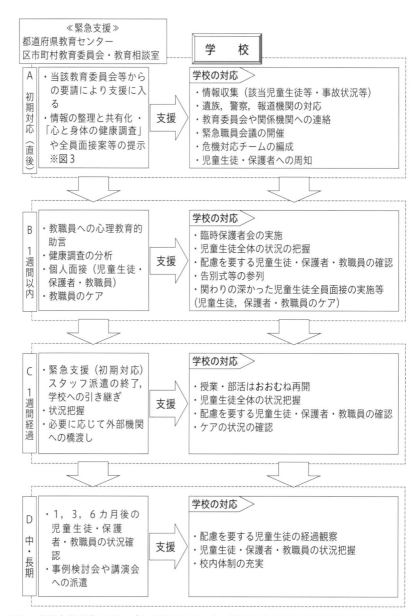

≪緊急支援≫
都道府県教育センター
区市町村教育委員会・教育相談室

学　校

A 初期対応（直後）
・当該教育委員会等からの要請により支援に入る
・情報の整理と共有化・「心と身体の健康調査」や全員面接案等の提示　※図3

支援

学校の対応
・情報収集（該当児童生徒等・事故状況等）
・遺族，警察，報道機関の対応
・教育委員会や関係機関への連絡
・緊急職員会議の開催
・危機対応チームの編成
・児童生徒・保護者への周知

B 1週間以内
・教職員への心理教育的助言
・健康調査の分析
・個人面接（児童生徒・保護者・教職員）
・教職員のケア

支援

学校の対応
・臨時保護者会の実施
・児童生徒全体の状況の把握
・配慮を要する児童生徒・保護者・教職員の確認
・告別式等の参列
・関わりの深かった児童生徒全員面接の実施等
（児童生徒，保護者・教職員のケア）

C 1週間経過
・緊急支援（初期対応）スタッフ派遣の終了，学校への引き継ぎ
・状況把握
・必要に応じて外部機関への橋渡し

支援

学校の対応
・授業・部活はおおむね再開
・児童生徒全体の状況把握
・配慮を要する児童生徒・保護者・教職員の確認
・ケアの状況の確認

D 中・長期
・1，3，6カ月後の児童生徒・保護者・教職員の状況確認
・事例検討会や講演会への派遣

支援

学校の対応
・配慮を要する児童生徒の経過観察
・児童生徒・保護者・教職員の状況把握
・校内体制の充実

図2　学校危機対応の流れ（東京臨床心理士会・学校臨床心理士専門委員会編，2011）

> **SC の対応**
> ・第一報を聞いたら学校へ問い合わせる
> ・SC の立場から必要と思われることを伝える
> 　（配慮を要する児童生徒の情報提供など）
> ・児童生徒・教職員・保護者の状況把握
> ・外部からの支援の有無の確認

> **SC の対応**
> ・出勤日当日は管理職と話し合う
> ・学校の全体の様子・動き・反応を捉える。全体の把握
> ・教職員・保護者・児童生徒にお便りや朝会などで「心のケア」について伝える
> ・外部の支援者との情報共有，役割分担
> ・児童生徒への全員面接等の準備
> ・保護者にお便りや臨時保護者会で「心のケア」や学校の支援体制について
> 　伝える
> ・配慮を要する児童生徒の面接。教職員のケア

> **SC の対応**
> ・全体の把握
> ・支援者からの情報の引き継ぎ
> ・次の事故に注意　⇒職員の士気が下がりやすい時期

> **SC の対応**
> ・中長期支援が必要という意識を持つ
> ・アニバーサリー反応に留意する
> ・児童生徒，教職員，保護者の状況把握，サポート
> ・配慮を要する児童生徒の面接，必要に応じて関係機関の紹介・連携
> ・ストレスマネージメント，ピアカウンセリング，教員研修等の実施

図2　学校危機対応の流れ（東京臨床心理士会・学校臨床心理士専門委員会編，2011）
（続き）

Ⅳ　個人への対応

1．心の傷の応急処置

学校危機における個人への対応の主な狙いは，次の3点といえます。

1）適切な時期に適切な対応としての「心の傷の応急処置」を行う。
2）反応が激しく，長期化・重篤化する可能性の高い児童生徒および教職員を発見して専門的継続的ケアにつなぐ。
3）無責任な噂等により特定の個人が誹謗中傷されたりしないよう正確な情報提供と不安を解消する。

応急処置を目的とする面接の留意点

・この面接は，大人が一緒にそばにいて児童生徒に安心感を与え，絆を結ぶ面接であり，意図的に感情を表現させたり，事実を聞き出そうとしたりする面接とは全く異なることに留意します
・事件・事故の説明の仕方（文言）について，学校側と打ち合わせておくことが重要です
・「心と身体の健康調査」（図3）については，事前の心理教育的説明と事後のフォロー体制が必要です。フォローとしては個人面接を行えると良いのですが，時間が取れない場合は，担任や養護教諭がこの調査結果を踏まえながら子どもたちに短時間でも声をかけるよう助言します

2．面接導入に際して

児童生徒への直接対応（面接）するときの留意点

実際に面談を実施するとき，SCも緊張して何をどこまで聞いて良いのか，どんなことばかけをすれば良いのか戸惑うものです。面接者が複数の場合はとくに個人差が出ないように，ことばかけについて，統一しておいた方が良いでしょう。

面談導入のことばかけの例

「今回，つらい出来事が起きました。このような出来事があると，誰でも身体や心に変化が起こります。これは普通のことですからいずれ回復していきますが，回復には個人差がありますので，今のあなたの様子について教えてくれますか」

※つらかったことだけでなく，頑張っていることなども認めながら話を進める。

面談終了時のことばかけの例

「今日はお話を聞かせてくれてありがとう（ございました）。話していて余計につ

令和　　　年　　　月　　　日

私たちにとって，とても辛い出来事が起こりました。
この事件（事故）のことを知ってからのあなたの状態について教えてください。以下の質問にあてはまるものに○をつけて下さい。

1	眠れない。（寝つきが悪い・夜中に目がさめる）	はい	少し	いいえ
2	いやな夢やこわい夢をみる。	はい	少し	いいえ
3	気分がしずむ。	はい	少し	いいえ
4	小さな音でもびくっとする。	はい	少し	いいえ
5	人と話す気になれない。	はい	少し	いいえ
6	いらいらする。	はい	少し	いいえ
7	気持ちが動揺する。（落ち着かない）	はい	少し	いいえ
8	いやなことを思い出させる場所や，人や物をさける。	はい	少し	いいえ
9	身体が緊張する。	はい	少し	いいえ
10	自分を責める。	はい	少し	いいえ
11	思い出したくないのにいやなことを思い出す。	はい	少し	いいえ
12	食欲がない。	はい	少し	いいえ
13	ものごと（勉強や部活など）に集中できない。	はい	少し	いいえ
14	頭やお腹が痛い。	はい	少し	いいえ
15	何か不安だ。	はい	少し	いいえ

今の気持ち　相談したいことがあれば，書いてください。
　　　　（どんなことでもいいです）

第（　　　）学年（　　　）組（　　　）番
（名前　　　　　　　　　　　　　）

富永良喜・高橋哲作成「子ども版災害後ストレス反応」調査の加筆修正版
東京都教育相談センターより

図3　「心と身体の健康調査」（中高生版）（東京都教育相談センター，2006）

らくなったり悲しくなったりしたことはありませんか。担任の先生やご家族に話しておきたいことがあったら手伝いますが，何かありますか。体調不良が続いたり，不安が強くなるようだったら一人でがまんをしないで，お家の方や担任や養護の先生に話してくださいね。私も（SC）も，今週は○日と○日にいますから遠慮しないで声をかけてください」

その他の留意点

アニバーサリー反応（記念日反応）への対応も心掛けておく必要があります。アニバーサリー反応とは，災害や事件・事後などを契機としてPTSDと

なった場合，それが発生した月日になると，いったん治まっていた症状が再燃する状態と言います。対策としては，災害や事件・事後のあった日が近づくと以前の症状が再び現れる可能性があることと，その場合も心配しなくても良いことを保護者や子どもたちに伝えることです。それによって，冷静に対応することができ，混乱や不安感の増大を防ぐことができます。

3．危機対応に際して SC が貢献できる事柄

　危機対応に際して SC が貢献できることとして，次の3点が挙げられます。ただし，学校や地域によって危機発生時の状況は異なりますので，柔軟に対処することが必要です。

　　1）成長促進的アプローチ：児童生徒に直接対応し，自己理解や成長を促す関わりをもつ。教職員や保護者対応も必要に応じて積極的に行う。
　　2）広がりのあるサポートシステムの具現化：校内の対応状況をアセスメントしながら，緊急保護者会への協力や，他機関や社会資源を利用した広がりのある学校支援体制の構築に寄与する。資料や情報提供も含む。
　　3）黒子としての専門性の活用：コンサルテーションおよびオーガナイザー的役割を果たす。また，リラクセーション等の心理教育や校内研修，サポートシステムの相談役として活動する。

　なお，緊急事態が収まり通常生活が再開した後も，PTSD やアニバーサリー反応等，何らかのストレス反応が残っている場合が多いと言われます。SCの通常業務の中に緊急事態による中長期の後遺症などに対する支援が含まれていることを心に留めておくことも大切です。
　また，学校管理職，教職員や SC など学校関係者は，突然の事態に混乱しつつも責任感をもって過剰な勤務も率先して行いがちです。極度に疲れても，弱音を吐くことは禁句と思いがちですが，自身の心身の状況にも留意するよう心がけましょう。

V　関連機関との連携等

　学校危機に際して連携する機会の多い機関としては，各自治体の教育委員会はもとより，地域の教育センター，教育相談室，児童相談所，児童（子ど

も）家庭支援センター，警察，医療機関，精神保健福祉センター，保健所，青少年センター（少年センター等），民生・児童委員，PTA などがあります。

　関連機関と連携する場合は，管理職に事前に伝えて了承を得ておくことは必須です。相談機関や医療機関に児童生徒を紹介する際には，SC が学校側とともに情報提供書を用意し，事前に紹介先に連絡を取っておくとスムーズな場合もあります。児童生徒や保護者が相談機関や医療機関に通いはじめても任せきりにせず，SC は各機関と学校のパイプ役を心がけます。

　事件性がある場合は，SC も警察等から事情を聞かれることもあり，情報開示請求があれば報告書等公式文書だけでなく，個人記録もその開示対象になります。SC としての活動記録は，危機対応時はもちろんのこと，日頃から日時や内容を客観的に記録しておくようにしましょう。

VI　自殺予防における SC 活動について

1．自殺予防について

　1998（平成 10）年に日本の年間自殺者数が 3 万人を超え，現在も高い水準が続いています。ここでは押さえておきたい法律・通知等を示しながら SC のできることを考えていきます。

　令和 3 年度版「自殺対策白書」（厚生労働省，2021）にある「令和元年における死因順位別に見た年齢階層・性別死亡数・死亡率・構成割合」では 15 歳から 39 歳の死因の第 1 位は自殺となっています。同白書により，先進国の中でも日本は若年層の自殺が多いことが知られています。まず，国の施策の根幹となる「自殺対策基本法」，次いで「自殺総合対策大綱」を挙げておきます。

「自殺対策基本法」2006（平成 18）年 6 月

　2005（平成 17）年 7 月に，参議院厚生労働委員会において，「自殺に関する総合対策の緊急かつ効果的な推進を求める決議」が全会一致で行われ，12 月に「自殺予防に向けての政府の総合的な対策について」の取りまとめを行いました。2006（平成 18）年 6 月に，「自殺対策基本法」が議員立法により制定され，同年 10 月に施行，2016（平成 28）年に改正されました。

「自殺総合対策大綱」2012（平成 24）年 8 月

　2007（平成 19）年 6 月に初めての大綱が策定された後，2008 年 10 月に一部改正，2012 年 8 月に初めて全体的な見直しが行われました。2017 年 7 月「自殺総合対策大綱～誰も自殺に追い込まれることのない社会の実現を目指して～」が閣議決定されました。見直し後の大綱では，

・地域レベルの実践的な取り組みの更なる推進
・若者の自殺対策，勤務問題による自殺対策の更なる推進
・自殺死亡率を先進諸国の現在の水準まで減少することを目指し，平成 38 年までに平成 27 年比 30％以上減少させること

を目標とすることを掲げています。

また，国外に目を転じてみても自殺予防は重要な課題となっています。（自殺予防：プライマリ・ケアのための手引き（日本語版初版）：WHO, 2007）

WHO の見積もりでは，自殺はどの国においても死因の上位 10 位以内にあり，15 歳から 35 歳の世代においては 3 つの主要死亡原因の 1 つとなっていることを指摘しています。本手引きでは自殺と精神・身体疾患の関連，自殺に傾いている人のリスク評価と対応等が示されています。

2．自殺予防教育について

自殺対策基本法第 17 条に定める「心の健康の保持に係る教育及び啓発」を推進するための方法として，文部科学省は「SOS の出し方に関する教育」を含めた自殺予防教育，「心の健康の保持に係る教育」の実施などにより，児童生徒が困難への対処法を身に着けるための教育を行うとともに安心してSOS を出せる環境の整備を掲げています。

「児童生徒の自殺予防に係る取組について（通知）」文部科学省（令和 3（2021）年 6 月 23 日）

この通知の中では 18 歳以下の自殺者数は学校の長期休業明けの時期に増加する傾向があることを伝えており，①学校における早期発見に向けた取り組み，②保護者に対する家庭における見守りの促進，③学校内外における集中的な見守り活動，④ネットパトロール強化，を実施するよう要請しています。さらに，「教師が知っておきたい子どもの自殺予防」（文部科学省，2009），「子どもに伝えたい自殺予防」（学校における自殺予防教育導入の手引き）（文部科学省，2014）等の資料も SC が学校において自殺予防教育に協力できることを考える際，参考になります。

また，予防能わず自殺未遂・既遂の危機事態に致った場合は，実際の危機対応の経験と知識は次の自殺予防（教育）につながることにも留意しておくべきでしょう。過去に学ぶことでより良い支援，再発予防になるように。

3．東京都の場合

　文部科学省の通知等を受け，東京都でもさまざまな通知が出されました。「児童生徒の自殺予防に係る取組の徹底について（通知）」（東京都，2022）では，文部科学省が作成した資料「令和2年度における全国の児童生徒の自殺の原因・動機上位5項目」が挙げられ，学業不振，その他進路に関する悩み，失恋など今まであまり注目されてこなかった項目が示されました。またここで「自殺の危険因子」という表現がされたことは注目に値します。客観的な資料が示されたことで，共通の認識を持って学校で組織的な対応を実施されることが期待できるからです。

　東京都教育委員会では全国に先駆けて「SOSの出し方に関する教育を推進するための指導資料」（東京都，2018）のDVD資料を作成しています。各東京都公立学校に配布されSCも交えたチームティーチングが想定されています。

　一旦事件・事故が発生するとどのような手順で誰が何を役割分担するのかを知っておくことが大切です。「生命にかかわる事件・事故の心のケア〜緊急支援マニュアル〜　第3版」（東京都教育相談センター，2021）には具体的な対応等が示されており，目を通しておくとよいでしょう。勤務校で危機が発生したときに，SC自身が少しでも落ち着いて対処することが児童生徒の安全性を高めることにつながります。週に1日程度の勤務体制であるSCは危機発生時に即座に対応できるとは限りません。しかし，毎週学校に勤務し，児童生徒の状況や学校の様子を把握して行動することができます。初期の対応は学校・教育委員会が中心になって行いますが，中長期的に児童生徒，保護者，学校関係者の支援に関わることが可能な立場にSCはいることになります。

4．メディアの及ぼす影響

　芸能人の自殺報道等が与える影響として模倣自殺につながる危険性が指摘されていました。「自殺対策を推進するためにメディア関係者に知ってもらいたい基礎知識」（WHO協力センター，2017年最新版）には，自殺に関する報道について取るべき行動等が具体的に記されています。特にデジタルメディアのための留意事項，SNS相談事業のガイドライン等に言及しており，児童生徒を対象とする相談の中でも今後注視していく必要がある話題です。

　COVID-19の影響下で若年層の自殺が増加したこともあり，自殺予防は喫

緊の課題となっています。SC として今後求められるのは自殺の未然防止，早期発見・早期対応と考えられますが，「子どもの自殺予防」に関する研究は実はあまり多く見られませんでした。今後，社会全体で議論を進め，SC も子どもの自殺予防に貢献できるよう努めることが必要です。

VII　感染症流行下における SC 活動について

　感染症の流行は，ときに地域や国を巻き込むレベルの危機をもたらします。SC は国，地方自治体，学校が行う感染予防対策にしたがって SC 活動を行います。感染予防のため，通常行っている教育活動ができない中で，できることを見つけて工夫する柔軟な姿勢が求められます。

1．感染症に対する国の基本姿勢──感染拡大防止と感染者の人権尊重の両立

　1998（平成 10）年に制定された「感染症の予防及び感染症の患者に対する医療に関する法律」（以下感染症法）の前文で「…（略）…一方，我が国においては，過去にハンセン病，後天性免疫不全症候群等の感染症の患者等に対するいわれのない差別や偏見が存在したという事実を重く受け止め，これを教訓として今後に生かすことが必要である。このような感染症をめぐる状況の変化や感染症の患者等が置かれてきた状況を踏まえ，感染症の患者等の人権を尊重しつつ，これらの者に対する良質かつ適切な医療の提供を確保し，感染症に迅速かつ適確に対応することが求められている」と国は感染拡大防止と感染者の人権尊重を両立させることをうたっています。

　感染症法では感染の拡大防止を目的に感染症を危険度によって分類し，隔離や行動制限，入院措置等のレベルおよび都道府県知事がとるべき措置が定められています。感染症法と合わせて，学校では学校保健安全法に沿って，感染予防対策が実施されます。

　感染症が発生した際に感染拡大を防ぐために学校がとるべき措置として出席停止，臨時休業が定められ，さらに学校保健安全法施行細則で学校感染症の指定と分類，出席停止，臨時休業の具体的な運営について示されています。

2．感染症流行下に起きる「見えない」「見通しが立たない」不安

　予防法，治療法が確立されている感染症は，流行の収束までの見通しが立ちやすく，大きな社会不安を引き起こすことはありませんし，教育活動に対する制限も短期間で済みます。それに対して，2020 年にパンデミックを引き

起こした COVID-19 のような新型感染症が流行した場合は，予防法や治療法が見つかるまで時間がかかるため，社会活動，経済活動，教育活動の制限が長期間にわたります。強度のストレスにさらされる生活が日常となり，それ以前の安心できる生活に戻れる見通しがなかなか立たないため，慢性的に不安や無力感を持った危機状態が続きます。不安や無力感への対処法は個人によってさまざまですが，感染恐怖の連鎖が起きると「見える」もの（人）を対象にいわれない差別や排除が集団の中で起きやすくなります。

　感染症そのものに対する不安が感染者に対する恐怖や差別を生み，ひいては，差別や偏見を恐れて症状があっても医療受診をせず，さらに感染が拡大するという悪循環を招く可能性があります。これらを防ぐためには，感染予防の知識と合わせて，ストレスマネジメントや不安，差別偏見に対する心理教育が必要になります。

　SC は「見えない」不安を児童生徒・保護者・教職員がどのように表現するか注意深く見定め，予防的な視点から情報発信したり，心理教育を行う準備をしたり，心理教育に必要な資料の収集を行います。COVID-19 の世界的パンデミックが起きた時は，その初期から大学等の研究機関，医療・教育・福祉関連の学会および国際機関で心理教育の資料が数多く作成されました。これらの資料は無料で公開され，学校で予防啓発活動を行う際に，大きな助けとなりました。

3．虐待・いじめ・不登校への影響

　感染症流行時の行動制限により，親子が家庭内で過ごす時間が増えて育児負担が増加する，保護者の収入が減って家庭の経済状況が悪化する等，虐待のリスクが高まるにもかかわらず，虐待を発見しにくい状態が起きることに注意を払います。家庭状況の変化によって，これまでは問題のなかった家庭に新たに虐待が生まれてしまうこともあります。SC は些細な変化も見落とさず，教員や管理職に見立てを伝えていきます。

　いじめは，感染症に対する差別偏見の予防教育が行われ，児童生徒間の接触が少ない時期は認知件数が減少しますが，流行が終息するにつれて再び増加する傾向があります。

　不登校は，感染症の蔓延が児童生徒と学校のつながりを弱めるために増加する傾向がみられます。

・感染に対する不安から，児童生徒が登校できなかったり，保護者が登校させなかったりする
・集団生活を苦手とする児童生徒の中にはオンライン授業で学習できるために，出席日数が減少する場合がある
・家庭で過ごす時間が長くなった結果，分離不安が起きて小学校低学年では登校渋りが増える傾向がある
・無力感，抑うつ症状を持ってひきこもる児童生徒が医療につながれるよう保護者を支援する場面も出てくる

　なお，対応については虐待，不登校，いじめの詳述がある各章を参照してください。

4．感染予防対策と SC 活動

　学校は，厚生労働省，文部科学省，自治体の教育委員会が作成したガイドラインに沿って感染予防対策を行いながら，教育活動を行います。新型感染症の場合は，感染状況によってガイドラインが度々変更されるために，その都度教育活動の予定や内容を変えざるを得なくなり，教員には多大な負担が生じます。

　感染拡大防止の基本は，人の移動と接触を減らし，消毒作業を行うことになります。宿泊を伴ったり，大人数が集まったりする活動・行事は中止されることもあります。最も行動制限が厳しい場合は，休業となり，SC が校内で勤務できない状態になることもあります。SC活動にも以下のようなさまざまな制限が生まれますが，学校長の指示に従いながら SC 活動を継続します。

・行動観察や対面での面接ができない代わりに電話相談，オンライン相談を行うこともある
・マスクをつけているため，表情が読み取りにくかったり，声が聞こえにくかったりするなど，コミュニケーションがとりにくくなるため，一層注意深く傾聴する姿勢が求められる
・相談室だよりが休業中の情報発信に重要な手段とみなされ，ストレスマネジメント，いじめについて等心理教育を含む内容の掲載を学校から求められたりする
・教員の負担が増えた結果，普段よりも情報共有する時間がとりにくくなることがあるかもしれない
・外部機関との連携も感染を避けるために，ケース会議の開催が難しくなるなど，関係機関と連携しにくくなる傾向がある。児童生徒・保護者が関係機関に通えないため，関係機関も児童生徒の様子を把握しにくくなることもある

　このように，今までできていたことができなくなったとしても，スクール

カウンセラー活動の本質に変わりはありません。児童生徒のより良い成長を願ってその時できる活動を続けていくことが大切です。

文　　献
厚生労働省（2006）自殺対策基本法．（平成 18 年法律第 85 条）
厚生労働省（2021）令和 3 年度版　自殺白書．
窪田由紀編（2022）危機への心理的支援：心の専門家養成講座⑪．ナカニシヤ出版．
文部科学省（2003）学校への不審者侵入時の危機管理マニュアル．https://www.mext.go.jp/component/a_menu/education/detail/__icsFiles/afieldfile/2019/06/12/1289311_13.pdf（2023 年 2 月閲覧）
文部科学省（2009）教師が知っておきたい子どもの自殺予防．
文部科学省（2012）学校防災マニュアル（地震・津波災害）作成の手引き．https://www.mext.go.jp/a_menu/kenko/anzen/__icsFiles/afieldfile/2018/12/04/1323513_01.pdf（2023 年 2 月閲覧）
文部科学省（2014）「子どもに伝えたい自殺予防」（学校における自殺予防教育導入の手引き）．
日本赤十字社（2020）新型コロナウイルスの 3 つの顔を知ろう！―負のスパイラルを断ち切るために．https://www.jrc.or.jp/saigai/news/200326_006124.html（2023 年 2 月閲覧）
東京都教育委員会(2018)SOS の出し方に関する教育を推進するための指導資料．（DVD 資料）https://www.kyoiku.metro.tokyo.lg.jp/school/content/sos_sing.html（2023 年 2 月閲覧）
東京都教育相談センター（2021）生命にかかわる事件・事故後の心のケア，第 3 版．
東京臨床心理士会・学校臨床心理士専門委員会編（2011）学校の危機対応―スクールカウンセラーへ向けて．
WHO（2007）自殺予防：プライマリ・ケア医のための手引き（日本語版初版）．https://apps.who.int/iris/bitstream/10665/67165/5/WHO_MNH_MBD_00.1_jpn.pdf（2023 年 2 月閲覧）
WHO 協力センター（2017）自殺対策を推進するためにメディア関係者に知ってもらいたい基礎知識．https://www.mhlw.go.jp/content/000526937.pdf(2023 年 2 月閲覧)

⑦デジタルメディア関連問題

斯波涼介・上野綾子

I　はじめに

　デジタルメディアやデジタルツールという分野は発展が目覚ましく，本書の初版が発行された 2013（平成 25）年当時とはツールも利用の仕方も大きく変容しました。

　この章では，そういった時代と技術の移り変わりを反映しつつ，スクールカウンセラー（SC）という立場からこの問題を捉えることができるよう，内容を大きく改訂しました。デジタルメディアや，それに関連するテーマの範囲は非常に幅広く，多くの視点や解釈等がさまざまな文献や web 上のメディアにも記されていますが，ここでは学校現場で遭遇することが多いと思われる事柄について取り上げていきます。

II　学校現場におけるデジタルツールの活用

1．児童生徒・保護者の利用

　いまやデジタルメディアはライフラインのひとつであり，大人子どもの別なくさまざまに利用されています。学校現場でも図1に示すように多様な利用をされており，個人情報保護の観点から名簿・住所録・連絡網等が廃止されてきている一方で，SNS やコミュニケーションツールがその代用とされている様子も見られます。

2．教材としてのデジタルツールの発展と課題
① ICT 教育と GIGA スクール構想

　デジタルメディアの発展を受けて，教育現場では「ICT（Information and Communication Technology）教育の充実」という考えのもと，デジタルツールの利用が進められてきました（図1）。例えば，読み書きに困難のある

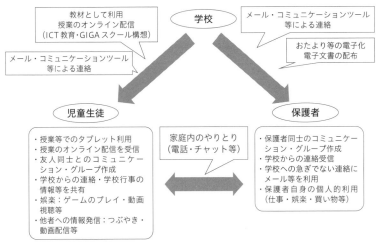

図1　学校現場でのデジタルツール利用

児童生徒のためのマルチメディア教科書や，PCやタブレットを用いた定期考査受験の試みなどがあります。メールやSNS，オンライン会議システム等を用いた教員やSCによる面談を行っている学校もあるようです。

　日本では，予算や専門人材の不足などの要因により，ICT教育発展の遅れが見られていました。そこで文部科学省は2019（令和元）年12月に新たな教育改革案として「GIGA（Global and Innovation Gateway for All）スクール構想」を打ち出しました（図2）。文字通り「すべての児童生徒にグローバルで革新的な扉を」という意味が込められています。この改革案の目的は，子どもたち一人ひとりに対して個別最適化された創造性をはぐくむ教育の実施や，情報通信や技術面を含めたICT環境の実現です。同時に，学校教育でのプログラミング学習の必修化も始まりました。

② GIGAスクール構想とCOVID-19の蔓延

　GIGAスクール構想は，同時期に発生したCOVID-19の蔓延に伴って，急速に実現が進みました。コロナ禍によって人との接触が制限され，学校教育でもインターネットを介したやり取りやさまざまなカリキュラム設定が求められた結果，児童生徒1人1台の学習用端末の利用，クラウド活用を踏まえたネットワーク環境の整備等が進むこととなりました。一斉休校等の措置が解除されて以降も，各自治体や学校によって，ICT端末の活用等のアイディアが試用・導入されています。

予定されていた
GIGA スクール構想

2020 年 3 ～ 5 月
新型コロナウイルスの影響による
大規模な休校措置等
その後も断続的な休校や授業短
縮・カリキュラムの大幅変更など

急速に発展

・「1 人 1 台」の迅速な実現
・オンライン授業・オンデマンド配信などの整備
・デジタルメディアを利用した児童生徒⇔教員間コミュニケーション　等

一斉休校措置終了・授業再開後も……

・端末は全児童・生徒に行き渡り、授業等で活用されている
・コロナ不安で登校できない児童生徒へ授業配信等の対応
・学習端末上で連絡事項の伝達・宿題やテストの実施など
・蔓延状況に左右されるカリキュラム変更へのスムーズな適用　等

図 2　GIGA スクール構想の発展

表 1　GIGA スクール構想のメリット・デメリット

メリット	デメリット
・一斉学習から個別に最適化された学習ができる ・学習用端末を通じたアクティブ・ラーニングができる ・教育格差の解消 ・教員の採点など事務処理の軽減	・カリキュラムが適切でないと遊びと学習の区別がつきにくい ・教員に IT リテラシーがないと適切に使いにくい ・自治体や各学校によって，活用法や浸透の深度がまちまちである ・セキュリティの問題・ネットいじめの問題

※セキュリティ関連・ネットいじめなど，適正利用に関わる事態は特に大きな課題

③教育場面におけるデジタルツール使用の効果と課題

　GIGA スクール構想によって ICT 教育が急速に発展した結果，さまざまなメリット・デメリットが指摘されてくるようになりました。表 1 に示したように，効果が見られている一方で，セキュリティの問題やネットいじめとも関連して，深刻な問題も生じています。2020（令和 2）年には学習用端末を使ってネットいじめが起き，被害に遭った小学生が自殺してしまうという痛ましい事件が起こりました。大人の目の届かないところで起きた加害児童らの不適切な書き込みや，それを防げなかったセキュリティの課題など，複数

の要因が関係していたようです。

　現実の学校内の場面だけでなく，インターネット内で起こる事象に関しても，さまざまな配慮と観察が必要です。それらに対応する SC にも ICT やインターネットの知識が必要になってくるでしょう。

　一方で，デジタルツールを実際に活用してみて，不登校の児童生徒が学習用端末を利用した授業配信によって在宅で授業へ参加できた，発達障害の児童生徒が学習用端末の授業配信の方が集中しやすいという印象を持ったなどのメリットもありました。学校ができる支援のひとつとしてデジタルツールを選択肢に入れることもできます。

III　児童生徒のデジタルメディア使用と SC の対応

1．デジタルメディア時代の子どもたちを理解する

　子どもたちはいつでも，その時代における社会環境を吸収して成長します。今の子どもたちは，生まれた時にはすでにインターネットやモバイル端末が身近にある環境の中で育ってきています。中でも「ゲーム」「SNS」「動画視聴・配信」等のコンテンツは，とくに子どもが接しやすいものです。利用媒体としてもスマートフォン，タブレット，パソコン，TV ゲーム機などがあり，利用方法もさまざまですが，過剰に使用することで問題が発生することもあります（図3）。現代の子どもたちにとっては「離れた場所にいる友人と SNS やチャットツールを使ってやり取りする」「自分の行動・日常生活のストレスなどをネット上で公開する」「実際には会ったことのない他者と交流する」などの行為は，手元の端末操作によって気軽にできることです。

　特定のデジタルコンテンツ（SNS 内のコミュニティや動画・ゲーム・その関連サイト等）に傾倒し，それを心の拠り所にして日々を送っている子どももいます。匿名性の高いアカウントを複数所持し，限定された相手や自分の素性を知らない不特定の他者に対して，ネガティヴな心情や「身近な人には言えないこと」を発信する子どもの姿も珍しくはありません。

　つらい状況に置かれている子どもの中には，そのような行為を通してどうにか心のバランスを保ち，やっとのことで現実世界に立ち向かっている子もいます。まずは，そのような子どもたちの姿を受け止め理解しようとすることが大切です。

　めまぐるしく発展を続けているデジタルメディア・ツールの利用や操作にあたっては，むしろ子どものほうが速く適応していくような側面もあります。

〈ゲーム〉
・タブレットやスマートフォンを用いて，非常に多くのゲームをプレイできる
・ゲーム機を用いたプレイでも，インターネットに接続できることが多い
・大人数が参加するゲーム内での連携・一体感・競争心
・実際のお金を使って，ゲーム内のアイテムやプレイ権を購入（課金）

・時間や金銭の過剰な浪費
・怠学・昼夜逆転
・競争心を昂らせすぎることによる攻撃性

〈SNS〉
・知り合っている友人とも，実際には会ったことのない人ともコミュニケーションすることができる
・日常でおこったさまざまなことを「つぶやく」ことができる
・つぶやきと同感覚で写真や動画を投稿することも可能
・双方向のやりとりにより，会ったことのない人とも親密さを感じられる

・コミュニケーション過多によるトラブル
・悪意ある他者との接触，「出会い」
・性的逸脱行動
・個人情報の流出や「炎上」

〈動画等の視聴・配信〉
・自分の興味あるコンテンツを視聴し続けることができる
・配信機能がある場合，自分の動画や音声をアップロード可能
・コメント機能や，SNS としての側面を持つものも多い

・際限なく視聴することによる時間の浪費
・SNS が持つ危険性全般
・不適切な内容の配信
・発信された情報からの個人情報流出

図３　子どもたちのデジタルメディア利用と過剰な際に起こりうる事態

　大人のほうが世代や文化の違いに戸惑い，直感的には理解が難しいこともあるかもしれません。しかしそのような場合でも，その環境の中で，子どもが「なぜその行為をしようとするのか」「その行為によって何が満たされるのか」「その行為をすると／しないと，どんな困ったことが生じるのか」等々，状況・情報を整理し，子どもたちの行動や心性を理解しようと努めることが，本質的な支援につながります。

２．児童生徒のデジタルメディア利用の実際と問題点
①利用料金・利用時間
　デジタルメディア・サービスには，利用開始時には無料でも，便利に継続利用するためには料金が必要なものが多数あります。有料アプリ，ガチャ・アイテム課金，投げ銭，サブスクリプション等，金額・形式ともにさまざまです。そのすべての支払いはほとんどの場合，オンライン上で手軽にキャッシュレ

ス決済が可能です。実際にその場で金銭を授受することがないため「お金を遣っている」という実感のないまま，大金を支払ってしまうこともあります。

　また利用するツールによっても，利用の仕方や利用時間は大きく違うようです。2019（令和元）年度の内閣府の調査によると，スマートフォンやタブレットなどを用いた際のインターネット利用時間が大幅に増加していることがわかります。

②他者との「出会い」「つながり」をめぐるトラブル

　SNS はその定義通り，ツールの向こう側に「他者」が存在し，利用の仕方によっては，実際に「会う」ことも可能で，しかも設定方法や危険性を十分に理解しなくとも簡単に利用できます。実際に会わなくても親密感を増していくことができるため，学校で友達と遊ぶ感覚で，ネット上の人々と付き合っている子どもたちも多く存在します。相手のことをよく理解した気持ちになり，親しくなるにつれて警戒心は薄れてゆき，実際に「会う」という行為へと移行していくこともあります。

　いわゆる「出会い系」をめぐる事件が社会問題となって，すでに久しい月日が流れていますが，悪意ある他者との接触をめぐる問題や事件は現在に至るまで起こり続けており，重大な性犯罪や命に関わる大事件も発生しています。

③ SNS 利用に伴う，情報発信の問題

　多くの SNS にはコメント機能および投稿を評価する機能（「いいね」等）が付いています。評価をより多くもらうために，投稿内容がエスカレートし，過度にプライベートな内容や，反社会的，時には性的な映像等を軽い気持ちで投稿してしまうこともあります。学校現場でも，

・出会い系サイトを利用して“パパ活”をして補導された事例
・子どもがゲームに数十万もの課金をしたことが，請求が来て初めて明らかになった事例
・SNS で知り合った人に性的な写真を送るように言われ，後に恐喝された事例
・仲間内で遊びのつもりで撮った性的な写真が流出し撮られた子が不登校になった事例

など，さまざまな事例が発生しています。その時は軽い気持ちでやったことでも，結果として事件になってしまい「いじめ重大事態」「不登校重大事態」となることもあります。

　トラブルになって初めて，多くの子どもが「こんなことになるとは思わなかった」と言います。便利に利用できるツールを手軽に駆使していく一方で，その

危険性を理解しづらくなっているという現状を反映しているように思います。

④情報の拡散と永続性，被害者にも加害者にもなりうる可能性

　軽い気持ちで投稿し，あとから不適切だったと気づいても，一度インターネットにアップロードされたデータはコピーと拡散を繰り返し，世界中に広がっていきます。もとのデータを消してもコピーデータは必ずどこかに存在し，問題が生じたからと言って完全に消去することは不可能です。

　情報が拡散していく中で，不特定多数の他者の目に触れることで多くの批判や誹謗中傷の的となる「炎上」という事態や，投稿者の氏名・住所といった個人情報が割り出され，また拡散される「特定」という事態も起こります。投稿内容に対して訴訟を起こされたり，被害者が自傷や自殺に至ったりするケースもあり，そのような事態になると，何の気なしに投稿した人物が「加害者」とみなされることもありえます。こういったことは学校現場であっても決して他人事ではありません。

3．SCとして子どもたちにできること

①子どもたちの「理解の質」についてアセスメントする

　先に「子どものほうが適応が速い」と書きましたが，これは，柔軟に使いこなす能力が高いという意味であって，子どもたちが「完全に理解して利用している」ということではありません。子どもたちの理解は一面的なことが多く，表面上はそれらを使いこなしていても，その構造やシステム，そこに潜む危険性等を十分には理解できていないことも多々あります。デジタルメディア・ツール等の利用には，前述した危険性が常につきまといますが，子どもたちはデジタルツールを「便利だから」「面白いから」という動機で使い，危険性への理解は後回しになりがちです。

　実際に子どもが「何を理解していて，何を理解できていないか」ということは，その子どもとのコミュニケーションによってしか把握できません。そして，子ども自身の考えや理解の深度・質といったものを把握する際には，傾聴の技術が役立ちます。まずは子どもが「なにをどう体験しているのか」を知ろうとすることが大切です。傾聴の姿勢をもって接すると，子どもたちは自分の興味や知識を語ってくれるだけでなく，理解がおぼつかない部分や，危険性が潜んでいるかもしれない箇所を，SCが知ることもできます。そうしたコミュニケーションを経て，その子の理解の一面的な部分や危険性などを教示することもできるし，得た情報を教員や保護者と共有することで，そ

の後の啓発活動に役立てることもできます。

②デジタルメディアへの「多面的な理解」を促す

　子どもたちの理解の質がアセスメントできれば，その後のやり取りによって，その理解のおぼつかないところを補強することが可能です。「のめりこみ」や「浪費」「情報の取り扱い」「発信に伴う危険性」など，伝えるべきことは枚挙に暇がありません。

　もちろん，教育現場におけるメディア教育は SC に一任されているものではなく，教職員も日々啓発活動にいそしんでいるところではあります。しかし，そこに子どもたちの「のめりこみの性質」や「理解の質」といった SC の視点を伝えるなどの協力体制がとれれば，その効果はいっそう高まることが期待できます。

　インターネット上の情報は膨大であり，その全てが正しいものとは限りません。悪質なデマの流布や他者を誹謗・中傷する意図を持ったサイトや，利用者の個人情報等を引き出そうとするサイト等も存在します。さまざまな情報を比較したり，他の情報とも照らし合わせて検討したりする能力が未発達な子どもたちは，これらの情報を無条件に信じてしまいがちです。膨大な情報が溢れている現代社会においては，子どもたちに「さまざまな視点を持つこと」「自分が最初に得た情報のみで物事を決めつけないこと」などの重要性を伝えることは，子どもの成長にとって有効なことです。

③依存のアセスメントとアプローチ

　デジタルコンテンツの多くは「長く，たくさん利用されるように」作られており，「始めやすく止めづらい」状況になりがちです。簡単に持ち運べるスマートフォンやタブレットを用いるとさらに歯止めが利かなくなり，過剰な「のめりこみ」からさまざまな問題が生じます。

　インターネットやゲームにおける依存の問題は以前から懸念されていました。2013 年 DSM-5 に今後研究を要する病態としてインターネット・ゲーム障害（Internet Gaming Disorder）が挙げられ，秩序破壊的・衝動制御・素行症候群の中にインターネット強迫と携帯電話強迫が入っていました。この時点では正式な疾病名ではありませんでしたが，社会的にネット依存・ゲーム依存等が課題として存在していたのは明らかです。

　その後 2019（令和元）年には ICD-11 において，正式にゲーム障害（Gaming Disorder）が収録されました。これは日本でも大きく取り上げられ，依存症外来を行っていた病院にはゲーム依存外来を立ち上げるところも

ありました。

　ゲーム障害は他の依存障害と同様に，①ゲームの制御障害，②生活よりゲームが優先される，③ゲームによる不利益が生じても継続して使用してしまう，というような特徴があります（ICD-11）。

　樋口（2020）はさらに，ネット依存・ゲーム依存がアルコールやギャンブル依存と異なる要素として「年齢の低さ」を追記しています。ICD-11 にも「12 歳から 20 歳の青年期および若年成人期の男性に最も多く見られる」ことを示唆する記載があります。

　インターネットや SNS・ゲーム等に熱中するあまり，昼夜逆転の生活になり，体調不良が増え，家族関係も険悪になり，不登校を併発し，教育の機会を失ったまま社会と切り離されていく，というようなケースは，学校現場でも散見されます。

　依存行動の発現には，脳の構造やメカニズムも関与します。思春期・青年期の脳は他の年代よりもハイリスク・ハイリターンを選択する傾向があり，自己制御の調整が不十分な場合があることが近年知られてきました（Leijenhorst et al., 2010）。それは依存状態に陥りやすいひとつの要因でしょう。発達障害傾向との関連も指摘されています。症状の重さによっては，医療機関や専門機関との連携が必須となり，学校内のみでの対応は難しいケースもあります。症状の重篤性，連携の必要性のアセスメントが必要です。

　しかし同時に，生活に支障をきたすような依存状態からの脱却に際しては，その利用環境・生活環境の調整が有効だという側面もあります。ネットやゲームをしても生活に支障が出ないようにするための支援を考えるにあたり，樋口（2013）は，ネットとうまく付き合う方法として，①全面カットではなくコントロールを目指す，②自分の状態を意識しておく，③ネットはほどほどにリアルの楽しみと友達も持つ，④ネットのメリットとデメリットを知っておく，などを挙げています。

　これらを実践するには，本人の意識と共に，それを支える家庭や友人，周囲の大人などの協力が必要です。しかし，保護者や友人，周囲の大人も同様にゲーム依存状態にある場合もあります。SC は事例のアセスメントをしっかり行い，どこにどのように働きかけるべきか考えていく必要があります。

　SC として支援体制に関われるよう，常にコミュニケーションをとり，つながりを作っておくと同時に，上述のように連携の必要性が示唆された際には速やかにリファーや情報提供等ができるよう，準備を整えておくといいでしょう。

④相談室内での「依存」や「出会い願望」「攻撃性」等へのカウンセリング

　ゲーム等へののめり込みやインターネットへの依存に関しては，アセスメントやそれに基づいたリファー・連携といった視点も不可欠ですが，かといって常にリファーすることだけ考えていれば良いわけではありません。学校内でできること，相談室内で可能な支援を常に考えておきたいものです。

　依存の背後には往々にして，満たされない現実からの逃避や苦しみ，寂しさを紛らわせたいといった心理等が働いています。他者との安易な「出会い」を求める心理や性的逸脱行動等も，そうした「満たされない」気持ちと無関係ではないでしょう。またインターネットを通じて強い攻撃性を発信している子どもなどは，現実世界で抱えている大きなストレスを処理できず，ネット上にその発散を求めているケースが散見されます。

　表面的な行動や濫用のみを制止するだけでは，根本的解決には至らないこともあります。行動の制限や「とりきめ」，連携や環境調整，周囲の理解といった支援体制を構築すると同時に，対象者（子ども）の心理状況に焦点を当てたカウンセリング等の心理臨床的アプローチを行うことができれば，相談室の中からも子どもの心理的状況の改善や成長に資することができます。

⑤根底にその子の特性や発達障害傾向等の存在が予想される場合

　SNSやゲームといったデジタルメディアは「始めやすく止めづらい」という構造を持っていますが，③でも述べた通り，使用者が発達障害等の傾向を持つ場合には「のめり込み」が顕著になる場合があります。これらの特徴を持つ人は（とくに学齢期にあっては），こだわりの強さが顕著であったり，情緒・衝動の抑制が未発達であったり，計画的な行動の構築や，すでに自分が計画した予定の変容が苦手だったり，それらからくる自己肯定感の低さがあったりするからです。

　また子どもたちとのやりとりを交わしている際，子どものコミュニケーションスキルの特徴等が浮き彫りになってくることがあります。「ゲームの知識や事象については詳細に話せるのに，自分の気持ちは語れない」「一生懸命楽しそうに話してくれるけれど，主語や目的語が抜け，時系列ではなく印象順で話してくる」「学校の算数はできないけれど対戦ゲームの攻守能力の計算は速い」……などの特徴や課題が見えてくるケースが少なくありません。

　このような場合，対策は「デジタルメディアとの付き合い方」だけに留まらず，それらの特性等に基づいた対処方略を構築する必要があります。その際にはSCとしての専門知識を活かし，児童生徒への接し方の提案や啓発，必

要に応じて医療機関との連携に協力するなどのアプローチをとることができると良いでしょう。

しかし発達障害等の課題があるからといって，デジタルツールがいつも悪者になるわけではありません。注意や記憶の課題がある児童生徒に対して覚えておくべき書面をカメラで撮影し補助記憶装置として活用できる場合もありますし，書字の障害がある児童生徒はPCやスマホでなら文書が書ける場合もあります。SCは児童生徒がデジタルメディアやデジタルツールを適切に利用できるよう，児童生徒のアセスメントと対応を常に考えておく必要があります。

IV　保護者・家庭への対応

1．保護者のデジタルメディア使用とペアレンタル・コントロールの実際

GIGAスクール構想の発展により，授業などにタブレットを利用することが増えていますが，学校では基本的に教員の監督下での利用となるので，子どもたちがデジタルツールを「自由に」「娯楽的に」使うのは学校外，家庭にいる時でしょう。そのため「ペアレンタル・コントロール（デジタルツールの利用を，保護者が監視して制限する取り組み）」の重要性がよく指摘されます。

一方，大人もあらゆることにデジタルツールを利用しています。保護者自身もデジタルツールを使い，かつ，子どもたちの利用の監督的立場ともなっています。

ひとくちにペアレンタル・コントロールと言っても，その実情はまちまちです。例えば，子どもにスマートフォンやタブレットを持たせるにあたり「約束事」を設定するというのは比較的よく取られる手段ですが，その約束がどの程度守られているのかは，実際に家庭でのやりとりを詳しく伺わなければわかりません。子どものツール利用にトラブルが生じている際には「そもそも約束がなされていない場合」もあれば「約束はしたものの守られていない」「約束では想定されていない使い方をした」など，さまざまな状況が考えられます。

また，保護者がデジタルツールに精通していない場合や，子どもの利用の仕方に無関心である場合，さらには保護者自身が依存やそれに近い状況になっていることもあります。子どもが端末を用いて何をしていても保護者が関わらない状況や，保護者自身が家庭の状況そっちのけでスマートフォンを使用し続けているような状態のもとでは，子どもにだけデジタルメディアとの付き合いかたを教え，守らせるというのは非常に困難です。

子どもの主たる利用場面が家庭内であり，その家庭内では保護者も当然のように PC やスマートフォン等を頻繁に利用しているため，その付き合い方を考える際には，子ども自身だけでなく，家族単位で問題を考えていくことが必要です。

2．大人の理解度のアセスメントと家庭へのアプローチ

　ゲームや SNS 等にのめりこむことで多くの時間を浪費し，昼夜逆転やそれに近い状況になっていたり，その結果として不登校状態に陥っているケースが多くあります。昼夜逆転や不登校には至らないまでも，怠学や，浪費の問題をはらんでいるケースもあります。そういったケースの保護者からの相談において，その保護者に「お子様はどんなゲームにハマっているのですか」と問いかけても「よくわからない」「私は機械が苦手で……」といった回答がよく聞かれます。現代においては，アプリケーションやゲームなども子ども自身がオンラインで入手（インストール）することができます。料金が必要な場合でも，これまた端末上の操作だけでオンライン決済をすることが可能であるため，保護者の目が届きにくいという要因もあるようです。

　その行為（ゲームや SNS）が問題だとは認識していても，子どもが「何をいつやっているのか」という現状を保護者が理解していないのでは，親子間のやりとりも非生産的なものになりがちです。このようなケースでは，まず当事者たる児童生徒との対話を通して「どんなゲームをしているのか」「どういった遊び方をするのか」「どうしてついつい長時間やってしまうのか」といった，その行為への「取り組み方」を保護者が把握できるようなコミュニケーションを家庭内で行うことを勧めると良いでしょう。子どもとの面接によって得られた情報を，（本人の同意のもとで）保護者に伝えてみることや，親子同席面接によって親子間コミュニケーションの円滑化を促すことも有効な場合があります。

　ただ，より深刻なケースとして，前述のような「保護者が全く関心を示さない」場合や「保護者自身が依存状態に陥っている」あるいは「子どもの使用は規制しようとするが，保護者自身の行動は顧みることができない」といった状況が，時には存在します。これらのケースは「デジタルメディアの問題」としてのみ捉えるのではなく，家庭機能の問題として捉える必要があるでしょう。時には虐待やネグレクトの視点を持った対応が必要になることも視野に入れ，本章の当該項目を参照に，適切な情報共有や連携の姿勢を持っ

て対応してください。

V　学校内でのトラブル対応・コンサルテーション・連携

1．「ネットいじめ」を含む，学校場面でのSNSを介した人間関係トラブル

　子どもたちのデジタルツール利用は学校外で行われることが多いと述べましたが，それにも関わらず，SNS等を介したトラブルは，学校内の人間関係の中でも頻発しています。それには，これらのツールが「時間や空間を気にせずに使い続けることができる」という特徴が大きく関与しています。自分や友人が「何をしているか（していたか）」を，複数の相手に対して即時的に同時発信することも，場面を共有していない相手に送信することも，またそれに対して返信することも，時間と場所を問わず可能であるため，子どもたちはこれらの機能を学校の内外を問わず利用し続けることができます。

　これらの機能は便利な一方，トラブルの元ともなります。端的なものはSNSやチャットツール等を介して行われる「ネットいじめ」ですが，単純に「加害者」「被害者」と切り分けることができず，双方が被害を訴えるような複雑な事態も頻繁に発生します。

　東京都教育委員会は，啓発サイト「考えよう！いじめ・SNS @ Tokyo」の中で，SNSが関連したトラブルやいじめの事例を多数紹介しています。こういったトラブルは実際の学校場面でも日常的に起こっています。

2．SNS上で起こるトラブルの特徴

　SNS等のオンラインを通じたやり取りには，対面のやり取りとは違う要素があります。「人間関係の中で生じた軋轢が，愚痴や陰口として他者に伝播する」というようなことは，対面のコミュニケーションでも起こりうることですが，オンラインでSNS等を介した場合，その伝播の速度や範囲は，対面の比ではありません。「多くの人に一斉発信できる」「各々の都合のいい時間に延々とやり取りを続けることができる」といったSNSの特性もあいまって，多くの他者が入り組んで情報や感情が錯綜し，大きなトラブルに発展していきます。図4に，SNS上で複数の関係者により情報が伝播してゆく例を示しました。生徒AとBとの間で起きた，最初は個人的であったいさかいが，SNSを経由して多くの他者が視聴するところとなりました。視聴した他生徒も各々の考え・思惑によって（時には悪意なく／善意から）その情報を転送したり，自身の考えを投稿したりすることで，情報が拡散・伝播してい

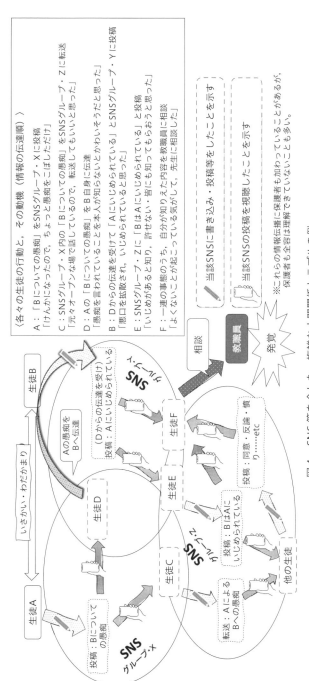

〈各々の生徒の行動と、その動機（情報の伝達順）〉

A：「Bについての愚痴」をSNSグループ・Xに投稿
「けんかになったので、ちょっと愚痴をこぼしただけ」

C：SNSグループ・X内の「Bについての愚痴」をSNSグループ・Zに転送
「元々オープンな場で話しているので、転送してもいいと思った」

D：Aの「Bについての愚痴」をB自身に伝達
「愚痴を言われていることを本人が知らないのもかわいそうだと思った」

B：Dからの伝達を受けて「Aにいじめられている」とSNSグループ・Yに投稿
「悪口は拡散され、いじめられていると思った」

E：SNSグループ・Zに「BはAにいじめられている」と投稿
「いじめがあると知り、許せない・皆に知ってもらおうと思った」

F：一連の事態のうち、自分が知りえた内容を教職員に相談
「よくないことが起こっている気がして、先生に相談した」

━━ 当該SNSに書き込み・投稿等をしたことを示す

━━ 当該SNSの投稿を視聴したことを示す

※これらの情報伝播に保護者も加わっていることがあるが、保護者も全容は理解できていないことが多い。

図4 SNS等を介した、複雑な人間関係トラブルの例

きます。この図が示すように，その様相は非常に複雑です。このケースでは，複数の情報を得た1人の生徒Fが教職員に相談することで事態が発覚しましたが，その頃にはすでに情報や関係者の心境は多種多様に入り乱れています。これらの出来事は最初から一枚絵のように発生するのではなく，実際にはさまざまなタイミング，場所，別々のオンライン空間の中でやり取りされており，教職員が事態を把握した際にはすでに深刻な事態に陥っていることが少なくありません。

　「いじめ」の節（5章②）でも触れられている通り，多くの子ども同士・友人同士が複雑に絡み合ったケースでは，被害感情が入り乱れ，双方（かかわった人物の多数）が共に「被害にあった」「いじめられた」という感覚を抱き，ともに傷ついていくという事態が起こりますが，オンラインを通して行われる錯綜したやり取りには，その状況を助長しやすいという特徴があります。

3．トラブル解明（事実や経緯の確認）への寄与

　時間的・空間的に非常に緩い枠組みの中で行われる「オンライン上のやり取り」は，発覚した時にはすでに深刻化していて，正確な事態の把握が非常に困難になってしまっていることが多いものです。ある時点で起こった出来事を「誰が・いつ発信したか」，そしてその発信を「他の誰が・いつ受信したか」，さらに「受信者は，その後それを誰に・いつ・どのように伝えたのか」……等が千差万別であり，またSNSの持つ拡散力の効果もあり，関与した児童生徒，時には保護者等も含めて，さまざまな時系列やタイミングで入り乱れてしまいます。そのように複数の立場の子どもや保護者が共に「被害」を訴えているような状況の中，その全容を解明し，対応しようとする教員も混乱し，疲弊してしまいます。

　そのような際には，SCの持つ心理臨床家としての客観的視点や，事例検討やカンファレンスの際に発揮するような「現象をしっかりと確認し，わかりやすく整理する」といった方法論が役立ちます。カウンセラーはそもそも，クライエントの身に起こった出来事を，本人の語る内容や周辺状況と照らして整理し，理解してゆく能力を持っていることでしょう。その能力を活用し，混乱している現場に提示することは有効な手立てであり，教員へのエンパワーメントともなりえます。そのようにして，事態を正確に把握し，建設的な対応・指導計画を教員と共に打ち立てることができれば，児童生徒にとっても学校にとっても，大きな力となるでしょう。

4．各々の関係者へのアプローチ

　複雑に入り組んだトラブルは，単に「事の発端」を導き出したり，いわゆる「犯人捜し」をしたりするだけでは解決しません。「多くの人が関与し，複数の人がつらい思いをした」ということは，関与した各々の人の行動に，少しずつ何らかの課題や解決の鍵が存在していると考えられるからです。図4に示したような，それぞれの行動の動機を主張する児童生徒に対し，今後どのようなメッセージを伝え，支援してゆくとよいか。そういった所見を児童生徒・教員・保護者に伝え返し，今後の指導に活かすことができます。オンラインの世界が関わるトラブルへの対応には労力がかかるというのは事実ですが，こういったトラブルは学校場面だけでなく，児童生徒の今後の人生の中でも起こりうることです。そこから学びえたことを児童生徒に伝え返していくことは，この社会で生きていく子どもの成長に資することができる機会として捉えることもできます。

VI　社会の一員としての SC とデジタルメディア

　ここまで，学校場面でのデジタルメディアに関連する問題について述べてきましたが，「SC 自身のデジタルメディア利用」についても触れておきます。

　筆者は保護者や赴任先の教職員から「先生のお名前をネットで検索してみました」と伝えられたことがあります。自分が閲覧対象になる可能性を念頭に置いておくことも必要な時代だと言えます。

　SC の中にも SNS やサイト運営をして情報を発信している方はいるでしょう。別の仕事でその職場の HP に名前が載っていたり，開業している心理士ならば相談室のサイトを運営されているかもしれません。執筆論文や著作物もインターネット上で検索できますし，個人的に SNS を利用している人も多いと思います。そういった情報が，クライエントや学校関係者も見る可能性があります。そのような場での発言等にも注意し，誤解や齟齬を招かぬよう気を配る必要があります。SC のネット上での発言が「炎上」するようなことになれば，それは SC 自身だけでなく，一緒に働く学校の教職員・児童生徒・保護者にもさまざまな影響を及ぼすことになります。

　倫理規程や守秘義務とも関連しますが，私たちは自分自身を守るためにも，何よりクライエントを守るためにも，現実場面でもネット上でも，配慮しておく必要があるのです。

VII　おわりに

　デジタルメディア利用に伴う児童生徒の心理的・行動的な課題と対処について述べてきました。

　どんな要因が絡もうとも，子どもの置かれている状況や思いを読みとり，理解しようとするという姿勢は，カウンセリングの基本です。

　デジタルメディア特有の問題として，事態解明の困難さや，少しの不理解やたった一度の操作（クリックやタップ，投稿など）が大きな問題となり，かつそれが「残る」可能性があるということは念頭に置いておく必要があります。そのような危険性が察知された時には SC のみで対処しようとするのではなく，いち早く教員や関係機関と連携を取り，適切な役割分担のもとで行動する，などの姿勢も必要です。その状況の中で戸惑い悩んでいる児童生徒の心情に寄り添い支援するという SC の基本姿勢に立ち戻ることができればと思います。

文　　　献

Daniel L. K., Paul H. D.（2018）Internet Gaming Disorder: Theory, Assessment, Treatment, and Prevention. Academic Press.（樋口進監修（2020）ゲーム障害 ゲーム依存の理解と治療・予防．福村出版.）

樋口進監修（2013）ネット依存症のことがよくわかる本．講談社.

井上令一監修（2016）カプラン臨床精神医学テキスト　DSM-5 診断基準の臨床への展開 日本語版第3版／原著11版　メディカル・サイエンス・インターナショナル，338.

文部科学省：情報モラル教育の充実等．https://www.mext.go.jp/a_menu/shotou/zyouhou/detail/1369617.htm（2023年2月閲覧）

内閣府（2020）令和元年度　青少年のインターネット利用環境実態調査　調査結果（速報）．https://www8.cao.go.jp/youth/kankyou/internet_torikumi/tyousa/r01/net-jittai/pdf/sokuhou.pdf（2023年2月閲覧）

内閣府：普及啓発リーフレット集．https://www8.cao.go.jp/youth/kankyou/internet_use/leaflet.html（2023年2月閲覧）

東京都教育委員会：考えよう！いじめ・SNS @ Tokyo．https://ijime.metro.tokyo.lg.jp/index.html（2023年2月閲覧）

Van Leijenhorst, L., Moor, B. G., de Macks, Z. A. O., Rombouts, S. A., Westenberg, P. M., Crone, E. A.（2010）Adolescent risky decision-making: Neurocognitive development of reward and control regions. Neuroimage, 51; 345-355.

WHO（2022）ICD-11（国際疾病分類第11版）．https://icd.who.int/browse11/l-m/en（2023年2月閲覧）

⑧リソースを見つけ出して活用しよう——保護者や関係機関等との連携

上野綾子

　学校の中でスクールカウンセラー（以下，SC）として活動していくと，学校内だけでは解決できない課題に行き当たることがあります。児童生徒を適切に援助していくためには，本人・学校だけでなく，保護者の助力や外部関係諸機関の専門性が必要になってきます。本章では，どうやってさまざまな外部資源を探し当て，スムーズに連携していくかをお示ししていきたいと思います。

Ⅰ　困ったときは頼りになる外部資源を見つけ出そう

　SC を学校に配置することによっていじめや不登校を減らそうという趣旨のもと，SC 制度は始まりました。SC 制度が定着するに従い，関わるきっかけは不登校でもその裏にいろいろな問題が潜んでいることが明らかになってきました。さまざまな問題が重複しているケースが思いのほか多かったのです。

　学校で教職員が対応するだけで解決していく問題もたくさんあります。その一方で，虐待や貧困など，学校だけではいかんともしがたい問題がある場合も増えています。

　一番困っているのは児童生徒自身です。教職員は，大人として，教職員として，なんとか児童生徒を支援したいと思っています。

　学校だけでは支援するのが難しい場合，学校外の資源を活用するという方法があります。学校で最も頼りになりうる資源は実は保護者です。本人・保護者・学校の連携がとれればいろいろなことができます。特に小学校の場合は保護者の協力というのは外部資源につながる際にとても重要です。

　ただし保護者の協力が得られても，問題の性質によっては特別のケアが必要な場合もあります。そのような場合，外部のいろいろな専門機関を活用し

ます。SC制度が定着した現在，外部資源との連携を行う機会は確実に増えています。

Ⅱ　保護者の理解と協力は重要です

　学校でSCをしていて，教職員を除けば，連絡や面接の頻度の高いのが保護者です。事例に対応するにあたって，頼りになるのも保護者です。

　児童生徒にいろいろな子どもがいるのと同様に，保護者にもいろいろな人がいます。子どものことをよく理解して育てている保護者もいれば，さまざまな要因で養育能力に乏しい家庭の保護者もいます。それでも大事なことは「現在まで子どもを何とか無事に育ててきている」という事実です。生まれたばかりの赤ちゃんを小学生になるまで大きな病気や怪我から守り育てるのは大変なことです。養育能力が乏しくとも，子どもに関心が薄くとも，それまで育ててきた努力を認めることで，今後の支援のヒントとなる可能性があります。

　カウンセリングを行う目的は「クライエントの健康な部分に働きかけて，生きていきやすくする」ことです。学校現場では圧倒的に健康な保護者が多く，学校と保護者が協働していくうちに，保護者自身が成長し，児童生徒のよき理解者になっていくケースも多くあります。

　子どもを心配して自発的に来談される保護者とは連携がしやすいですが，学校からの相談の勧めに反感を持つ保護者も少なくありません。子どもの課題を認識していない場合もありますが，課題を薄々認識しているけれども不安が高くまだ直面化できる状態ではない場合も多いようです。それでも子どものことは気になるので，学校から声をかければ来談されることがほとんどです。そのような場合，いたずらに課題を突き付けるのではなく，児童生徒の様子をいろいろ話しながら，関係を作っていき，課題に関われる下地を作っていきます。

　ある小学校で，新入生の中に顕著な問題行動を示す自閉傾向と思われる児童Ａくんがいました。母子家庭でお母さんも忙しく，学校が働きかけてもなかなか来談されません。学校に慣れないＡくんはパニックになったとき鋏を振り上げたり机を投げたりします。お母さんに連絡しても「学校の対応が悪いからではないか」と怒られてしまいました。しかし，学校は諦めず，担任の熱心な連絡と働きかけで，次第にお母さんは担任やSCと話し合いを持たれるようになりました。そこでわかったのは，離婚したばかりで母子ともに

精神的に余裕がないこと，Aくんが少し平均的な子と違うとは思うがどうしていいかわからないこと，母子家庭なのでお金のかかる受診や検査は受けられないと感じていることなどでした。お母さん自身も思い込むと切り替えが難しくそればかりを考えがちな方でした。担任とSCはお母さんの不安を受け止めつつ，自治体が行っている無料の就学相談（発達検査を含む）が学校で受けられるという情報を提供し，お母さんの負担はそれほどかからないこと，学校では教職員がAくんをできるかぎりケアすることなども伝えました。お母さんは「病院に連れて行く手間がかからないなら」ということで同意されました。

　その結果，境界知能であること，自閉スペクトラム症（ASD）の可能性があることが示唆されました。お母さんと学校はその結果をもとに通級指導学級の併用とクラスでの対応方法を相談しました。お母さんは通級にも同意され，定期的に学校と相談するようになりました。学校側もお母さんの頑張りを支持し，無理はしないようにといつも付け加えました。年が経つにつれ，生活も安定し，お母さんのAくんへの理解も深まりました。Aくんの問題行動はずいぶん良くなりました。お母さんはAくんを連れて自主的に病院を受診しました。診断がおり，投薬治療も始まりました。1年生のとき学校に対して激しく怒っていたお母さんはすっかり姿勢が変わり，療育的な塾を探してきて通わせたり，学校に家での様子を細かく報告されたりと，積極的に療育を進められるようになりました。来年は中学という時に，お母さんから「Aの将来を考えると中学は特別支援学級がいいと思う。Aとも話し合ってそうすることに決めた」と話があり，親子でいくつかの特別支援学級を見学し，進路を決めました。Aくんは中学では支援学級で楽しく勉強しています。小学校6年間でAくんもお母さんも担任やSCが予想する以上に成長されていました。

Ⅲ　こういうときどこを頼ればいいの？
──各種外部機関の活用

1．病気や障害が心配だったら──医療機関・療育機関の活用を
　SC制度が始まった当初から，学校と医療機関との連携は大きな課題でした。学校も医療機関も互いに連携することに慣れていませんでした。しかし，医療機関との連携が必要なケースがあることは当時から考えられており，医療機関との連携が必要なケースとして，精神障害が疑われる場合，心身症的

症状のある場合，思春期危機等の課題を抱える場合，慢性身体疾患を抱える場合が挙げられていました（一丸，2001）。現在でもそれは変わっていませんが，加えて発達障害が疑われるケースが大きな柱として出てきました。民間の療育機関と連携することも増えました。

　専門機関に繋ぐ場合，必ず当該児童生徒本人にメリットがあるようにと考えます。本人が困っている症状が医療機関・療育機関の助けで解決するものなのか，医療機関と学校が連携することで本人の行動的・心理的適応がよくなるのか，発達障害と診断されることで学校生活や進学・就労に有利になることがあるか，症状をアセスメントすることと同時に，ケースワーク的な視点も必要です。

　医療機関や療育機関を活用するメリットがあると思われる場合，次に本人・保護者と専門機関の利用について話し合います。利用する目的，メリット・デメリットについて共に検討します。その時点で，受診を希望される場合も拒否される場合もあります。本人・保護者の意思を尊重し，無理に勧めることはしません。

　専門機関を紹介する時に保護者と学校について気をつけるべきことがあります。どんな課題で専門機関を紹介する場合でも，保護者は「うちの子になんらかの問題があって，それがはっきりするとこの学校での待遇がかわってしまうのではないか」という先行きへの不安があります。その不安が解消されないままだと，専門機関の受診にも同意が得られませんし，学校への敵意や反発，疑念や失望などに繋がります。保護者には「本人のためによりよいケアを，家庭と一緒にしていきたい」ということを必ず伝えます。また保護者が専門機関の受診を決意し，実際に受診するには多大な勇気と努力が必要です。その保護者の不安を理解し，頑張りをねぎらうことは重要です。学校側にはその保護者の心情を伝え，「子どものことを真剣に考えようとしている協力的な保護者」という理解を得ると，その後の関係が良好になります。

　専門機関の利用を希望された場合，SC は本人・保護者と一緒に児童生徒の抱える課題に対応できる機関を考えます。発達障害が疑われる場合は発達に強い病院や療育機関を，精神的課題だけでなく身体疾患の可能性がある場合は症状により小児科・婦人科・整形外科などを考えます。他にも，家庭の経済状態や地理的条件も加味しなければなりません。母子家庭で時間や経済的に余裕がないなら近隣の公的機関を考え，近所の病院には行きたくないなどという希望がある場合は，やや遠方の医療機関でも大丈夫でしょう。また，

他にも気をつける点はあります。本人・保護者と機関の性質・医師との相性なども大事な問題です。男性に苦手感のある思春期女子の場合はできるだけ女性医師を探しますし，勝ち気で語気の強い母親の場合は，そのような保護者対応に経験豊富な年長の穏やかな医師のいる病院を提示したりします。

これらを考えた上で児童生徒本人・保護者の状況と希望を考慮し，適当と思われる機関をいくつか挙げ，本人と保護者に決めてもらいます。利用先が決まったのち，担任やSCから情報提供書を用意することもあります。

多くの場合，専門機関は情報提供書に対し返信があり，児童生徒本人・保護者は結果を知らせてくれます。診断結果，検査結果，療育プランなど，学校で活用できる情報が得られます。それをもとに学校ではより良い支援体制を整えていきます。また，症状が何らかの要因で増悪した場合，専門機関とのつながりがあると，安全に迅速かつスムーズに対応できます。児童生徒を家庭・学校・専門機関で守り育てるセーフティネットが構築できます。

2．学校生活の悩みごとが大きかったら──各種指導学級・教育相談・民間相談機関の活用を

医療機関以外にも，問題の性質によっていろいろな専門機関を利用することがあります。

不登校で学校には来られないけど勉強したいという希望のある児童生徒の場合，自治体の教育支援センター（旧適応指導教室）が利用できます。利用は週1回〜毎日までと形態は自治体によって多少異なりますが，登校復帰や進学に際してのとても良い足がかりになります。

発達障害の診断がおりたけれども学校での勉強だけでは不得意なところがカバーされないような場合は，自治体の通級指導学級（校外通級）や特別支援教室（校内通級）を利用することがあります。通級指導学級・特別支援教室と在籍校の教員間でのやりとりを通して本人の状況を把握し，必要な支援をできるようにしています。

また，下の子が生まれたら急に赤ちゃん返りしてしまって手を焼いているというような情緒的問題の場合，プレイセラピーが効果的です。しかし学校でプレイセラピーを行うことはできないので，自治体の教育相談センター等が利用できます。教育相談センター等と学校の連携に際しては，本人・保護者の了解を得た上であれば情報交換ができます。

情緒的問題があるけれども自治体の相談機関には近所だから行きたくない

というような希望のあるケースでは，有料になりますが民間の相談機関を利用できます。民間のカウンセリングルームや大学附属の相談センターなどが利用できます。大学附属の相談センターは比較的安価ですが，面接を大学院生が担当する場合があり，その事実と大学院生は教授らの指導を常に受けているので面接の質を保証されていることを本人・保護者に伝えておきます。

3．生活面が心配だったら──各種支援機関の活用を

　学校では児童生徒本人以外の問題にも行き当たります。虐待，DV，貧困，事故や犯罪の加害者・被害者，家族の自死や事故死・病死，災害……枚挙に暇がありません。また，最近では保護者の方が外国人で言葉の問題や制度上の問題がある場合も増えています。心理的問題のみとは言い難い事柄に対応を求められる場面があります。SC はそのような問題の専門家ではないのですが，知識として対応できる機関を調べ知っておくことは大切です。

　近年では，スクールソーシャルワーカー（SSW）を配置している自治体も増え，SSW が学校や家庭と各種相談機関の橋渡しを支援してくれます。相互の役割を果たせるよう，ぜひ活用していきましょう。

　虐待や DV などの場合，まずは児童相談所（児童福祉法の一部改正（2016）により，中核市と特別区に児童相談所を設置できるようになった）や児童家庭支援センター（東京では子ども家庭支援センター）などと連絡をとります。児童虐待については児童福祉法において通告の義務がありますので，本人・保護者の同意は不必要です。しかし，困難ではあっても，できることなら本人や保護者の同意がある方が望ましいでしょう。虐待や DV の場合，裁判に進展する場合もありますので，学校や SC が関わった事柄について細かく記録しておきましょう。

　虐待や貧困の結果，児童養護施設や里親のもとで暮らしている児童生徒もいます。原則としてそこでの生活は 18 歳までです。しかし，それらの措置には"就学者である"という要件もつき，中学卒業後就職した場合は措置解除となります。また高校を中退した場合も措置解除になる可能性があります。措置が解除されれば，自立しなければなりません。最近では，高校卒業後も施設や里親の判断でそのまま生活することもできるようです。しかし，子ども達のおかれた立場は平均的な同級生の場合と比べて困難を伴うものであることは事実です。施設入所・里親制度は児童相談所の管轄です。制度を理解した上で児童相談所や施設のスタッフと連携して対応を考えていくことにな

ります。

　近年 COVID-19 の流行が経済的課題に拍車をかけています。COVID-19
流行前から，経済的余裕のない家庭や子どもの一助としてこども食堂（子ど
もが一人でも行ける無料または低額の食堂。子どもの貧困対策や地域交流の
拠点としての機能を持つ）なども活用されていました。こども食堂は SSW や
社会福祉協議会とも連携していることが多く，子ども達にあたたかい食事や
居場所を提供しています。

　学校外で起こる児童生徒の問題として，非行があります。学校でも家庭で
も大きな問題ですし，在学中だけでは解決が難しいこともあります。そのよ
うな場合，東京では警視庁が管轄する少年センター（自治体により名称は異
なる）が相談に応じます。最近よく話題になるネット上で起きるさまざまな
問題についても対応しています。

　貧困や虐待，非行など背景に複合的な課題が重なっている子どもを地域で
抱える姿勢も大切です。その機能をもつのが要保護児童対策地域協議会（要
対協）です。さまざまな課題を抱えた子どもへの対応を福祉・医療・司法等
の関係者（児童相談所，児童家庭支援センター，医療機関，警察，弁護士，
民生児童委員，等）と学校が集まり，対象の子どもと家庭をどのように支援
していくかを考えて支援策を計画・実施していきます。SC が参加を要請さ
れることもあります。

　家庭内で問題が起きる場合も多くあります。保護者が知人の保証人になっ
て借金を背負ってしまった，同居の祖父がアルコール依存で暴れて困る，両親
は帰宅が遅いため中学生の子どもが年少の弟妹の面倒をみて疲れてしまう，
ひとり親家庭なのに保護者が末期ガンになった，これからどうしたらいいの
か，などとても SC が単独で何とかできる問題ではありません。このような
場合，自治体や公的機関が行っている各種の相談窓口を伝えることがありま
す。

　アルコール依存やひきこもり，認知症などの場合は，保健所や精神保健福
祉センターが相談に乗ります。借金や法律の問題の場合は，役所が月一度程
度無料法律相談を行っていたり，弁護士会などが無料相談を開いていたりし
ていることもあります。無料電話相談として法テラスも利用できます。保護
者の傷病や死亡で生活が不安ならば，児童家庭支援センターが相談に乗り，
社会福祉事務所などとも連携をとり，生活保護等の制度を利用できるよう手
助けしています。社会福祉協議会も生活の見直しや経済的課題等に無料で相

談に乗ります。

　犯罪被害の場合，相談先として警察や民間の被害者支援センターがあります。自死の場合は，自死遺族の会や支援団体があります。また，難病や慢性疾患の場合は，各疾患に特有の悩みを話し合える患者の会があります。このようなピアサポートも有効です。

　保護者が外国籍等で言葉でのやりとりが難しい場合，自治体が通訳サービスを行う場合もあります。自治体にその制度がなくとも外国人支援を行うNPO団体なども利用できる場合があります。現在はいのちの電話も多言語に対応しています。そのような情報があるだけでも不安を軽減できるでしょう。

　また，高校生や卒業生など年齢が上がるに従い，就労の問題が出てきます。中学を卒業して数年，高校中退した生徒が「働こうと思うんだけどどうすればいい？」とやってくることもあります。中学校でできることは少ないのですが，公共職業安定所（ハローワーク）や地域若者サポートステーション（自治体により通称は異なる），ジョブカフェなどの公的雇用サービス機関を紹介することになります。

IV　連携する際の留意点

　臨床心理士が他専門職との連携で困難と思われる場合の理由として，下山（2012）は①自分の能力や知識の不足，②心理職の役割が不明確，③連携や協働のための体制が整っていない，の3つを挙げています。学校場面でも同様に，これらの課題はSCが時間をかけて勉強し，調整・解決を目指していく必要があります。

　支援困難が起こる要因として，岩間（2014）はコミュニティワークの視点から3つの要素を上げています。①個人的要因（身体的・発達的・心理的），②社会的要因（家族・地域・社会資源），③支援者の不適切な対応。これらが重なると支援が難しくなります。この3つの視点を念頭に置いて，活用できる地域資源と連携していくことも大切なSCの仕事です。

　以下に，学校で保護者や外部機関と連携するための留意点を挙げておきます。

1．見立てを正確にと心掛けましょう

　誰とどんな連携をしようとも，最も大事なことは問題の見立てです。心理

学的な症状や障害の見立てはもちろん，現在の環境でどのような支援ができるのか社会的な側面からの見立ても必要です。SC はこれらの複層的な課題を見立てる力を身につけて支援に当たることが求められます。

2．連携は管理職を通して依頼します

　学校の責任者は学校長です。外部機関と学校が連携する場合は，必ず管理職から依頼します。SC は児童生徒のために外部機関との連携が必要かどうかを関係教員と校内でよく検討し，必要があれば連携を提案します。

3．連携する人々と共通の認識を持つことの大切さ

　保護者や専門機関との連携の成否は，問題に対して共通の認識があるかどうかにかかっています。問題についての認識，支援についての認識，自分と関係者がどのような立場でどのように動くかについての認識，これらの認識にズレがあると連携が難しくなります。相互に必要な問題を認識し，共通の目的を持つことで，互いに得意な分野での支援が可能となるように，互いに補い合うことができます。そのためにはコミュニケーションを密にすること，わかりやすく説明することが求められます（参考：「多職種コンピテンシー」（多職種連携コンピテンシー開発チーム，2016））。

　学校での SC 活動は，関わる人が多い中でそれぞれの関係を支援する機能を持ちます（竹森，2010）。それぞれの関係を整理調整し，関係性を好転させることも大きな仕事です。

4．SC はいつでも勉強することが必要です

　どんな外部資源があるのか，どんなときにどんなところに相談できるのか，どこの病院にはどんな専門の医師がいるのか，これらは文献だけでは学習できません。また，法的枠組みが変化していくことで，これからも子どもへの公的支援がさまざま変わってくることが予想されます。このような情報もできるだけ知っておきたいものです。

　これらの情報を集めるために，広く関心を持って研修を重ねることが必要です。研修会等で直接に話を聞く機会があれば，該当分野の詳細や心理職・医師・他の支援者が担う役割の一端はわかります。また SC 仲間からの情報も大切です。実際に活用した結果を情報交換することもできます。心理臨床以外の分野については，自治体の出す「生活ガイド」などの冊子やパンフレ

ットも気を付けて見るようにしています．複数の機関が関わっているケースでは，開かれたケース会議に SC として参加することもあります．そういう経験をするに従い，どういう視点でどういうふうに動いているのか理解しやすくなります．

文　　　献

一丸藤太郎（2001）スクールカウンセラーと医療機関との連携．臨床心理学，1(2)；116-170.

岩間伸之（2014）支援困難事例と向き合う─18 事例から学ぶ援助の視点と方法．中央法規出版.

下山晴彦（2012）心理職が社会的資格を得るために何が必要か─多職種協働の時代における心理職の役割を巡って．日本心理臨床学会第 31 回大会シンポジウム.

竹森元彦（2010）スクールカウンセラー─学校という場での支援を問う．心理臨床の広場，3(1)；34-35.

多職種連携コンピテンシー開発チーム（2016）医療保健福祉分野の多職種連携コンピテンシー　第 1 版．筑波大学．https://www.hosp.tsukuba.ac.jp/mirai_iryo/pdf/Interprofessional_Competency_in_Japan_ver15.pdf（2023 年 2 月閲覧）

コラム　　　　　　　　　　　　　　　　　**仕事以外の自分を膨らませる**

（東京都スクールカウンセラー）髙橋敦子

　ひょんな事からバイクの免許を取ることになった．教習で 90 度に曲がっている細道を通り抜ける課題（クランク）があり，これがなかなか難しい．両脇のパイロンをなぎ倒して撃沈していた所，教官から「目の前のパイロンばかり見ていると，車体はかえってパイロンに向かう．視線は全体と出口をしっかり見て」と助言を頂いた．

　これは私たちの仕事にも当てはまる．困難な状況下だと，人は目前の事象に目を奪われ立ち往生する．そんな時に，私たちが全体を見渡す視点と目前の事象を観察する視点をバランスよく持ち合わせることは大切だ．

　以前の私は，知識が足りない焦りから仕事に関する研修にばかり赴き，仕事以外で自分を膨らませる余裕はなかった．しかし，人生を豊かにするための習い事で仕事の極意を学ぶことは多い．学びはどのジャンルにも埋もれており，自分を膨らませる体験を得て公私のバランスをとることが大切である，と実感している．

第6章

スクールカウンセリングにおける守秘義務と記録について

梅津敦子

Ⅰ　守秘義務と連携

　カウンセラーと話したことの秘密は守られるという信頼関係を基に，来談者は自分の中に抱えている問題の奥深くへとかかわっていくことができるというのがカウンセリングの基本ですが，2015（平成 27）年公認心理師法が公布されて以来，公認心理師，臨床心理士に期待される役割として，組織内の専門家として多職種と適切な情報共有を行い，連携し協働していくことが求められるようになりました。さらに学校では「チーム学校」として，積極的に教員と連携し，児童生徒の支援にかかわることが期待されるようになり，「守秘義務と連携」に関する議論は活発になっています。ここでは，守秘義務と情報共有と連携をどのように両立させるかを考えていきたいと思います。

　公認心理師法第 42 条では，「公認心理師は，その業務を行うに当たっては，その担当する者に対し，保健医療，福祉，教育等が密接な連携の下で総合的かつ適切に提供されるよう，これらを提供する者その他の関係者等との連携を保たなければならない」と定義されました。さらに 2020（令和 2）年には一般社団法人日本心理臨床学会，一般社団法人日本臨床心理士会，一般社団法人日本公認心理師協会が連名で「公認心理師法第 42 条の運用に関する連携の考え方」として以下のように指針を示しています。

　「支援方針の設定は，要支援者の理解と同意を抜きには考えられない。連携を秘密保持義務とどのように併存させていくかということが，公認心理師の専門性にとって重要な意義を持つ。…（中略）…どのような情報を共有する必要があるかは，要支援者からの同意が得られた支援の目的によって判断

し，必要以外の情報は漏らさないという態度が求められる」

　さらに秘密保持の例外状況として金沢（2006）のあげる以下の 8 項目を示しています。

1）明確で差し迫った生命の危機があり，攻撃される相手が特定されている場合。
2）自殺など，自分自身に対して深刻な危害を加えるおそれのある緊急事態。
3）虐待が疑われる場合。
4）そのクライエントのケア等に直接かかわっている専門家同士で話し合う場合（相談室内のケース・カンファレンスなど）。
5）法による定めがある場合。
6）医療保険による支払いが行われる場合。
7）クライエントが，自分自身の精神状態や心理的な問題に関する訴えを裁判などによって提起した場合。
8）クライエントによる明示的な意思表示がある場合。

　このような公認心理師法施行以後の議論に先駆けて，東京都では，スクールカウンセラー（以下 SC）を公募制とした 2012 年から「スクールカウンセラー活用ガイドライン」の中で，「スクールカウンセラーの守秘義務は，学校全体での管理を基本とする」として SC の守秘の基準を明確にしてきましたが，2022 年からはさらに積極的に教員と協力・協働する方針を明確にし，守秘義務の捉え方として「スクールカウンセラーは，地方公務員法第 34 条や，その資格に適用される法（公認心理師法）等に基づき，職務上知り得た秘密を漏らしてはならない。ただし，スクールカウンセラーが職務上知り得た情報のうち，学校が児童生徒に対する指導や支援を行うために必要となる内容は，学校全体で管理することが基本となるため，管理職に報告することが必要である」としています。

　職務上の守秘のもとに学校内で適切に情報共有をすることが求められ，「地方公務員法第 34 条」や「公認心理師法」のもと，不適切な情報共有・情報流出には罰則が適用されることとなりました（詳細は第 3 章を参照）。

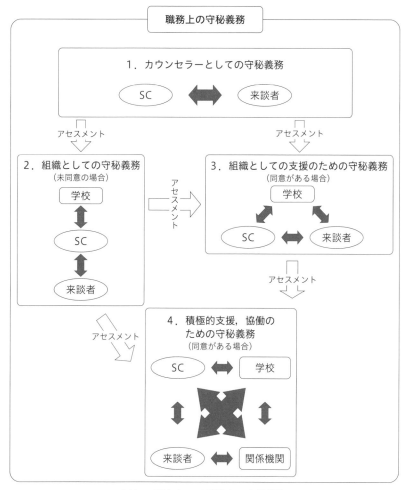

図1　SC としての職務上の守秘義務

Ⅱ　SC の守秘義務の捉え方

　学校という組織の中で行う SC の仕事は，カウンセリングも学校や関係機関との情報共有もすべて職務上の守秘義務の上に成り立っていると考えられます（図1）。

　来談者との信頼関係を損なうことなく学校内で適切な情報共有を行い，来談者の問題解決に役立つように組織としての対応や関係機関との協働を考え

ていくために，SCが常に相談内容や状況をアセスメントして工夫をしていく方法について図1に沿って説明したいと思います。

「カウンセラーの基本姿勢としての守秘義務」は大切です。組織内でのカウンセリングでは，「秘密は守ります」と明言することはしませんが，常に来談者を尊重し，信頼関係を築けるように真摯に話を聴く姿勢で接することが基本です。

教員との橋渡しをしてほしい，関係機関を紹介してほしいという相談は多く，相談内容について校内で情報共有する同意を得て，管理職，担任，養護教諭と繋がり問題解決に向けて動き出すことはよくあります(図1の3.4)。この時大切なことは，どの情報を共有するかを来談者と確認し，教員や関係機関の担当者とも情報共有についての共通の認識を確認しておくことです。不用意な言葉のやり取りから関係が崩れることはありますし，一度失った信頼を取り戻すのは大変です。最初の相談窓口であるSCとの信頼関係があり，情報共有についてきちんと話し合える関係を築けることが，問題解決に向けて進んでいく力になります。

「あの先生は嫌いだから」「この先生は信用できない」「話をできるのはSCだけです」という話もよく聞きますが，来談者の言葉を文字通りに受け取るかどうかをアセスメントすることは大切です。「嫌い」「信用できない」と言いつつ，より良い関係を求めていることはありますし，教員とのトラブルの間に入って欲しいという希望があることもあります。中立的な立場を維持しつつ別の視点から当該教員の話も聞いてみると，行き違いの原因が明確になり関係修復に繋がることもあります。

また，「学校には知られたくない」「担任には言いたくない」という内容であった時でも，相談を重ねるうちに気持ちが変わることもあります。

【事例A】小学校から不登校気味のAは，中学に入ると全く登校しなくなりました。担任から依頼されて来談した保護者からは，家業が不調で経済的に不安定なことや，家事全般を引き受けていたAの祖母に認知症の症状が見られるようになり，Aが祖母に付き添っていてくれることが家庭内の安定につながっていることが語られました。このような「家の恥」になるようなことはとても担任には話せない。世間に知られたら恥ずかしくてとても生きていけない。しかし，どうしていいのか途方に暮れているとのことでした。家庭内でAにはヤングケアラーとしての役割が期待されていることが推察されましたが，早すぎる支援が家族のプライドを傷つけ，支援を受けようとする扉が閉ざされてしまう可能性も考えられました。管理職と相談し，1〜2回は保護者の話を丁寧に聴くことに専念し，変化の兆しが見えな

いようなら方針を再検討することとしました。保護者の話を整理しながら聴いていくうちに，保護者の中で解決に向けての糸口が見え，地域行政の窓口や医療を活用できるようになりました。落ち着いてきたところで，担任がAを支援したいと思っていることを伝えると，保護者から担任に家庭の状況が話され，Aへの積極的な支援を始めることができました。

　Aの保護者の場合，カウンセリングの中で状況の整理ができたことで，積極的に解決に向けて動きだし，自発的に教員と協力していくことができるようになりました。しかし，この状況に混乱するばかりで何の方策も考えられない保護者であった場合には，次に示すように情報共有の同意が得られていない中でも組織として秘密を守りながら情報を共有して支援体制へとすすめる必要があります。

1．組織としての守秘義務（図1の2）

　来談者の同意は得られていないが，組織としての対応を考えておく必要がある場合はさらにアセスメントと工夫が必要です。未成年者とその家族を対象とする学校内の相談室では，来談者の同意が得られていない時でも，また来談者の同意を得る方向で面談を進めている最中でも，学校内で情報共有して問題解決に向けての一歩を踏み出さなければならない時があります。

　組織として秘密を守りつつ支援対策を考える上で大切なことは，情報共有について来談者の同意を得られているか否かを明確にし，「同意が得られていない」場合には，情報共有する管理職や教員にその旨を常に確認しながら進めていくことです。またSCから提供された情報をそのまま使うのではなく，情報共有を元にクラスの様子を確認してもらう，当該児童生徒の日常に気を配ってもらうようにお願いすることも一案です。例えば，いじめの疑いがある相談が寄せられた時，担任が実情を把握していないのに，SCの情報だけで児童生徒に介入することは不自然で，信頼を失い，混乱を招く原因となります。緊急対応が望ましい場合は別ですが，まず担任に事実の確認をしてもらうことが大切です。SCから情報が提供されたことで，担任の視点が変化し，クラス内の変化に気づき，当該児童生徒に対する印象や対応方法が変わることはよくあります。何よりも大切なことは，どのように情報共有することが来談者の問題解決に役に立つかを常に考え，守秘と情報共有の両立を心がけていくことだと思います。

【事例B】中学１年生のBは，時々遅刻はしますが，学校生活では特に問題もなく友人関係も安定していました。保護者から「生活態度に問題があるので，学校行事や部活には参加させたくない」という申し出があり，担任から依頼されて，SCが本人と面接することとなりました。「自分がだらしがないからいけないんです」と保護者から注意を受けた失敗談を笑い話として話し，「自分が頑張ればいいので大丈夫です」と面接は２回で終了し，「困ったことがある」「何とかしたい」という意志は示されませんでした。しかし面談内容からは，登校前と帰宅後に家事手伝いが義務付けられ，保護者の期待通りの成果がなければやり直しになるなど，躾の域を超えた印象が残りました。担任・管理職とそれぞれの情報を共有して協議した結果，「明確ではないが虐待の疑い」ということで子ども家庭支援センターに一報を送り，担任からは「土日も部活動で教員がいるので，困った時はいつでも学校に来て」と伝えてもらいました。約１カ月後の休日の夜中に，Bは近所の交番に保護を求めました。校内と関係機関との情報共有はできていたので，児童相談所への保護とその後の手続きはスムーズに進み，SCの勤務日には次のステップに向けて話し合いをすることとなりました。

　虐待の事例では明らかな虐待の形跡がみられない場合も多く，微妙な内容を慎重に判断することが求められます。Bの場合，本人の同意は得ていませんでしたが,「組織としての守秘」を確認しつつ校内で必要十分な情報共有ができていたために，状況が大きく展開して緊急対応が必要となった時に迅速に対処することができました。

　SC不在の間に状況が大きく変わることはよくあることです。虐待やいじめの疑いがある場合，自傷行為を繰り返す生徒，非行・犯罪との関わりが考えられる場合，家出や妊娠などの緊急事態では，来談者から「絶対に言わないで」と言われている場合でも，管理職や関係教員と情報共有をしておくことが，状況が突然変化した時の適切な対応に繋がります。また，「死にたい」「絶対に言わないで」という言葉が「助けてほしい」という気持ちを伝えていることはありますが，本当に絶望している時は，何も言わないことや明るく振る舞うこともあるということも忘れてはならないことです。来談者の言葉だけでなく，話し方や態度，しぐさなどから大切なサインを受けとり，学校組織の中で適切に共有し，児童生徒の命を危機から守るように動く必要があります。

２．誰に何を伝えるか

　事例でも示したように，管理職には常に「誰がどのような相談で来室したか」は伝えておく必要があります。学校と在籍する児童生徒の全てのことに

責任のある管理職が「知らなかった」では済まされないことはたくさんありますので必ず報告します。この時，情報をどのように扱うか，SC としての見解，情報共有の同意の有無，担任や学年と情報共有する必要があるか等，管理職と検討しておけると良いと思います。

　児童生徒の日常を支える担任，養護教諭や教育相談担当者に伝える時は，相談内容とともに，情報共有の同意の有無，次の SC の勤務日までにどのようなことが予測されるか等も話し合っておけると，変化があった時に適切な対応をとりやすくなります。友だち同士のささいな気持ちの行き違いに見えたことが，いじめの発端であることは珍しくないことです。不測の事態が起こった時に学校の現場が混乱せずに対処できるよう心がけておきましょう。

　発達障害の疑いがある児童生徒の場合は，全教員が対応に苦慮することになりがちです。学校全体で秘密の保持を確認しつつ情報共有して校内での支援方針を確認しておくことが大切です。

　学校内には教員以外の職員もたくさんいます。また PTA や地域のボランティアや学習指導員，民生委員・児童委員など学外からの支援者もたくさんいます。それぞれが貴重な情報を提供してくれる存在ですが，不用意に情報を漏らさない注意も必要です。情報共有の必要がある場合には当該児童生徒やその保護者，担任や管理職と相談して慎重に進めるようにしましょう。

3．情報共有するということ

　情報共有するということは，SC がその相談をどのように理解し，アセスメントして，誰に何をどう伝えれば来談者の問題解決へのメリットになるかという見通しがあるということです。情報を受け取る側の理解と SC が伝えたいこととの間に齟齬はないかを確認しながら，共通認識を得られるように説明する力を養う必要があります。来談者のために，今ここで必要な情報は何かを吟味し，必要なところに必要な情報を伝えていく努力をしていくことが大切です。

III　記録について

　録音機器を持って来談する保護者も増えています。児童生徒に相談場面を録音してくるように促す保護者もいます。学校内での子どもの立場を心配してのことで，学校や SC に対して信頼しきれない気持ちの表れでもあります。公務員法や公認心理師法に違反していなくとも，理解の食い違いや事実の誤

認で訴えられる可能性はいつでもあります。

　事件・事故が起こった時だけでなく，来談者が SC の相談の姿勢に疑問をもった時などに，開示請求があれば記録はすべて開示する義務があります。メールや SNS の書き込みも開示対象になりますから，不用意な書き込みはしないのが常識です。その一方で「相談内容と経過の事実」をきちんと記録することを心がけてほしいと思います。記憶は時間とともに変化し，気分や気持ちのもちようで変わってきます。相談から数日たって SC が不在の時に全く違う内容で担任や管理職に訴えるということもあります。来談者とどういう話をしたのかという「事実」をきちんと記録に残すことが SC の立場を守ることにも繋がります。

　学校への不信感が強く，教育委員会も巻き込んで訴えを続ける保護者の面談を担当した時は，相談内容の詳細を口頭と文書で管理職と学年の教員とで共有するようにしていました。SC 不在の時にも，管理職，担任，学年主任と相手を変えて訴えを繰り返していましたが，「相談内容の事実」が共有されていたことで，学校全体で落ち着いて対応することができ，記録の大切さを実感した出来事でした。

　また，記録の保管についても考えておく必要があります。記録は他者が簡単に閲覧することができないようにきちんと保管する必要があります。学校内の相談室ですので，記録も学校内に保管されるべきものです。体制が整っていない場合には，学校側と記録の保管と保管期限について話し合っておく必要があります。

Ⅳ　おわりに

　公認心理師法の成立により，教員やスクールソーシャルワーカー（SSW）や関係機関と適切に情報共有をしつつ，来談者が抱える問題に多面的・積極的にかかわっていくことが SC に期待されることは，SC の活動の幅を広げることに繋がっていきます。しかし，法律があるから，罰則があるからという以前に，カウンセラーの基本は，来談者を尊敬する気持ちを持ち，共感的で真摯な姿勢で接し，深い信頼関係を結ぶことにあることも忘れてはならないと思います。多職種連携を期待される中だからこそ，この基本姿勢がカウンセラーの専門性を際立たせ，自信をもって連携する基礎になります。来談者との信頼を基に，問題解決に向けて多職種と協働していくためには，SC が守秘義務と情報共有のはざまで常に考え，工夫していく存在であり続けるこ

とが大切だと思います。

文　　献

一般社団法人日本心理臨床学会・一般社団法人日本臨床心理士会・一般社団法人日本公認心
　　理士協会（2020）公認心理師法第 42 条の運用に関する連携の考え方．https://www.
　　jacpp.or.jp/document/pdf/law_opinion.pdf（2023 年 2 月閲覧）
金沢吉展（2006）臨床心理学の倫理をまなぶ．東京大学出版会．
河合隼雄著，村山正治・滝口俊子編（2008）河合隼雄のスクールカウンセリング講演録．
　　創元社．
村瀬嘉代子著，滝川一廣・青木省三編（2006）心理臨床という営み─生きるということと
　　病むということ．金剛出版．
村山正治・森岡正芳編（2011）スクールカウンセリング─経験知・実践知とローカリテ
　　ィ：臨床心理学　増刊第 3 号．金剛出版．
野島一彦・繁桝算男監修，野島一彦編（2018）公認心理師の職責─公認心理師の基礎と実
　　践①．遠見書房．
野島一彦・繁桝算男監修，石隈利紀編（2019）教育・学校心理学─公認心理師の基礎と実
　　践⑱．遠見書房．
東京都教育委員会（2022）スクールカウンセラー活用ガイドライン．
東京都教育委員会（2022）教職員向けデジタルリーフレットキーワード「見付けてつなぐ」
　　ヤングケアラーを支援するために．https://www.kyoiku.metro.tokyo.lg.jp/school/
　　content/files/leaflet_youngcarer/digital_leaflet.pdf（2023 年 2 月閲覧）

情報提供書の書き方

上野綾子・鈴村眞理

　学校，保護者からの要請があったり，スクールカウンセラーが必要と考えたりした場合，関係機関に情報を提供する文書を作成することがあります。情報提供書はどのようなケースでも，学校から提出される文書となりますので，スクールカウンセラー個人の判断だけで作成することはありません。管理職，教職員，保護者・本人と協議の上，作成します。

I　情報提供書の提出先

1．医療機関・相談機関が対象

・治療が必要な精神的課題を抱えている場合→医療機関（小児科，精神科）
・精査が必要な発達的課題を抱えている場合→諸検査を含めて，発達障害の診療に力を入れている医療機関
・情緒的課題を抱えている場合→医療機関，相談機関，大学附属相談機関

2．教育機関が対象

・進学・転出にともない，報告書を提出する→高校，サポート校，フリースクール
・現在通っている塾と連携を取る→塾，予備校

3．児童相談所など福祉機関が対象

・虐待，DV 等の通告→児童相談所，児童家庭支援センター，女性センター等

・被虐待児面接の経過報告（場合によっては対裁判用）→児童相談所など

II　文書を書く場合の手順

ステップ1：どのような目的で何を専門とする関係機関に情報提供する
か教職員・管理職と検討します。保護者から要請があった場合はその
旨を学校に報告します。

ステップ2：学校側の了解が得られれば，本人および保護者に関係機関
の情報を提供し，本人の適応状態の改善に適した機関を選べるように
助言します。

ステップ3：情報提供書の下書きを書き，教職員・管理職に了解を得ます。

ステップ4：ステップ3の下書きを本人・保護者に提示し，修正し，決
定稿の了解を得ます。

ステップ5：校長先生が押印された情報提供書を本人もしくは保護者の
眼前で封緘し，そのまま保護者へ渡します（その際，コピーを2部と
り，1部は管理職へ提出，1部はSCが持つ）。封筒の宛名書きは医療
機関の場合，「○○先生御侍史」とし，親展扱いにします。

※小学校の場合は，基本的に保護者の同意のみで作成することがほとんどです。
中学校・高校の場合は，保護者と本人の同意を得ることを原則としています。
ただし，虐待案件の場合は本人の同意のみで文書作成することもあります。

III　医療機関への情報提供書についての留意点

クリニックはスクールカウンセラーの情報提供書でも通用する所が多いで
すが，「特定機能病院」いわゆる大学病院等の大きな総合病院は医師の紹介状
がないと，料金が加算されます（選定療養費）。では，保護者が「特定機能病
院」の受診を希望する場合，医師の紹介状をどうしたらよいでしょうか？

1）保護者と相談し，かかりつけ医に紹介状を書いてもらう。
2）かかりつけ医がいない場合，校医の先生にお願いして紹介状を書い
てもらう。

以上の2通りの場合，学校からは「情報提供書」（図1，図2）という文書
を付けます。

※精神科的問題が疑われる場合は，できるだけ1枚にまとめるように心がけています。
　発達的問題が疑われる場合は，できるだけ学校現場で観察された気がかりな行動を
　詳しく書くようにして，2枚以内にまとめるよう心がけています。

Ⅳ　情報提供した後のこと

　大抵の場合，情報提供書への返事が来ます。診断名や検査結果は保護者が
持参することが多いです。受診すること，検査を受けること，診断が下りる
こと，検査結果が出ること，治療や療育を受けること，どれも本人や保護者
にはとてもつらい仕事です。それだけの苦労をしてもよかったと思えるよう
に学校は支援策をたてます。結果をもとに，学校の現状も考えた上で，学校・
家庭でどのような支援ができるか，保護者や本人，教職員とともに考え，本
人への支援を進めていきます。情報提供しっぱなし，検査しっぱなしでは，
意味がありません。

　情報提供書を書き，外部機関に繋げることは第一歩で，スクールカウンセ
ラーの本当の仕事は，その後に待っています。

例

情　報　提　供　書

（御　依　頼）

○○病院○○科
外来御担当先生御侍史

○○中学校　校長　○○○○　印

　　本校生徒＿＿＿＿＿＿＿（中学　年生、　年　月　日生、性別）の情報を提供いたします。
　　御高診のほど何卒よろしくお願い申し上げます。
　　なお、以下の内容は本校スクールカウンセラー○○○○が作成いたしました。

1.　主訴
　　本人・保護者が困っていること問題となっていることを書きます。
　　〈例〉不登校、学力不振、情緒不安定、衝動的に行動する、暴力行為　等
　　本人と保護者の主訴が違っている時は誰の主訴が分かるように書きます。
　　〈例〉本人の主訴：授業がつまらなくて、教室に入りたくない。
　　　　　保護者の主訴：家を出ても登校せずに行き先がわからなくなる。

2.　受診の理由・目的
　　　主訴によって本人の学校生活、家庭生活にどのような不具合が起きていて、それを改善するため
　　に保護者・本人は何を医療機関に期待しているか、学校としては本人を支援するために何を期待し
　　ているか、などについて書きます
　　〈例〉保護者は本人の発達にどのような躓きがあるか見立てを希望しておられます。
　　　　　特別支援級への転学を申請するに当たり、医療機関の受診を勧められています。
　　　　　学校が本人の学校生活上配慮すること、本人に適した指導方法がございましたら、是非とも
　　　　　ご教示賜りたく存じます。

　　※「家族」「生育歴」
　　　医療機関によってはインテークで保護者から直接聞くため、「家族」「生育歴」は詳しく記載する
　　必要はありません。しかし、症状に関わると強く推測される事柄がある場合、記載することもでき
　　ます。この項を書くために特別に家族について質問することは好ましくありません。
　　　「家族」「生育歴」を記載する場合、これまでに保護者/本人とスクールカウンセラーが共有して
　　いる情報を慎重に記載します。保護者や本人が読んで不快にならないよう言葉の選択に注意します。
　　〈「家族」例〉同居している家族の職業、年齢、親子関係・兄弟関係の様子、保護者が本人の問題
　　　　　　　　　をどのように理解して心配しているか等
　　〈「生育歴」例〉出産時の状況、始歩、始語、保育園/幼稚園・小学校での様子（身辺自立、友人関
　　　　　　　　　　係、学習等）

3.　入学後から現在までの様子
　　学校生活で気になる様子を中心に書きます。
　　〈例〉不適応にいたる経緯、どのような状況で困るか、逆に本人のよさが発揮されるのはどのよう
　　　　　な場面か。感覚統合の状態、認知の発達の水準及び特徴、感情の発達の見たてを本人の日常の言
　　　　　動を交えて具体的に書きます。学業成績や副教科の作品が手掛かりになることもあります。

（注：医師は必要に応じて家族歴、生育歴を聴取します。家族歴・生育歴より、学校での様子を書くことの方が大切です。）

図1　情報提供書の例　その1（SC作成）

例

令和○年○月○日

情 報 提 供 書

□□□□病院　児童精神科
御担当医師先生御侍史

　　　　　　　　　　　　　　　△△市立○○○○小学校　校長　◆◆◆◆
　　　　　　　　　　　　　　　　　　　　　　　　　　　担任　■■■■
　　　　　　　　　　　　　　特別支援教育コーディネーター　▲▲▲▲

　この度、本校児童●●●●くん（平成○年○月○日生：小 2）の受診に当たり、ご本人の学校での様子などを情報提供いたします。

(1) 主訴：落ち着きがない。授業への参加が難しい。
　　　　　衝動的に行動することが多く、対人トラブルが多い。

(2) 学校での様子
〈頑張っていること〉
　元気で明るく、人懐っこい。物おじしないので、上級生とも楽しく遊ぶことができる。足が速く運動会ではリレーの選手である。好奇心旺盛で記憶力も良く、いろいろなことをよく知っている。字を書くのをいやがるが、テストの成績は良好。お手伝いが好きで、学校では教員の手伝いを、家では母の手伝いを積極的にしてくれる。
〈困っていること〉
　1 年生のときは、授業に座って参加することが難しく、立ち歩きや飛び出しが頻発した。それを止めようとした教員に対し、叩いたり文句を言ったりしていた。2 年生になり、飛び出しはやや減ったが、立ち歩きは続いている。
　勝ち負けへのこだわりが強く、友達との遊びで負けそうになると自分勝手なやり方をしてルールを守らないため、周囲から文句を言われる。文句を言われると怒り、物差しで友達を叩くなど暴力的な反撃をしてしまう。
　授業では自分が好きなこと（絵を描く、計算するなど）は積極的に参加するが、自分が嫌いなこと（漢字の練習、鍵盤ハーモニカの練習など）は全くしない。授業で嫌いなことをやっているときは、自由帳に落書きしたり、文房具を使って戦争ごっこをしたりと、授業に参加せず、教員の指示も耳に入らない。

　保護者も本人の様子を心配され、本人にどう対応したらいいのかアドバイスが欲しいとのことで、貴院の受診を希望されております。学校も本人に役立つ対応をしたいと思っております。ご多忙とは存じますが、何卒ご高診のほどよろしくお願いいたします。

図2　情報提供書の例　その2（教員作成）

第 7 章

お便り発行の目的と工夫

学校状況をアセスメントしながら

吉田章子

　本章では，相談活動を行う前の段階で必要とされるスクールカウンセラー（以下，SC）の広報活動について取り上げます。SC の広報にはさまざまな方法がありますが，学校で一般的な「お便り」を例にとり，学校状況のアセスメントと関係づけながら，SC の広報活動の目的や留意点について説明します。

Ⅰ　SC の広報活動の目的

1．相談活動の前の準備

　SC が学校に入る場合，すぐに相談活動が行える状況にあることは少なく，その前の段階として，SC が学校コミュニティの中で円滑に活動していくための準備の段階があります。鵜養美昭・鵜飼啓子（1997）は，SC は心理臨床の技法や治療的な臨床活動に精通している必要はあるが，それらの諸機能が発揮できる基盤作りをまずしておくことが必須であると述べています。つまり，学校で相談活動が可能になるような準備から始める必要があるということです。

　準備の段階で行うことの 1 つとして SC の広報活動があります。

　東京都教育庁の SC 活用ガイドライン（2016（平成 28）年 4 月）では，SC を効果的に活用するために必要な事項の中で SC の紹介という項を設け，SC について周知するようにと示されています。SC 制度が公立学校に導入されて 25 年以上経ちますが，SC の存在や活動内容について十分知られているとは言えません。

　SC はどんな人なのか，いつ，どのようにすれば相談できるのかなど必要な情報が相談したい人に伝わらなければ相談活動は始まりません。SC の広報活動は，SC が学校で活動していくために欠かせないことといえるでしょう。

2．SC の広報活動と学校アセスメント

　学校で広報活動を行うと，広く多くの人に伝わります。また，情報だけでなく SC の印象も伝わります。私たちは，広報活動によって「この SC に相談してみたい」と思ってもらえればと願いますが，その逆になることもあり得ます。また，発信することによって，安心感や温かさが伝わったり，逆に緊張感が伝わったりすることもあるでしょう。このように広報が及ぼす影響は大きいことを意識しておきたいと思います。

　では，何を心がければいいのでしょうか。受け手にとって必要な情報をわかりやすく過不足なく伝えること，そして受け手の気持ちに沿ったメッセージを侵襲的でなく伝えることだと思います。そのためには，受け手である児童生徒・保護者・教職員などが求めていることは何かをアセスメントします。すなわち，SC から発信するときは，学校状況をしっかりアセスメントし，その影響について考慮し，ニーズに沿った内容，広報の時期，方法を吟味することが必要です。学校に新しい SC が入る時は，SC に対して緊張や不安を感じる人がいるかもしれないので，発信には特に配慮が求められます。

　しかし，学校では，十分アセスメントができていなくても発信しなければならないことが起きます。急に朝会で挨拶を頼まれたり，お便りの発行を依頼されたりした SC も多いことでしょう。学校は速いペースで動いていますし，SC の次の勤務日まで延ばせないこともあり，急な判断を迫られることがよくあります。このような学校のペースに対して，チャンスととらえて積極的に乗るのか，構えずにさりげなく乗るのか，乗らないで待つのか，やり方に正解はありませんが，学校状況のアセスメントに基づいた選択を心がけたいと思います。

　さらに，広報活動の影響をアセスメントすることが必要です。小さな反応を見逃さないようにして次の発信につなげていきます。アセスメントをして発信し，その影響をアセスメントして次の発信をするというように微調整を繰り返していく作業が必要です。

　このように，SC の広報活動は学校状況をアセスメントしながら行っていくことが基本と考えます。

II　お便りの特徴について

1．さまざまな広報活動とお便り

　学校の中ではさまざまな広報活動が考えられます。始業式，全校朝会，保護者会などで挨拶や話をしたり校内研修会を行ったりといった活動がありま

す。授業観察，給食交流，校内の巡回なども広報活動になります。また，お便りやリーフレット，ポスターの配布，掲示，学校ホームページへの掲載，インターネット配信などの方法があります。

　これらの中で，お便りは学校では一般的な広報ツールです。多くのSCがお便りを発行しており，相談活動の活性化に役立ったというSCの報告もあります（森川，1998；佐藤，2003ほか）。そこで，SCの広報活動の中からお便りを取り上げ，以下に詳しく述べていきたいと思います。

2．お便りの特徴
①学校に馴染みのある広報ツール
　お便りは学校の文化に馴染んでいるという特徴がまず挙げられます。ほとんどの学校で学校便り，学年便りなどが発行されています。各学年のお便りが職員室脇の廊下に掲示されている学校もあります。お便りは学校で馴染みがあり自然に受け入れられる広報ツールです。侵襲的ではなく一定の距離を保てるので，SCが学校内でなかなか活動を展開しにくい状況でも受け入れられやすい方法といえるでしょう。

　東京臨床心理士会では，2000（平成12）年の三宅島噴火による全島避難で島の7つの学校が合同で避難生活を始めた時，子どもたちへの心のケアの支援活動に参加しました（東京臨床心理士会，2009）。しかし，先生方は避難生活で疲労しており，外部から入ってきたSCを活用する余裕がなかったため，三宅島の子どもたちと教職員にSCのことをなかなか知ってもらえませんでした。そこで考えたのがお便りです。校長先生の了解を得て教職員向けのお便りを毎月発行しました。先生方が自然に受け取ってくれ，先生方との関係作りのきっかけとなり相談活動が広がっていきました。お便りの有効性を実感したエピソードです。

②学校から発行する公文書
　SCとして行う活動はすべて学校としての活動ですので，お便りはSC個人が発行するものではなく学校から発行する公文書です。必ず管理職に事前のチェックを受け発行の許可をもらいます。内容だけではなく文法や文言などのチェックも受けます。このようなルールを守る中で，SCの活動は行えているということを自覚しておきたいと思います。

③応用ができる発信ツール
　お便りはさまざまに応用ができる発信ツールであるという特徴もありま

す。例えば，全校向けのお便り，教員だけ，ある学年だけに絞ったお便りなど対象を選ぶことができます。また，発信したい時期を選ぶことができます。さらに，相談活動のために必要な情報発信だけではなく，学校行事に合わせた話題や心理学的トピックスなど多様な内容を伝えることができます。SCには予防的対応も求められていますが，学校内にいる心理の専門家として，心の健康に関する知識の普及を図る目的で，心理教育を行っていくことができます。これらのお便りの持つ応用力を活かしていきたいと思います。

III　お便り発行の留意点と工夫

1．年度初めのお便り（図1）

　年度初めに出すお便りには，SC の来校日，相談の予約方法，相談室の場所や使い方，SC の紹介，仕事内容の紹介などを載せることが多いようです。そのため，お便り作成の前には，この学校でどのような相談活動を行っていくのかについて管理職や関係する教員と相談することが必要です。

　まず，SC の相談活動について学校の方針を確認します。学校の方針は，過去の出来事や学校状況と関係している場合がありますので慎重にアセスメントします。また，もともとの SC に対するイメージは親和的かどうか，SC の活動を細かく把握したい学校か，ある程度任せる学校かなどにも着目します。例えば，相談室の自由来室を制限している学校もありますし，「気軽に遊びに来てください」という表現も教員には「学校は遊び場ではない」と感じられるかもしれません。

　SC に求められる動きは学校によって違います。SC 自身が思い描いていたこととは違う場合もありますが，学校との良い関係を作っていく過程と考えます。学校の方針に沿いながら SC の希望も伝え，すり合わせをしていく作業こそが年度初めの SC にとっての大切な仕事と言えるかもしれません。

　さらに，お便り発行の方法も相談します。SC が作成して発行することが多いようですが，SC のお便り発行に抵抗感のある学校もありますし，学校便り，保健便りなどに掲載する学校もあります。また，複数の SC や相談員がいる学校では，児童生徒や保護者が利用しやすいことを第一に考え，共同でお便りを発行できるといいでしょう。

2．相談室運営について

　相談申込み方法や相談時間など，相談室の運営方法として学校と事前に話

相談室だより　No.1

〇〇〇〇年 4 月〇日
〇〇市立〇〇小学校
校長　〇〇　〇〇
スクールカウンセラー
　　〇〇　〇〇

〇〇小学校のみなさんへ

☆相談室があいているのは？・・・・金曜日です。
　　　　　　　　　　　　　　　　20 分休みと昼休みに来てください。
☆どんな時に行っていいですか？・・相談したいとき、おしゃべりしたいとき
　　　　　　　　　　　　　　　　　のんびりしたいとき、などに来てください。
☆どこにありますか？・・・・・・・1 階保健室のとなりです。

> 児童向けには：
> SC の来校日、利用方法、相談室の場所

保護者の皆様へ

　お子様のご入学、ご進学おめでとうございます。保護者の皆様と一緒にお子様のことを考えていきたいと思っています。小さなことでも結構ですのでお気軽に話にいらしてください。

☆相談ができるのは？・・・金曜日の 9：00〜17：00

> 保護者向けには：
> SC の来校日、
> 相談時間、予約方法

☆申し込み方法は？・・・・担任の先生を通して申し込む。
　　　　　　　　　　　　　直接カウンセラーに電話などで申し込む。
　　　　　　　　　　　　　いずれかの方法で予約してください。

スクールカウンセラー自己紹介

　〇〇　〇〇　　　公認心理師・臨床心理士
　これまで学校や病院などで相談の仕事をしてきました。現在は〇〇小学校の他に、都内でスクールカウンセラーや教育相談員をしています。どうぞよろしくお願い致します。

> SC の簡単な自己紹介

★ワンポイントアドバイス★

ゆっくり
　休みましょう。
　4 月は気持ちも新たになってがんばりすぎるお子さんも多いようです。家ではお子さんがゆっくり休めるよう心がけてあげてください。

図1　年度初めに出すお便り例

し合っておきたいことを表1にまとめてみます。

　相談室利用のルールは生徒指導の方針と齟齬がないか確認します。たまり場になることへの危惧が強い学校もあり生活指導部との連携が必要です。小学校では外遊びが重視されるので，休み時間の相談室利用をどう調整するか相談します。

　前任の SC から引き継ぐ場合には，すでにあるものを残しながら始めるようにします。年度初めには，子どもたちが相談室に立ち寄り「ここに来るとほっとする」という声を聞くことがあります。担任や学級編成が変わる時期

表1　相談室運営についての確認事項

確認事項	運営の方法
相談申し込み方法	申し込み方法（学校代表電話，相談室直通電話，教員を通して，相談室ポスト，メール他），予約の管理は誰がどのように行うか，など。
利用方法	開室時間，相談時間（児童生徒の授業中の相談の可否，放課後利用の際の下校時間のルール，他），自由来室（オープンルーム）の可否，など。
相談の受け方	相談内容の守秘について。
備品	何を置くか，ゲーム類の扱い，校内で休み時間に使っていいものは何か，SC以外に誰が相談室を使用するのか，など。

に，子どもたちにとって変わらない場所として相談室があることにも意味があるようです。また，利用方法やレイアウトを変えたい場合も，その学校の相談室がそのように運営されてきた理由があるので，状況をアセスメントしながら少しずつ行っていくとよいでしょう。それぞれの学校状況があるので，学校によって相談室運営が違って当然なのです。

3．お便りの書き方の工夫

　お便りを書くときは，平易なわかりやすい言葉を使い，心理学の専門用語は控えるようにします。学校ですから学年レベルの漢字の使用に配慮し，誤字脱字に気をつけます。

　小学生向けには，大きな文字にする，漢字などに振り仮名を入れる，挿絵や図を多くするなどの工夫をします。中高生向けには，小学生向けの工夫も適宜取り入れ，さらにチェックリストやミニ心理テストのような興味を持てる内容を考えます。学年便りや保健便りを参照したり，他のSCの工夫を聞いたりすることも役立ちます。なお，毎月，隔月，学期ごとなど定期的な発行を見据え，無理なく続けられるように考えます。

　発行したら，児童生徒，教員だけではなく主事さんや栄養士さんなどにも配ります。配布物ボックスがある学校が多いようですが，直接手渡しすると話をする機会が作れます。

4．お便りのテーマと発行の時期

　お便りのテーマの例を表2にまとめてみます。

　全校向けに発行するお便りは，多くの人に読まれるので一般的なテーマを選ぶようにします。どの時期にどんな内容を発信するのかは学校状況をアセ

表2　お便りのテーマ例

対象	テーマ
全校向け	SCの来校日や予約方法／学校行事に合わせた話題／ニュースやタイムリーな話題／心理学の基礎知識／心理学的トピックス／本の紹介 【心理学的トピックスの例】 ・小学校(図2)：友達関係, 仲直りの方法, 気持ちの伝え方, 長所短所の裏表, イライラ解消法 ・中学・高校(図3, 4)：友人関係, アサーション, 恋愛, 自己イメージ, 緊張しない方法, ストレス解消法, ストレスチェック, 性格チェック, ネット依存
教職員向け	相談室での児童生徒の様子／相談件数や主な相談内容／子どもの発達, 思春期の心理, 不登校, いじめ, 虐待, 発達障害, 自傷行為などの心理学的トピックス／カウンセリングとは／子どもの話の聴き方／保護者面談のコツ／ストレス・マネジメント／新聞記事や本の紹介
保護者向け	SCの来校日や予約方法／SCから見た子どもの姿／子どもの心の発達／しつけのポイント／子育てに関するトピックス／思春期の子どもへの関わり方／親子関係／親のストレス解消法

スメントして考えます。例えば，職員室で子ども同士のトラブルの話題が増えているときには，友達関係のもち方やアサーションなどのテーマを，性格についての相談が続いたときは，長所短所のとらえ方，プラス思考についてなどをテーマにしてみます。また，事件事故などが起こった時は，安全安心のメッセージを伝えるために心のケアをテーマにしたお便りを発行するようにします（5章⑥参照）。

　学校全体が忙しそうで疲れていると感じた時には，ほっとする話題や元気が出る話題などを選んでみます。慣れてきたらオリジナリティのある内容も書いてみましょう。

　しかし，全校対象のお便りには向かない内容もあります。深刻なテーマ，影響が強すぎるような内容，主観的すぎる意見などはあまり適さないと思います。また，校内で学級崩壊やいじめなどの問題が起きている渦中では，時期を考えて全校対象のお便りでは扱わずに個々の教員とのコンサルテーションで扱うことを考えてみます。このように，全校向けのお便りは広く多くの人に読まれるので十分に配慮して発行します。また，インターネット上に掲載する場合は，完全に消すことはできないので，さらなる注意が必要となります。

5．対象別に発行するお便り

発信したい相手を限定したい時は対象別にお便りを発行します。

教職員向けには，SC からみた子どもの様子や気になったことを伝え，子どもたちが相談室に来る意味を説明していきます。主な相談内容を守秘義務に反しない範囲で伝えてみるのもいいでしょう。SC 活動について理解してもらうためには適度な開示が必要です。

保護者向けには，保護者が知りたいことや身近なことをテーマに選びます。保護者会で配布したり，全校配布のお便りの中に「保護者の皆様へ」というコラムを入れたりすることもできます。保護者が SC を身近な相談先として活用してくれるように内容を工夫します。

IV　お便りの成果

お便りの成果はなかなかわからないものですが，「読みました」「面白かった」などの声を聞くと嬉しいものです。

ある先生は，教室の掲示版に学級便りと相談室便りを並べて掲示してくれました。また，別の先生はクラスの帰りの会で子どもたちと一緒に読んでくれました。お便りを渡すだけの関わりしか持てなかった先生から１年後に相談が寄せられたという経験もあります。楽しい内容やチェックリストを載せた時には，相談室に来る子どもが増え，チェックリストの結果を見せに来た子どももいました。また，ある保護者からは「家でカレンダーのところに貼って見ています」と言われたこともありました。保護者からの相談や研修会への誘いが増えるという効果もありました。

SC として，学校で多くの人に読んでもらい活用してもらえるようなお便りを発行したいと思います。今の学校の状況はどうか，子どもたちや先生方の心の状態はどうかといつもアンテナを張り，お便りで何を伝えようかと気にかけていることが大事です。本章で紹介したお便り発行の留意点や工夫は他の広報活動にも共通します。広報活動によって SC の仕事や考え方を理解してもらい，相談活動を実りあるものにしていきたいと思います。

文　　　献

森川澄男（1998）学校活性化への支援─学校コンサルテーションと学校資源の活用．In：村山正治・山本和郎編：臨床心理士のスクールカウンセリング3　全国の活動の実際．誠信書房，pp.146-161．

佐藤宏平（2003）相談室の経営：マネージメントって何？　In：若島孔文編：学校臨床ヒ

ント集—スクール・プロブレム・バスター・マニュアル．金剛出版，pp.37-47.

東京都教育庁（2016）スクールカウンセラー活用ガイドライン．

東京臨床心理士会（2009）三宅島被災者支援活動報告書—三宅島の子どもたちや教職員への心のケア．

田多井正彦（2021）学校では教えないスクールカウンセラーの業務マニュアル—心理支援を支える表に出ない仕事のノウハウ．遠見書房．

鵜養美昭・鵜養啓子（1997）学校と臨床心理士—心育ての教育をささえる．ミネルヴァ書房．

相談室からのごあいさつ

△△中学校
スクールカウンセラー
○○　○○
○○年○月○日

　みなさん、こんにちは。今年度から○○中学校のスクールカウンセラーになりました　○○　○○　です。これから水曜日に学校に訪問しますので、休み時間や放課後に、みなさんと過ごせると嬉しく思います。

　スクールカウンセラーは、生徒のみなさんに〝悩みごと〟や〝心理的ストレス〟また〝気持ちの落ち込み〟や〝心の不安定さ〟などが出てきた時に、その解決をお手伝いし、生き生きと学校生活を送れるようサポートするために学校にいます。心が苦しくなる前の〝予防〟も大切にしていますので、「なんだか最近、元気が出ないなぁ」「何をしていても楽しく感じなくったなぁ」などという時は、ぜひ早めに相談室に来てみてください。一緒に、心のリラクゼーションや、気持ちの切りかえをしてみましょう。

〜『こころに効く本』の紹介〜

パット・パルマーの本

泣きたいのに泣けない。
怒りたいのに怒れない。
楽しみたいのに楽しめない。
そんなあなたに贈る——
パット・パルマーのシリーズ

　ホントは、とっても怒っていたのに、みんなの手前、なんだか笑ってごまかしてしまったこと、とっても悲しかったのに、なんだか周りの人にツンケンしてしまったこと、とっても楽しかったのに、こんなのつまんないっって顔をしてみせたこと、そんな経験、みんなちょっとはあると思います。それはそれで、とても意味のあることだと思います。その時は、あなたにとってそうすることが必要だったのかもしれない。でも、それが、毎日になってしまうと、誤解をされたり、気持ちがきゅうくつになってしまうかもしれませんね。自分の気持ちを自由に表現するためのヒントを、パット・パルマーが書いています。

図2　お便り例「SCの紹介，本の紹介（中学・高校用）」（資料提供：西野薫）

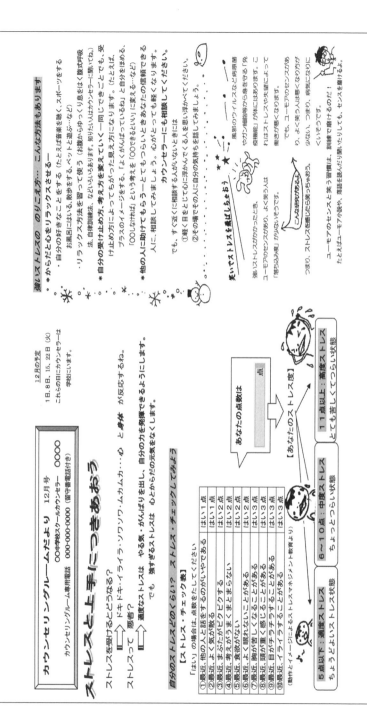

図3　お便り例「ストレスチェック（中学・高校用）」（資料提供：横山典子）

カウンセラーだより No.5

〇〇年〇月
〇〇区立〇〇小学校
校長　〇〇　〇〇
スクールカウンセラー
　　　〇〇　〇〇

■〇月の相談室カレンダー
木曜日に在室しています。

日	月	火	水	木	金	土
			3	4	5	6
7	8	9	10	11	12	13
14	15	16	17	18	19	20
21	22	23	24	25	26	27
28	29	30				

■〇〇小のみなさん
相談日時：木曜日の中休み・昼休み

■保護者の皆様
相談日は木曜日の9時から17時です。
子育てについて、お子さんの性格や行動、学校生活、友達関係について
どんなことでもお気軽にご相談ください。直接来られなくてもいいですが、お
待たせすることもありますので、ご予約いただくと確実です。担任の先生を
通して、また学校代表電話、相談室直通電話でお申込みください。
相談室直通電話〇〇-〇〇〇〇-〇〇〇〇

保護者の皆様へ、
お子さんが自分の性格やお友達の性格について気にすることがあると思
います。そんな時に、性格って良いところ・悪いところ、長所と短所が気になっていると思
います。長所と短所を教えてあげましょう。ものごとを一面からだけ見るのではなく、別
の視点から見ていくことは大切です。そういう視点は大人も忘れがちです。
お子さんの欠点と思っている性格の裏の長所を見つけてあげ、ほめてあげ
てください。

◇ワンポイントアドバイス◇
『性格のうらとおもて』

★あなたは自分の性格についてどう思いますか？★

性格には長所と短所があるといわれています。ほんとうは、短所と思っている性格も、うらに長所がかくれています。

《短所と思っている性格》　　　《うらにかくれている長所》

くらい　→　おとなしい・しずか
　　　　　　いっしょにいるとおちつける

わがまま・自分中心　→　自分の意見が言える
　　　　　　　　　　　　自分の考えをもっている

神経質・緊張しやすい　→　じっくり考えている
　　　　　　　　　　　　きちんとしていて信頼される

ぐずぐずしている　→　自分のペースをもっている
　　　　　　　　　　　まわりに流されない

すぐかっとなる　→　うらおもてがない
　　　　　　　　　気持ちがさっぱりしている

自分やお友だちの性格を見直してみませんか。

図4　お便り例「性格の裏表（小学校用）」（資料提供：吉田章子）

219

エッセイ

スクールカウンセラーに期待すること

(東京都西部学校経営支援センター経営支援室　統括学校経営支援主事) 松本直樹

　スクールカウンセラー（以下，SC）の業務は，児童生徒との相談対応のほか，保護者および教職員との相談，教職員等への研修，事件・事故等の緊急対応における被害児童生徒の心のケアなど多岐にわたっており，学校の教育相談体制において大きな役割を果たしています。また，近年，さまざまな課題に直面する学校現場でストレスを抱える教職員が増加しており，教職員が児童生徒の指導のために必要な情報を提供したり，児童生徒への関わり方について助言および援助をしたりする SC の役割も期待されています。相談内容も不登校，家族関係，友人関係，発達障害，精神疾患など多様で，学校いじめ対策委員会にもかかわるなど，今日の学校には SC は不可欠な存在となりました。

　SC の優れている点の 1 つとして，相談場所が学校であることがあげられます。距離的にも精神的にもアクセスしやすい学校という場所は，外部機関に自費で相談しに行くことに比べ，比較的平易な相談を可能にします。SC は，学校外の外部性をもつ専門家として，児童生徒と教員とは別の枠組み，人間関係で相談できるため，SC であれば相談できるといった雰囲気を作り出しています。

　学校が SC に期待することは，教職員と同じチームの中の臨床心理の専門家として専門性を発揮するとともに，一方で，教職員が大丈夫だと認識しているケースであっても，リスクを把握して，必要な助言を行うことにより，教職員や保護者と協力して児童生徒の安全を確保できるよう支援することと考えます。教職員の中には経験豊富で児童生徒の変化に敏感に気付く者もいれば，経験が少なく児童生徒の日々の変化に気付かない者もいます。東京都公立学校の SC は原則週 1 日の勤務ですが，毎日，児童生徒に接している教職員が気付かない変化に対して，一定の距離をおいて冷静に見つめるからこそ気付くこともあります。教職員，SC やスクールソーシャルワーカーなどが連携し，各分野の専門家が網の目を細かくするイメージで協力し，すり抜けてしまいそうなリスクを 1 つでも多く把握できることが望ましいです。

　児童生徒を支援する異職種のスタッフが協力する際の技術が向上することで支援できることが増え，支援の質も向上します。支援する側も経験は多様ですので，より良い支援をチームとしてどうしたら実現できるかについて議論を深めるとともに，相互の経験を共有することで支援の質をさらに高めていくことが大切です。

第3部　スクールカウンセリングの展開

第8章

SC による全員面接

尾形剛・石川悦子

　本書初版では「スクールカウンセリング活動実態調査から見えること」の調査研究を掲載しましたが，改訂版では，いじめ防止対策推進法 2013（平成 25）年の施行を受けて 2014（平成 26）年度から東京都教育委員会主導で始まった，スクールカウンセラー（以下 SC）による児童生徒対象の全員面接について実施方法を含め紹介します。

　東京都では 2013（平成 25）年度より都内小中高全校へ SC が単独配置されており，それによりこの全員面接も一斉に行われることになりました。東京学校臨床心理研究会では，この新しい取り組みに際し，効率的かつ効果的に実施するために，初年度に 2 回の SC に対する実態調査を行い，それに基づき全員面接のための手引き（東京学校臨床心理研究会，2018）を発行しました。

　この章では，東京都による全員面接実施の概要，および当研究会による調査結果を紹介します。

Ⅰ　SC による全員面接実施の背景について

　国の「いじめ防止対策推進法」（2013（平成 25）年 11 月）に基づき，東京都では「東京都いじめ防止対策推進条例」（2014（平成 26）年）を制定するとともに，「東京都いじめ防止対策推進基本方針」および「東京都教育委員会いじめ総合対策（以下，「いじめ総合対策」）」が策定されました（東京都教育委員会，2014）。この「いじめ総合対策」に，いじめの早期発見・いじめの「見える化」の取り組みとして，SC による全員面接（小学 5 年生，中学 1 年生，高校 1 年生が対象）が盛り込まれ，2014（平成 26）年 4 月より実施が始まりました。

　東京都教育委員会「いじめ総合対策」では，いじめの（1）未然防止，（2）

早期発見，（3）早期対応，（4）重大事態への対処の4段階に分けられており，SCによる全員面接は「早期発見」に取り組みとして位置付けられました。そして，全員面接の当初の目的として挙げられたことは，1）「相談すること」への抵抗感の低減，2）児童生徒理解，3）児童生徒等の情報把握，でした（東京都教育委員会，2014）。その後，この目的が，1）児童生徒とのつながりの構築，2）「相談すること」への抵抗感の低減と相談しやすい環境の整備，3）児童生徒理解及び実態把握，へと発展しました（東京都教育委員会，2017）。

　全員面接実施の流れとして，①児童生徒対象事前アンケートの実施，②全員面接の実施，③教職員との情報共有・行動連携，とされました（東京都教育委員会，2014）。

Ⅱ　全員面接実施の流れ

　実際に，SCが教職員と連携を図りながら全員面接を実施するには，「事前準備」「全員面接の手続き（実施)」「全員面接の報告」「フォローアップ」「全員面接の振り返り」の段階が必要です（図1）。各段階における留意事項をご紹介します（東京学校臨床心理研究会，2018）。

1．事前準備

　起案をはじめ，全員面接を主導する教員や組織は学校によって異なっており，

・生活指導部，教育相談部，特別支援校内委員会などの校務分掌の組織が中心に進める場合
・対象学年となる学年主任教員が中心に進める場合
・キーパーソンの教員（管理職，コーディネーター，養護教諭など）が中心に進める場合

に分かれることが多く，学校組織として動く視点が必要とされます。

　対象学年については，学年全体の雰囲気や傾向を把握すること，また気がかりな児童生徒について担任などから情報を得ること，さらに事前アンケートを実施し，児童生徒の情報を把握することが大切です。事前アンケートの作成には，子どもたちの発達段階や学校の状況などにより，その内容や表記には配慮が必要です（例：小学5年生に合わせた文言を用いる，など）。なお，実際に子どもたちと面談する時は，これらの情報からの先入観にとらわれないよう留意します。

　実施の流れで，児童生徒に対して事前アンケートを実施して児童生徒の情

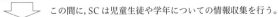

①事前準備

起案の決裁（承認）

・起案：起案者（教育相談部会，対象学年教員，コーディネーター，など）が起案書を作成。
・決裁（承認）：管理職（学校長）による決裁。教職員全体にも承認を得て，周知を行う。

この間に，SC は児童生徒や学年についての情報収集を行う。

具体的実施案の作成

・作成担当：教育相談部会，対象学年教員，コーディネーター，養護教諭，SC など。
・面接実施方法の選定：いつ，どこで，だれが，どのように行うか。
　　　　　　　　　　⇒時期，場所，面接者，面接方法を決める。
・面接スケジュールの作成：児童生徒の面接をどのようなスケジュールで組むか。
　学校行事や部活に極力影響しないようにスケジュールを考える必要がある。
・事前アンケートの作成：対象学年の様子を聞き取りながら，学年に適当と思われ
　るアンケートを作成する（内容の難しさ，内容の量，実施にかかる時間の問題，な
　どを考慮する）。
・全員面接実施手順の確認：実際の実施手順を確認する。
・児童生徒および保護者への周知：児童生徒や保護者に全員面接を実施する旨を伝
　える。方法としては，口頭での周知，学年便り，学校便りなどでの周知など。

②全員面接の実施

・事前アンケート実施（主に担任）
・全員面接実施（個別面接，グループ面接，個別・グループ併用）

③全員面接の報告（個から全体へ）

・その日の面接終了後，担任や各学年に口頭やメモで報告する。
・すべての全員面接終了後，必要に応じて管理職→学年→分掌→全体へと報告する。
　報告方法としては，口頭，簡単な報告書などで分掌会議や職員会議で報告する。
・全員面接後，児童生徒，保護者に報告。報告方法としては，学年便り，学校便り，
　SC 便りなどに全体の簡単な報告を掲載する。個別の報告を望む児童生徒，保護者の
　申し出があった場合には担任と相談の上，随時対応する。

④フォローアップ

・気がかりな児童生徒を個別に再面接する。
・気がかりな児童生徒の保護者との面接を設定する。
・気がかりな児童生徒について報告し，担任・学年・学校で注意深く見守る。

⑤全員面接の振り返り

・SC，担任，学年，分掌などで全員面接の成果と課題を確認する。
・来年度の全員面接について，改善点などを考える。

図1　全員面接実施の流れ（東京学校臨床心理研究会，2018 による図表を改変引用）

報を把握した後，人数規模や実施時期や時間帯，また，いつまでに全員面接を終了させるのかなどを考慮し，個別面接やグループ面接により実施していきます。実施場所は，主に相談室で行われますが，健康診断時に行う場合は保健室や別室を用いる場合もあります。実施時間帯は，特に小学校の場合，放課後に実施する場合には，安全管理上，保護者の了解が必要です。

2．全員面接の実施

　面接方法として，個別面接やグループ面接があり，それぞれで得られる情報には自ずと違いが出てきます。限られた時間のなかで学校や児童生徒の状況に合わせた情報に絞り，行動観察や会話の様子から情報収集を心掛けます。そのため，半構造化面接も有効です。全員面接実施の際に自由度が高すぎると，児童生徒から場にそぐわない発言が多く出たり，相談室を「自由な場所・遊びの場所」として認識したりする場合があるので，面接場面にある程度の枠組みを決めておき，児童生徒が取りやすい行動パターンなどを想定しておくことが必要です。

　東京都教育委員会が全員面接の対象学年を，原則として小学5年生，中学1年生，高校1年生，中等教育学校1・4年生としているのは，小学校高学年に進級した時期にいじめ問題が増えやすく，また，中学校・高等学校では入学したばかりの時期に学校生活への不安や人間関係上の悩みを抱くことが想定されるため，全員面接を通して「相談してもよい」という安心感をもたせることで，学校におけるいじめ防止等につながることが期待できるためと，説明しています。ただし学校の方針によっては，当該学年以外の学年も対象とする場合もあります。

3．全員面接の報告（個から全体へ）

　実施後は，すみやかに対象学年の教員に結果の報告を行います。特に気がかりな児童生徒については早急に必ず報告し，対象学年の教員で共有します。また，必要に応じて学校全体へも報告します。全員面接から得られた情報を共有することで，児童生徒のその後の対応に役立てることができます。

　ただし，要点をまとめて伝えることも重要なポイントです。

4．フォローアップ

　全員面接時に，児童生徒からさらなる個別面接の申込みがあった場合や，

SCや教員が継続面接の必要を感じた場合などには，別途，個別面接を行ったり，校内巡回の時に様子をみて声をかけて関わったりします。このことにより，いじめなどの問題への早期発見，早期対応に繋がっていきます。

5．全員面接の振り返り

　SC，担任，学年，分掌などで全員面接の成果と課題を確認します。また来年度の全員面接について，改善点などを考えておきます。

III　都 SC からみた全員面接の実態調査（2014 年度）

1．調査目的

　東京都 SC の 1 回の勤務は 7 時間 45 分で，年間 35 回（本調査時。2016（平成 28）年度から 38 回）です。この勤務時間のなかで,各 SC が全員面接をどのように捉え初年度の全員面接に取り組んでいたのか，その工夫を明らかにするために，全員面接開始当初（5 月時点）および全員面接終了時（12月時点）との比較により明らかにすることを目的としました。

2．調査方法

　調査対象は，東京都 SC である東京学校臨床心理研究会会員であり，2014（平成 26）年 5 月に行われた第 1 回全体会（調査 1・全員面接開始当初時期）と同年 12 月に行われた第 2 回全体会（調査 2・全員面接終了後時期）の出席者に対して，各勤務校における全員面接の実施状況についてアンケート調査への協力を依頼しました。

　複数校勤務者は，勤務校毎の回答を依頼し，その場で回収する方法により実施しました。アンケートの項目は，① SC の属性：SC 経験年数，年齢，性別，校種（小学校，中学校，高校，中高一貫校），当該校への勤務年数，学年，面接人数，②全員面接への取り組み状況：実施状況，児童生徒対象事前アンケート実施の有無，面接方法（グループ面接の場合の面接時間及び面接人数，個別面接の場合の面接時間），実施場所（相談室，教室，など 6 選択肢），実施時間帯（昼休み，放課後など 5 選択肢），教職員との打ち合わせ状況，全員面接に期待される効果（相談へのハードルを下げる，児童生徒理解，児童生徒の情報把握，SC 活動の PR，相談の発掘，いじめの発見，いじめの未然防止，いじめの解決，学級経営に活かす，教員との交流促進，その他，の 11 選択肢の中から，期待される効果を 1 位から 5 位で順位付けを行い 5

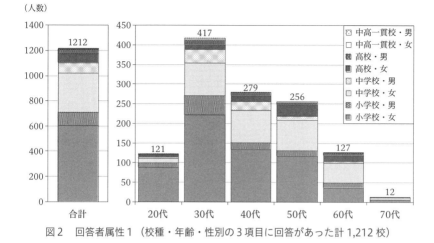

（人数）

図2　回答者属性1（校種・年齢・性別の3項目に回答があった計1,212校）

項目選択する），日常業務との関係（両立など5選択肢），自由記述から構成されました。

3．調査結果

1）SCの属性：調査1ではアンケート回収数は1,251校でした。東京都の全公立学校は2,117校であり（当時），約半数に相当する学校のSCから回答を得たことになります。また調査2では回収数1,019校でした。ここでは東京都SCの属性を明らかにするという目的で，回収数の多かった調査1の結果を図2および表1に示します。年齢，勤務校種，性別の3項目全てに回答したSCは延べ1,212校（図2）。SC経験年数への回答が最大数の1,248校となりました。SC経験年数（回答1,248校）は，平均6.0年（SD, 4.5）であり，SC勤務が2年目とした回答が多く379校でした（表1）。属性に関わる項目のうち，性別では女性が約6割，校種別では小学校で約6割弱，年代別では30代が約3割，経験年数では2年目の3割が最大値でした。

以下，2）から7）は調査2の結果から，8）と9）は調査1と調査2の結果からお示しします。

2）教職員との事前打ち合わせ状況（表2）：「とても緊密」と「緊密」との2つの項目を合わせると，各校種ともに約7割で緊密に打ち合わせが行われていました。「緊密でない」学校は1割程度ありました。

3）日常のSC業務との兼ね合い（表2）：全員面接を「スムーズにできた」

表1　回答者属性2

区分		人数／校数（%）			区分				人数（%）			
性別	女性	1,005 名	(82.2)		経験年数	1 年目	54	(4.3)	11 年目	46	(3.7)
	男性	218 名	(17.8)			2 年目	379	(30.4)	12 年目	69	(5.5)
校種別	小学校	720 校	(57.9)			3 年目	87	(7.0)	13 年目	51	(4.1)
	中学校	401 校	(32.2)			4 年目	133	(10.7)	14 年目	28	(2.2)
	高校	112 校	(9.0)			5 年目	57	(4.6)	15 年目	20	(1.6)
	中高一貫校	11 校	(0.9)			6 年目	72	(5.8)	16 年目	17	(1.4)
年代別	20 代	124 名	(10.0)			7 年目	76	(6.1)	17 年目	15	(1.2)
	30 代	421 名	(33.9)			8 年目	49	(3.9)	18 年目	7	(0.6)
	40 代	286 名	(23.0)			9 年目	33	(2.6)	19 年目	3	(0.2)
	50 代	268 名	(21.6)			10 年目	52	(4.2)	合計数	1,248 校	
	60 代	132 名	(10.6)								
	70 代以上	12 名	(1.0)								

※項目別に回答数に若干の相違があるのは，無回答があるため

または「両立できた」との好意的な回答は7〜8割ありました。一方,「支障がある」など日常業務との困難さがあるとした学校は，全校種を通して約2割ありました。

　4）実施場所（図3）：どの校種でも相談室が多くを占めており，小学校・中学校では相談室での実施が8割を越え，高校・中高一貫校では教室や廊下，健康診断の場所でも行われる例もありました。

　5）実施時間帯（図4）：小学校では昼休みや中休みが主でしたが，中学校・中高一貫校では，放課後，昼休みの順となりました。高校では，放課後，昼休み，健診時，授業時などさまざまな時間帯を利用していました。

　6）面接人数と面接方法（表3および図5）：SCが取り組んだ全員面接の平均対象者数は，全校種で約114名でした。面接方法は，個別面接が約5割半，グループ面接が4割強，個別面接とグループ面接との併用等が数%でした。全校種での個別面接の平均面接時間は約7分，グループ面接の平均人数は1グループ約7名で面接時間は約15分でした。面接対象人数と面接方法の選択の関係についてみると（判別分析），面接対象人数が114名までは個別面接を選択することが多く，115名以上になるとグループ面接を選択することが多いという結果となりました（図5）。

表2　事前打ち合わせ状況・日常業務との兼ね合い

打ち合わせ状況（4件法）(n=995)

	「とても緊密」＋「緊密」	「緊密でない」	「どちらとも言えない」
小学校	67.7%（16.8+50.9）	12.7%	19.5%
中学校	74.1%（19.1+55.0）	10.6%	15.2%
高校	71.1%（21.6+49.5）	13.4%	15.5%
中高一貫校	72.8%（27.3+45.5）	9.1%	18.2%

日常業務との関係（5件法）(n=997)

	「円滑」＋「両立」	「支障あり」＋「不可能」	「全員面接を他で代用」
小学校	81.3%（26.3+55.0）	17.8%（17.1+0.7）	0.9%
中学校	74.9%（23.2+51.7）	22.0%（20.8+1.2）	3.1%
高校	70.7%（27.3+43.4）	18.2%（15.2+3.0）	11.1%
中高一貫校	72.8%（45.5+27.3）	18.2%（18.2+0）	9.1%

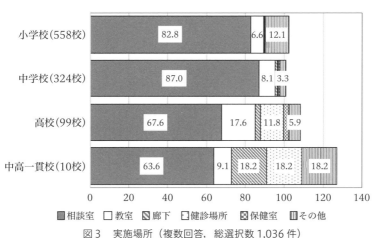

図3　実施場所（複数回答，総選択数1,036件）

　7）実施状況：有効回答1,014校中，夏休み前に終了した学校は788校，夏休み後に終了した学校は173校，実施中は39校で，約9.9割の学校で全員面接に取り組んでいました。なお調査時点で未実施は14校でした。

　8）SCからみた全員面接の捉え方（図6）：「全員面接に期待される効果」について，11項目の選択肢を通して，全員面接開始当初時期の調査1と終了後時期となる調査2で比較しました（調査1の有効回答数は1,133校，調査2は1,000校）。なお，この比較において調査1時点で全員面接が終了し

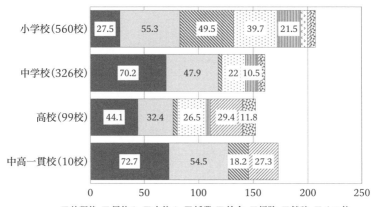

図4　実施時間帯（複数回答，総選択数 1,874 件）

表3　校種別の面接方法

校種 （校数）	面接平均人数 （SD）	個別面接		グループ面接			併用
		（%）	平均時間／分 （SD）	（%）	人数 （SD）	平均時間／分 （SD）	（%）
全校種※	113.5 (71.8)	54.8%	7.0 (4.2)	42.5%	7.0 (5.6)	15.4 (7.3)	2.6%
小学校 （560校）	77.4 (32.9)	61.8%	7.0 (3.8)	35.0%	6.1 (3.8)	15.5 (6.2)	3.2%
中学校 （322校）	128.5 (55.3)	45.7%	7.6 (4.4)	52.8%	6.2 (3.8)	15.4 (6.3)	1.6%
高校 （97校）	258.2 (74.4)	42.3%	4.7 (5.2)	54.6%	12.9 (11.0)	15.0 (12.6)	3.1%
中高一貫校 （10校）	187.9 (75.9)	80%	2.9 (3.3)	20%	8.5 (0.7)	17.5 (3.5)	－

※全校種の数値は，面接人数平均が有効回答数 996 校，面接方法別が 992 校から算出。
　他は学校別の有効回答数で算出。

ている学校，および調査2時点で全員面接を実施中または未実施であった学校は除外しました。実際に全員面接を終了してみて，開始時の期待よりも効果が高いと捉えていたものは，「児童生徒の理解」，「児童生徒の情報把握」，「教員との交流促進」でした。一方，開始時の期待よりも，効果が低いと捉えていたものは，「相談へのハードルを下げる」，「相談の発掘」，「いじめの

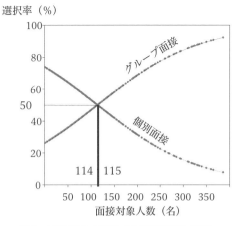

選択率（%）

図5　面接対象人数による面接方法の選択

図6　全員面接開始前後でみた期待される効果の項目選択率（グラフ内数字は実数）

項目	調査	1位	2位	3位	4位	5位
ハードルを下げる	①	488	240	118	121	59
	②	286	197	128	105	59
児童生徒理解	①	140	172	206	162	106
	②	161	148	151	143	109
児童生徒情報把握	①	70	159	152	172	115
	②	99	190	169	137	86
SC活動のPR	①	254	221	135	87	101
	②	259	175	115	90	95
相談発掘	①	57	122	173	144	154
	②	34	74	110	125	135
いじめの発見	①	40	53	76	93	
	②	19	44	51	61	
いじめの未然防止	①	20	44	71	91	
	②	30	38	65		
いじめの解決	①					
	②					
教員と交流促進	①	24	40	85		
	②	24	24	50		
学級経営に活かす	①	31	82	146	153	182
	②	45	90	129	172	162
その他	①					
	②	19				

① 調査1　② 調査2　■1位　■2位　■3位　□4位　■5位　□選択なし

発見」，「いじめの未然防止」，「学級経営に活かす」でした。全員面接開始前後で変化がなかった項目は，「SC活動のPR」，および「いじめの解決」でした。

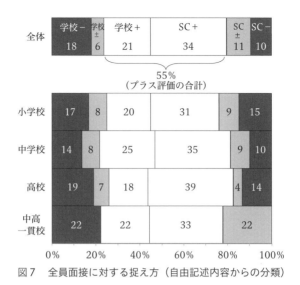

	学校－	学校±	学校＋	SC＋	SC±	SC－
全体	18	6	21	34	11	10

55%
（プラス評価の合計）

小学校	17	8	20	31	9	15
中学校	14	8	25	35	9	10
高校	19	7	18	39	4	14
中高一貫校	22		22	33	22	

0%　　20%　　40%　　60%　　80%　　100%

図 7　全員面接に対する捉え方（自由記述内容からの分類）

9）自由記述の結果：

調査１・全員面接開始当初時期（図７）：アンケート全回収数 1,251 校中，約７割が自由記述欄に記入していました（回答 898 校）。その中から，全員面接開始時点で SC はどのように全員面接について捉えているのかを，SC 自身の捉え方および SC からみた学校側の捉え方に関わる内容を抽出し（817校分），次の６つに分類し検討を行いました（抽出された項目総数 1,323）。それは，SC 視点での全員面接に対してのプラス評価【SC ＋】・マイナス評価【SC －】，SC から見た学校視点でのプラス評価【学校＋】・マイナス評価【学校－】，全員面接に関する【SC】および【学校】それぞれの状況説明のみ（プラスやマイナス評価と見なせない内容）の６分類です。具体例として【学校＋】では，「（事前）アンケートの項目など先生と相談しながら作りました。学年の先生のご協力があり助かっています」のような記述を対象とし，【学校－】では「実施する時間を作り出すことが難しいと学校側は思っている様子があります」のような記述を対象としました。SC からの視点で，学校および SC 自身が全員面接をプラスのものとして好意的に捉えている記述は，【学校＋】と【SC ＋】を合算すると，全体の約５割半ありました。一方，否定的に捉えている記述は，【学校－】と【SC－】を合算すると，約３割弱でした。

調査２・全員面接終了後時期（図８）：アンケート全回収数 1,019 校中，約７割半が記入していました（回答 756 校）。調査２では，全員面接を実施した

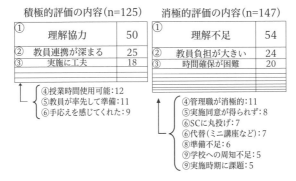

スクールカウンセラー自身が考える評価

積極的評価の内容(n=399)

①	相談の増加	82
②	子どもとの距離が縮まる	69
③	SC活動のPR	56
④	教師との連携に効果	47
④	担任の生徒理解	40
④	効果あり	24
④	区SCの協力	23
④	事前アンケートが効果的	19

⑨いじめの発見や対応：15
⑩来年度も行いたい：14
⑪従来から実施していた：10

消極的評価の内容(n=209)

①	日常業務に支障	68
②	時間確保が困難	51
③	超過勤務	32
④	他の来談者が受けられない	17

⑤効果に限界がある：12
⑥人数が多く限界がある：8
⑦学校との調整困難：8
⑧アンケートを活用できず：6
⑨実施場所探しが大変：4
⑩区市SCとの協力マイナス：3

スクールカウンセラーからみた学校側評価

積極的評価の内容(n=125)

①	理解協力	50
②	教員連携が深まる	25
③	実施に工夫	18

④授業時間使用可能：12
⑤教員が率先して準備：11
⑥手応えを感じてくれた：9

消極的評価の内容(n=147)

①	理解不足	54
②	教員負担が大きい	24
③	時間確保が困難	20

④管理職が消極的：11
⑤実施同意が得られず：8
⑥SCに丸投げ：7
⑦代替（ミニ講座など）：7
⑧準備不足：6
⑨学校への周知不足：5
⑩実施時期に課題：5

図8　スクールカウンセラーからみた全員面接の捉え方（n=756, 項目総数 880 件）

ことで，どのような効果や課題を認識したかを理解するため，自由記述内容からキーワードを抽出し，KJ 法を用いて集約し図示しました（抽出された項目総数 880）。図 8 の上側 2 列は，SC 自身による全員面接の捉え方です。この点に関しては，積極的評価の方が多く，「相談の増加」「子どもとの距離が縮まった」「SC 活動の PR に効果があった」がありました。一方，消極的評価としては，「日常業務に支障」「面接実施時間確保が困難」「超過勤務」との記述がありました。全員面接への効果を実感しつつも，日常業務へ影響を懸念している結果となりました。図 8 の下側 2 列は，SC からみた，学校による全員面接の捉え方です。この点に関しては，消極的評価の方がやや多く，「学校

の理解が不足していた」「先生達の負担が増大していた」との記述がありました。一方，積極的評価としては，「学校の理解や協力が促進された」「教員との連携が深まった」がありました。その他，積極的評価および消極的評価とも分類できない，学校側の全員面接への協力に関わる記述が多くありました。

4．まとめ

　本調査では，東京都 SC の約半数から回答を得られました。SC は，全員面接の打ち合わせを教職員と緊密に行い，他の業務と両立しながら全員面接を行っていました。実施場所は相談室が多くを占めており，また実施時間帯では小学校では昼休みや中休みが主でしたが，中学校・中高一貫校では，放課後や昼休みに行っていました。高校では，放課後，昼休み，健診時，授業時などさまざまな時間帯を利用していました。

　面接方法については，約5割強半の学校で個別面接により行われ，4割強でグループ面接，残り数％で個別面接とグループ面接との併用となっていました。本調査の結果からは，1学年3クラスまで（114名まで）は個別面接を選択し，個別面接時間は7分程度で行い，4クラス以上（115名以上）ではグループ面接を選択し，1グループが約7人で15分程度の面接時間により，全員面接を実施していたことを示しています。なお，面接対象人数の観点から面接方法の選択をみてみると，対象人数によって，使用される面接方法が異なるということが明らかになりました。このことは，個別面接やグループ面接それぞれの面接手法の有効性の違いを重視して面接方法の選択を行うことができず，他の SC 業務との兼ね合いも含めた，対象者全員に対して面接に確保できる時間を考慮した上での結果であるとも考えられました。

　SC からみた全員面接の効果については，SC の日常業務との兼ね合いの問題が生じるとしつつも，全員面接の実施を通して，児童生徒との相談の増加や，児童生徒との距離感の短縮などの機会になると評価していました。

　以上，SC 活動の中に，全員面接が導入されたことで，全員面接に確保できる時間も考慮しつつ面接方法を選択し，全員面接を行い，その実施を通して，児童生徒に対する積極的な効果を実感できていたということがわかりました。

Ⅳ　おわりに

　本章では，SC による全員面接について，その実施方法の概略とともに，東京都教育委員会主導で開始された児童生徒への全員面接（小5・中1・高1

対象）の初年度の様子についてまとめました。

いじめ防止対策推進法に基づき，学校内のいじめ対策委員会等の組織の構成メンバーに，心理に関する専門的な知識を有する者として SC の活用を求めており，さらに，東京都ではいじめの「早期発見」として，SC による全員面接を位置づけたことにより，それまでの SC の活動の中心であった，個別的な事後対応に加えて，さらに SC の活動の範囲が広がるものとなったといえます。SC が全員面接を行うにあたっては，年度当初より，担任や管理職等との密な連携，児童生徒や保護者への周知，実施後の担任等への報告および児童生徒や保護者対応などが必要になります。SC は，全員面接の実施を通して，気がかりな児童生徒だけでなく，クラス全員の児童生徒にかかわる情報共有やコンサルテーションを担任や管理職等へ行える機会を得られたと考えられます。

東京都教育委員会では，全員面接初年度の 2014（平成 26）年度と 2015（平成 27）年度に，学校に対して調査を実施しており，その結果（該当する学校数の全学校数に対する割合）は，「全員面接により SC に相談する児童生徒の実人数が増えた」が全校種合計 66.3％となっており，「全員面接により児童生徒からの訴えが増えた」が，小学校で 13.0％→ 65.0％へ増加，中学校で 18.1％→ 60.3％へ増加，高等学校で 4.9％→ 55.7％へ増加と，全校種で大幅に増加していました（東京都教育委員会，2017）。このことは，初年度の全員面接の実施によって SC が実感していた「相談へのハードルを下げる」「相談の増加」が裏付けられた結果であるとも考えられます。

SC による全員面接の実施自体は，東京都内の一部の公立学校では，それ以前より学校独自に行っていたところはありましたが，東京都教育委員会「いじめ総合対策」の施策により，全ての学校で全員面接の実施がなされるようになりました（初年度 12 月の本調査では約 9.9 割で実施）。

なお東京都以外では，道府県の教育委員会主導による全校対象としての SC による全員面接の報告はみられませんが，東京都での実施の後，他県市教育委員会での報告があります。福岡県北九州市教育委員会による例では，全員面接の実施の目的として，東京都と同様に「スクールカウンセラーと児童とのつながりを作り，スクールカウンセラーに相談しやすい環境を整備すること」「悩みを抱えたときに身近な大人に相談できる体制を整えること」として，「思春期の入り口である小学 5 年生」を対象に 2018（平成 30）年より実施しています（北九州市教育委員会，2019）。

SC による全員面接によって，「児童生徒理解」がなされ，担任や管理職等

との連携も深まることで，相談体制の充実が図られ，一方，児童生徒にとっては「相談すること」への抵抗感が低減される機会となり，また相談先の幅が広がることにより，いつでも相談してよい，という児童生徒にとっての安心感をもってもらう一助となることでしょう。

文　献

北九州市教育委員会（2019）第2期北九州市子どもの未来をひらく教育プラン．https://www.city.kitakyushu.lg.jp/files/000856680.pdf（2023年2月閲覧）

北九州市教育委員会（2022）小学校5年生全員面接について．https://www.city.kitakyushu.lg.jp/files/000803101.pdf（2023年2月閲覧）

東京学校臨床心理研究会（2018）東京都公立学校スクールカウンセラーによる全員面接―SCの視点から―．

東京都教育委員会（2014）いじめ総合対策．https://www.kyoiku.metro.tokyo.lg.jp/school/content/files/bullying_measures/zenbun.pdf（2023年2月閲覧）

東京都教育委員会（2017）いじめ総合対策【第2次】上巻［学校の取組編］．https://www.kyoiku.metro.tokyo.lg.jp/school/content/bullying_measures.html（2023年2月閲覧）

コラム　　　　　　　　　　　今，自分に望むこと

（東京都シニア・スクールカウンセラー）西野　薫

　日々の相談活動の中で，相談者の意思決定を見守ることが度々あります。「決める」ということは，他の選択肢を切り捨てることでもあるので，不安でもあり恐ろしくもあり，また，迷いも生じると思います。

　私自身も，スクールカウンセラーとして，誰に・何を・どこまで・どのように伝えるか，そして今後の方針をどうするか等々，常に選択が迫られています。そして，やはり，選択には不安・恐れ・迷いがつきまといます。

　若い頃は，経験を積んで“不安・恐れ・迷いを持たずに自信を持って選択できるようになりたい！”と思っていました。ですが，経験を積むにつれ，不安や恐れ，迷いの中にも，見落とされていた他の可能性や新しい選択肢が埋もれていることがあると気付くようになりました。

　実際に経験を積んだ今，不安・恐れ・迷いを持たないのではなく，むしろ，それらを手放さず，しっかり抱え続けられる強さを身に付けたい！と思っています。

コラム

スクールカウンセラーのセルフケア
（東京都公立学校スクールカウンセラー）中島　惠

スクールカウンセラーはクライエントと共揺れし，気持ちを抱える事がしばしばあります。すぐに解決できないことばかりで，生じた気持ちを持ち帰り悶々とすることも多いです。このためスクールカウンセラーにはセルフケアの方法も一工夫必要です。それは睡眠・食事といったメンテナンスやストレスマネジメントと一線を画します。

スーパーヴィジョン，同職への相談等の「守秘の中での相談」はケース検討と同様に自身のこころの動きを客観視する手だてとケアになります。一人で行う時には記録が有用です。ここでいう記録は公式のものではなく，その子とのやり取りや，自身の気持ち，懸念をこころに浮かぶままに記述する，言わば自由連想的書き出し法です。気持ちが軽くなったり，なぜ揺れているのか気づくといった効果があります。これらは舞台裏で，いかに一人で抱え込まないかのシステムです。ぜひ実践してみてください。

コラム

保護者面接
（東京都シニア・スクールカウンセラー）松岡由樹子

「せっかく入った学校なのに，なんで……」と母親は子どもの不登校に落涙しました。模範的な良い子であった子どもの突然の不登校は，母親にとってなかなか受け入れがたいことでした。親子分離面接の中で，母親は期待通りにならない子どもへの怒りや無念さ，子どもの将来への不安を語りました。SCは，母親の思いや心の揺れを受け止めつつ，子どもの気持ちや特性等のアセスメントと子どもへの対応を伝えました。約1年の面接を経て，母親は子どもに母親自身の規範や希望を求めていたことに気づき，子どもの特性や思いを受け入れていったように思います。それに伴い，家庭の中での会話も増え，母親は自身の生き方も見直していきました。生徒は，相談室登校を続け，担任や学年教員，外部機関等の支援もあり，自信を回復して，自己理解を深めていきました。そして，家族や周囲の人に対して自分の意見を言葉で表現できるようになり，目標をもって，自分に合った学校への転学を決めました。

SCとして，面接過程で親子のそれぞれの気持ちを受け止める難しさを感じたこともありましたが，生徒に関わる関係者との連携は，私自身の支えにもなりました。不登校を通して，発達的な課題や葛藤に向き合った親子に伴走させていただいたことを改めて感謝しています。

エッセイ&コラム

コラム　　　　　　　　　　　　　　　　広報誌の依頼を受けた時
（元東京都公立学校スクールカウンセラー／埼玉県公立学校スクールカウンセラー）
　　　　　　　　　　　　　　　　　　　　　　　　　　　　　竹林一恵

　出勤すると副校長先生から「今日PTAの広報の方と会ってもらえますか」と言われました。PTA広報誌の特集のために実施した保護者アンケートの結果についてSCのコメントが欲しいとのこと。広報委員のお母様2名とお会いし，話し合いが終わったところで，お一人が「ちょっと相談したいのですが……」と，1枚の絵を取り出しました。子どもが描いた絵を見て心配になり相談したかったとのこと。その絵は紫色がたくさん塗ってありました。テレビで「紫はストレスが多い」と聞いたので，何か心理的な問題を抱えているのではと心配になったそうです。話を聞いてみると，学校でも家でも大きな問題はなく，その子の生きる力やお母さんの暖かな接し方が見えてきました。そのことを説明すると，安心したと笑顔を見せ，「広報誌のことでSCと会う機会がなかったら，相談せずに一人で悩んでいたかも」とおっしゃっていました。ちょっとした相談事の対応ができるのはSCならではです。

コラム　　　　　　　　　　　　　　元気な生徒の応援もSCの醍醐味
　　　　　　　　　　（東京都公立学校スクールカウンセラー）寺﨑馨章

　ある中3男子から，「部活で取り組んでいる競技をより上達させるには」という相談を受けたことがあります。彼は都大会に出場しているレベルで，特にスランプだったわけではありません。自分で工夫して練習やプレイをする一環の相談でした。
　「何があれば，より上達したと感じられるか？」「それに近いことができた時は？」「それができたのは何がよかっただろう？」など，彼の成功例をもとに，目標とするイメージを整理しました。後日，その話も参考になり，好調であること，自分で工夫を続けようと考えていることを教えてもらいました。
　これは困ったからではなく，自分の力を伸ばすために，積極的にSCを活用してくれた例でした。本人の了解を得て，「上手な相談例」として，時々，他の生徒にも紹介しています。
　元気に頑張る生徒の応援ができることも，SCの醍醐味の一つだと思います。

<u>エッセイ</u>

スクールカウンセラーへの期待

東京都医師会理事（かずえキッズクリニック院長・小児科医）川上一恵

　学校医は児童生徒の心身の健康を評価し，学校生活を円滑に送れるよう指導を行っていますが，定期的な健康相談を行っている場合を除くと学校医が学校を訪れるのは不定期であり，各回はごく短時間です。一方，スクールカウンセラー（以下 SC）は定期的に学校を訪れ半日ないし一日学校内で過ごします。学校医と SC に共通することは，どちらも学校の非常勤職員であることです。そして，子どもから見るとどちらも，クラス担任ではなく，学習評価を行うことがありません。成績をつけることがないというのは相談に来る子どもにとって，少し心のハードルが下がるのではないでしょうか。また，学校医と SC は専門職であり，学校の準職員です。ある意味では独立して働ける職種です。こういった特性を持って，児童生徒の心の健康に関与することが SC の役割と認識しています。

　文部科学省は 2017（平成 29）年に「現代的健康課題を抱える子供たちへの支援」という冊子を発行しています。ここでは養護教諭を中心として，学校医，SC，スクールソーシャルワーカー，地域住民と協働して，児童にとって必要な，1）心身の健康に関する知識・技能，2）自己有用感・自己肯定感，3）自ら意思決定，行動選択する力，4）他者と関わる力を身につけ健康な生活を送ることができるよう支援するように求めています。

　過去にチームの一員ということに縛られ，担任教諭や管理職と同じ目線になってしまい，相談に訪れた子どもとその保護者との信頼関係が築けなかったケースを経験しました。一方で，チームとして当該児童の抱える課題を明確にし，子どもの心を受け止めるのは SC，他の児童との関わりの中でソーシャルスキルを教えるのは担任教諭，保護者対応は管理職というように役割分担をし，定期的に状況を報告しアセスメントを行うことができたケースでは当該児童だけでなくクラスの子どもたち皆が成長できました。

　文科省が示すチームでの支援が大切であることは間違いありませんが，子どもはもとより教職員が気楽に SC を訪れ，近況報告や雑談をし，その中から課題を発見し，課題解決の糸口を見つけられるように導いていただけるとより速やかに解決できるのではないでしょうか。また，課題を抱える子どもほど自己肯定感が低くなる傾向にあります。成績をつける立場ではないからこそ，気楽な会話を行う中で子どもを認めたり褒めたりすることを容易にできると思います。

　学校は子どもにとっては社会そのものであることを忘れず，それぞれの立場を尊重しつつも協働して子どもたちを支えていけることを望みます。

校内チームの一員として

（立川市立立川第八中学校主任養護教諭）大森優子

　学校現場にスクールカウンセラー（以下 SC）が配置され，当初は戸惑いもあった私たち教職員でしたが，現在では，SC は学校現場になくてはならない存在となりました。

　学校が SC に求めるものは，個々の生徒や保護者に対するカウンセリングの力量はもちろんですが，学校という組織の中で，私たち教職員と同じチームの一員として専門性を発揮していただきたいということです。

　教師は教科指導や生活指導等を中心に教えるプロとして，養護教諭は心身の健康を育てるプロとして，それぞれの専門性を発揮し，それぞれの立場を尊重して教育活動に携わっています。私たち教職員は心理のプロではありませんが，日々集団の中の多くの生徒を見ていると，経験値から「なんか変」な生徒の様子を感じ取ることはできます。体調が悪いのか，授業についていけないのか，友人との人間関係に悩んでいるのか，家庭が落ち着かないのか，自分と向き合っているのか……。大まかな「あたり」をつけることはできても，複雑な家庭環境やさまざまな価値観，発達障害，精神疾患などの諸要因が絡み合い，指導に行き詰まることも多いのが現状です。そこに，SC という心理のプロがチームに加わり，的確なアセスメントの下で介入方法，指導方向が明確になると，今まで以上に生徒に関わる教職員一人ひとりの専門性が発揮されやすくなるのです。

　生徒が学校に適応し，集団生活の中で健全な成長を遂げるように指導し，支援することが学校の役割です。そのために，SC にも学校チームの一員として，専門性を発揮していただき，生徒の成長のためにご尽力いただきたいと思います。

　最後になりましたが，私個人も今まで同じ職場の SC の方々と連携することで，保健室での健康相談，ヘルスカウンセリングの充実に向けて研鑽を積むことができました。この場をお借りして感謝申し上げます。

エッセイ

スクールカウンセラーが学校にいる日

(前東久留米市立第五中学校校長) 小瀬ますみ

「SCの○○先生，ちょっとお時間ありますか？」「今週の出来事，聞いてください！」

SCが勤務する日は，決まってこんなあいさつから始まります。SCが学校に配置されるようになって，学校には心強い味方ができました。

友だち関係に傷ついている子どもたち，子育てにちょっぴり疲れているお母さん……。ゆっくり腰を据えて話を聞き，寄り添ってあげたいと思っていても，目まぐるしい学校の中で，誰もがなかなかその余裕を作れないことがあります。子どもの発達の課題が話題になる昨今，教員であっても専門的な知識が追いつかないこともあります。限られた人生経験の中で，家庭や夫婦の微妙な関係に想像を廻らすことが難しいこともあります。そんな時，私の勤務する学校では，どの教員からも「SCの○○先生に聞いてみてもいいですか？」という相談が校長に寄せられます。

SCは，学校の中をくまなく見て歩いてくれます。気になる子どもがいれば，そこには必ず気になる子どもと先生との気になる関係が存在します。校長といえども，気になりながらなかなか確信をもつのは難しいときもあります。校長は孤独な職ですから，結構一人で悶々と悩むこともあります。そんな時，自分だけでは見えなかった教員の一面や教室での様子を，SCの目で見て報告を受けると「やっぱり！」と安心するものです。

SCは，学校組織の重要な一員です。私は，教職員に「明るく，誠実に，愛をもって人と接すること」を繰り返し指導しています。SCも同様です。子どもに対しても，保護者に対しても，教職員に対しても明るく，誠実であるとともに，学校教育に愛情をもって職務に当たってくれることを期待しています。そして，傷ついたり，疲れたり，困り感を抱いている子ども・保護者・教職員に安らぎと勇気を与えてくれることを願っています。

私は，自校に勤務するSCとのおしゃべりタイムが大好きです。毎週金曜日，出勤を待ち構えていて，見つけるとすぐに声をかけます。

「あ〜，この人とまた話をしてみたい」そう思わせるのがプロのSCではないでしょうか。多くの子ども・保護者・教職員が，そんなSCと出会えると，より学校が楽しくなると思います。

おわりに

　初版を 2013（平成 25）年 8 月に上梓してから 10 年の時が流れました。

　児童生徒を取り巻く環境が複雑化・困難化するなかで，SC に求められる役割も多様化し高度化していると実感します。社会のデジタル化は急速に進み，学校では GIGA スクール構想により子どもたちにタブレットが 1 台ずつ配布されるようになりました。また昨今，子ども政策の司令塔となる「こども家庭庁」の設置が国会で可決されました。不登校，いじめ，非行問題など SC が従来対応してきた課題に加え，発達障害，児童虐待，貧困問題，性被害，ヤングケアラー，SNS に係る課題，心理予防教育，事件・事故後の危機支援などさまざまな課題への対応が求められています。そして，多職種が協働・連携する「チーム学校」構想が共有されています。

　今回，エッセイという形で温かいお言葉をお寄せくださった諸先生方に，日頃の感謝とともに心から御礼申し上げます。また，改訂版においても快く監修をお引き受けくださった上に，新たに第 1 章をお書きくださった村瀬嘉代子先生に心より御礼申し上げます。さらに，本書の出版企画について初版時より全面的に協力推進してくださった遠見書房の山内俊介代表に，執筆者一同謝意を表します。

2023 年 2 月
東京学校臨床研究会「学校が求めるスクールカウンセラー」編集委員会

委員長　石川悦子

委員　柴田恵津子・杉原紗千子・鈴村眞理

さくいん

執筆者（＊監修者）：五十音順
論文
石川　悦子（こども教育宝仙大学教授／私立学校スクールカウンセラー，元東京都公
　　立学校スクールカウンセラー）
上野　綾子（東京都公立学校スクールカウンセラー／明神下診療所）
植山起佐子（岡山県スクールカウンセラー／NPO法人次世代育成プラットフォーム・
　　ウッグラ代表理事）
梅津　敦子（東京都公立学校スクールカウンセラー／株式会社商船三井）
尾形　　剛（東邦大学医療センター／元東京都公立学校スクールカウンセラー）
奥村八重子（関口メンタルヘルス相談室）
斯波　涼介（阿部真里子臨床心理オフィス／東京都公立学校スクールカウンセラー）
柴田恵津子（東京都シニア・スクールカウンセラー／東京都特別支援教育心理士）
杉原紗千子（NPO法人ことばのいずみ教室／元東京都公立学校スクールカウンセラー）
鈴村　眞理（東京都公立学校スクールカウンセラー）
宮田　葉子（東京都公立学校スクールカウンセラー／東京都立特別支援学校外部講師）
村瀬嘉代子（日本心理研修センター代表理事・理事長／大正大学名誉・客員教授／北
　　翔大学客員教授）＊
横山　典子（元東京都公立学校スクールカウンセラー）
吉田　章子（元東京都公立学校スクールカウンセラー／小平市教育相談室）

エッセイ
大森　優子（立川市立立川第八中学校主任養護教諭）
小瀬ますみ（前東久留米市立第五中学校校長）
川上　一恵（東京都医師会・理事／かずえキッズクリニック・院長）
千葉かおり（東京都教育庁指導部主任指導主事（生徒指導担当））
松本　直樹（東京都西部学校経営支援センター経営支援室 統括学校経営支援主事）
山下　敏雅（永野・山下・平本法律事務所 弁護士）

コラム
石附　牧子（東京都公立学校スクールカウンセラー）
大倉　智徳（東京都シニア・スクールカウンセラー）
金　　蘭姫（東京都公立学校スクールカウンセラー）
小林　英子（東京都公立学校スクールカウンセラー）
小林　友也（東京都公立学校スクールカウンセラー）
齋藤真紀子（東京都公立学校スクールカウンセラー）
髙橋　敦子（東京都公立学校スクールカウンセラー）
竹林　一恵（元東京都公立学校スクールカウンセラー／埼玉県公立学校スクールカウ
　　ンセラー）
寺﨑　馨章（東京都公立学校スクールカウンセラー／東京工科大学・日本工学院八王
　　子専門学校）
中島　　恵（東京都公立学校スクールカウンセラー）
西野　　薫（東京都シニア・スクールカウンセラー）
松岡由樹子（東京都シニア・スクールカウンセラー）

監修者略歴

村瀬嘉代子（むらせ・かよこ）
　一般社団法人日本心理研修センター代表理事・理事長。大正大学名誉教授，同大学客員
教授。北翔大学大学院客員教授。臨床心理士。博士（文学）。
　1959 年，奈良女子大学文学部心理学科卒業。1959 ～ 1965 年，家庭裁判所調査官（補），
この間，カリフォルニア大学大学院バークレイ校留学，1965 年大正大学カウンセリング
研究所講師，1984 年より同助教授を経て，1987 年同教授。1993 年，同大学同大学院
臨床心理学専攻教授。退官後，2008 年より大正大学名誉・客員教授，北翔大学客員教授。
主な著書　『柔らかなこころ，静かな想い』（創元社，2000），『子どもと家族への統合的
　心理療法』（金剛出版，2001），『統合的心理療法の考え方』（金剛出版，2003），『心理
　療法とは何か』（金剛出版，2004），『聴覚障害者への統合的アプローチ』（日本評論社，
　2005），『改訂新版　子どもと大人のこころの架け橋』（金剛出版，2010），『心理臨床家
　の気づきと想像』（金剛出版，2015），『ジェネラリストとしての心理臨床家』（金剛出版，
　2018），『子どものこころに寄り添う営み』（慶應義塾大学出版会，2019）ほか多数

東京学校臨床心理研究会
　1995（平成 7）年に始まった「文部省スクールカウンセラー活用調査研究委託事業」を
受けて，1996（平成 8）年に発足した会である。一般社団法人東京公認心理師協会（旧
東京臨床心理士会）学校臨床委員会が企画・運営を担当している。会員間での相互研鑽・
相互支援を目的とし，研究・研修・交流等を通して，SC としての資質の向上を目指して
いる。本研究会会員は，東京公認心理師協会会員及び他県公認心理師協会ならびに他県
臨床心理士会会員であり，かつ東京都公立学校 SC，区市町村採用 SC，私学 SC 等や SC
活動に関心のある者である。会員数は発足当初は 20 名程度であったが，2023（令和 5）
年 3 月現在 800 名規模に拡大し，単年度の登録制で継続している。

学校が求めるスクールカウンセラー　改訂版
アセスメントとコンサルテーションを中心に

　2013 年　8 月 25 日　第 1 版　第 1 刷
　2023 年　3 月 25 日　第 2 版　第 1 刷
　2024 年 10 月 10 日　第 2 版　第 2 刷

監修者　村瀬嘉代子
編集者　東京学校臨床心理研究会
発行人　山内俊介
発行所　遠見書房

〒 181-0001 東京都三鷹市井の頭 2-28-16
TEL 0422-26-6711 FAX 050-3488-3894
tomi@tomishobo.com　https://tomishobo.com
遠見書房の書店　https://tomishobo.stores.jp

印刷・製本　モリモト印刷

ISBN978-4-86616-168-6　C3011
©Tomi Shobo, Inc. 2023
Printed in Japan